MANESSE BIBLIOTHEK DER WELTLITERATUR

Richard Wagner

RICHARD WAGNER

IN SELBSTZEUGNISSEN UND IM URTEIL DER ZEITGENOSSEN

Zusammengestellt und herausgegeben von Martin Hürlimann

MANESSE VERLAG

ISBN 3-7175-1442-3 (Leinen)
ISBN 3-7175-1443-1 (Leder)

 · Druck: Conzett & Huber, Zürich

Imprimé en Suisse · Printed in Switzerland

Zeittafel

1813 Wilhelm Richard Wagner wird am 22. Mai in Leipzig als Sohn des Polizeiaktuars Friedrich Wagner († 23. November 1813) und der Johanne Rosine geb. Pätz geboren.

1814 Wagners verwitwete Mutter heiratet den Maler, Dichter und Schauspieler Ludwig H. C. Geyer († 1821) und zieht mit der Familie nach Dresden.

1822 Eintritt in die Kreuzschule Dresden.

1828 Übersiedelung nach Leipzig und Eintritt ins Nikolai-Gymnasium.

1831 Musikstudium an der Universität Leipzig und beim Thomaskantor Weinlig.

1832 Versuch einer ersten Oper, «Die Hochzeit».

1833 Aufführung der Symphonie in C-dur im Gewandhaus. Entstehung der Oper «Die Feen». Engagement als Chordirektor in Würzburg.

1834 Engagement als Musikdirektor der Bethmannschen Truppe in Lauchstädt, dann Rudolstadt und Magdeburg. Bekanntschaft mit der Schauspielerin Minna Planer. Beginn der Arbeit an der Oper «Das Liebesverbot».

1836 Uraufführung der Oper «Das Liebesverbot» in Magdeburg. Minna Planer wird nach Königsberg verpflichtet, und Wagner zieht mit ihr dorthin; Heirat am 24. November.

1837 Engagement als Musikdirektor in Königsberg, dann in Riga.

1838 Beginn der Arbeit an der Oper «Rienzi».

1839 Flucht aus Riga und Fahrt über London nach Paris. «Faust»-Ouvertüre.

1840 Vollendung des «Rienzi» in Paris. Broterwerb durch Herstellung von Arrangements für Klavier. «Eine Pilgerfahrt zu Beethoven».

1841 In Meudon bei Paris Arbeit am «Fliegenden Holländer». «Ein Ende in Paris».

1842 Übersiedelung nach Dresden und dortige Uraufführung von «Rienzi». Erster Entwurf zum «Tannhäuser».

1843 Uraufführung des «Fliegenden Holländers» in Dresden. Ernennung zum zweiten sächsischen Hofkapellmeister. Uraufführung des Oratoriums «Das Liebesmahl der Apostel».

1845 Uraufführung des «Tannhäuser» in Dresden. Erste Entwürfe zu den «Meistersingern» und «Lohengrin».

1846 Palmsonntagsaufführung der Neunten Symphonie Beethovens. Arbeit am «Lohengrin».

1848 Vollendung des «Lohengrin». Beschäftigung mit der Nibelungensage. Politische Tätigkeit im Dresdener Vaterlandsverein. «Die Wibelungen, Weltgeschichte aus der Sage».

1849 Teilnahme am Mai-Aufstand in Dresden und Flucht über Weimar nach Zürich. «Das Kunstwerk der Zukunft». Entwurf zu einem Drama «Jesus von Nazareth».

1850 Reise nach Paris, anschliessend Festsetzung in Zürich. Entwurf zu «Wieland der Schmied». Uraufführung des «Lohengrin» in Weimar durch Liszt in Abwesenheit Wagners. «Das Judentum in der Musik». Wagner beteiligt sich 1850–1856 als Dirigent am Zürcher Konzert- und Theaterleben.

1851 «Oper und Drama». Dichtung «Der junge Siegfried». «Eine Mitteilung an Freunde». «Ein Theater in Zürich». Konzeption der «Nibelungen»-Tetralogie und der Festspielhausidee.

1853 Vorlesung der vollendeten Dichtung «Der Ring

des Nibelungen». Ausflüge in der Schweiz und nach Italien. Beginn der Komposition von «Rheingold».

1854 Vollendung von «Rheingold». Auseinandersetzung mit der Philosophie Schopenhauers. Erste Konzeption von «Tristan und Isolde».

1855 Direktion einer Serie von Konzerten in London.

1856 Vollendung der «Walküre». Plan des Buddhadramas «Die Sieger».

1857 Erster Prosaentwurf zu «Parsifal». Die Freundschaft mit Mathilde Wesendonck führt zum Einzug ins «Asyl» auf dem Gabler bei Zürich. Unterbruch der Komposition des «Siegfried» im zweiten Akt. Beginn der Komposition des «Tristan». «Wesendonck-Lieder».

1858 Verlassen des Zürcher «Asyls» am 17. August und Fortsetzung der Komposition des «Tristan» in Venedig.

1859 Im März Übersiedelung nach Luzern, im September nach Paris.

1860 Drei Konzerte in Paris mit eigenen Kompositionen.

1861 Skandal um die «Tannhäuser»-Aufführung in Paris in der dafür entstandenen Pariser Fassung. Reisen nach Wien und Venedig. Beginn der Arbeit an den «Meistersingern».

1862 Übersiedelung nach Biebrich am Rhein. Arbeit an den «Meistersingern». Endgültige Trennung von Minna.

1863 Verschiedene Konzertreisen, unter anderem nach Moskau und Petersburg. Niederlassung in Penzing bei Wien.

1864 Verlassen Wiens wegen drohender Schuldhaft. Aufenthalt bei Willes in Mariafeld / Meilen. Auf der Weiterreise erhält Wagner in Stuttgart die Berufung durch König Ludwig II. von Bayern und begibt sich nach München. Freundschaft mit Hans und Cosima von Bülow.

1865 Uraufführung von «Tristan und Isolde» in München. Cosima beginnt mit der Niederschrift des ihr von Wagner diktierten «Mein Leben». Entwurf zu «Parsifal». Am 6. Dezember muss Wagner Bayern verlassen und siedelt nach Genf über.

1866 Minnas Tod in Dresden. Niederlassung in Tribschen bei Luzern.

1868 Uraufführung der «Meistersinger» unter Bülow in München. Cosima von Bülow zieht zu Wagner nach Tribschen.

1869 Wiederaufnahme der Komposition des «Siegfried» nach zwölfjähriger Pause. Freundschaft mit Nietzsche. Geburt des Sohnes Siegfried, dem dritten Kind aus der Verbindung mit Cosima. «Über das Dirigieren».

1870 Ludwig II. lässt in München entgegen Wagners Wille «Die Walküre» uraufführen. Trauung mit Cosima in Tribschen. «Beethoven». Das Lustspiel «Eine Kapitulation». «Siegfried-Idyll».

1871 «Kaisermarsch». Besuch bei Bismarck und Konzert in Berlin.

1872 Übersiedelung nach Bayreuth. Wagner dirigiert anlässlich der Grundsteinlegung des Festspielhauses (22. Mai) die Neunte Symphonie Beethovens. «Über Schauspieler und Sänger».

1874 Ludwig II. rettet das Bayreuther Unternehmen durch Gewährung eines Kredits. Einzug in das Haus Wahnfried (21. November). Vollendung der «Götterdämmerung».

1876 Die ersten Bayreuther Festspiele mit dreimaliger Aufführung des «Rings des Nibelungen». Reise nach Süditalien.

1877 Konzerte in London. Beginn der Komposition von «Parsifal».

1880 Italienreise. «Religion und Kunst».

1881 Berliner Aufführung des «Rings» durch Angelo Neumann.

1882 Anlässlich eines Italienaufenthalts vollendet Wagner am 13. Januar in Palermo den «Parsifal». Uraufführung des «Parsifal» in Bayreuth. Am 14. September Abreise nach Venedig.

1883 Tod Wagners am 13. Februar im Palazzo Vendramin. Beisetzung am 18. Februar im Garten von Wahnfried.

Richard Wagner

Die ersten Jahre

Aus der «Autobiographischen Skizze» von 1842

Ich heisse Wilhelm Richard Wagner und bin den 22. Mai 1813 in Leipzig geboren. Mein Vater war Polizei-Aktuarius und starb ein halbes Jahr nach meiner Geburt. Mein Stiefvater, Ludwig Geyer, war Schauspieler und Maler; er hat auch einige Lustspiele geschrieben, worunter das eine: «Der bethlemitische Kindermord» Glück machte; mit ihm zog meine Familie nach Dresden. Er wollte, ich sollte Maler werden; ich war aber sehr ungeschickt im Zeichnen. Auch mein Stiefvater starb zeitig – ich war erst sieben Jahr. Kurz vor seinem Tode hatte ich «Üb immer Treu und Redlichkeit» und den damals ganz neuen «Jungfernkranz» auf dem Klavier spielen gelernt: einen Tag vor seinem Tode musste ich ihm beides im Nebenzimmer vorspielen; ich hörte ihn da mit schwacher Stimme zu meiner Mutter sagen: «Sollte er vielleicht Talent zur Musik haben?» Am frühen Morgen, als er gestorben war, trat die Mutter in die Kinderstube, sagte jedem der Kinder etwas, und mir sagte sie: «Aus dir hat er etwas machen wollen.» Ich entsinne mich, dass ich mir lange Zeit eingebildet habe, es würde etwas aus mir werden. – Ich kam mit meinem neunten Jahre auf die Dresdener Kreuzschule: ich wollte studieren, an Musik wurde nicht gedacht; zwei meiner Schwestern lernten gut Klavier spielen, ich hörte ihnen zu, ohne selbst Klavierunterricht zu erhalten. Nichts gefiel mir so wie der «Freischütz»: ich sah Weber oft vor unserm Hause vorbeigehen, wenn er aus den Proben kam; stets betrachtete ich ihn mit heiliger Scheu. Ein Hauslehrer, der mir den Cornelius Nepos explizierte, musste mir endlich auch Klavierstunden geben; kaum war ich über die ersten Fingerübungen hinaus, so studierte ich mir heimlich, zuerst ohne Noten, die Ouvertüre zum «Freischütz» ein; mein Lehrer hörte das einmal und sagte, aus mir würde nichts. Er hatte recht, ich habe in meinem Leben nicht Klavier spielen gelernt. Nun spielte ich nur noch für mich, nichts wie Ouvertüren, und mit dem greulichsten Fingersatze. Es war mir unmöglich, eine Passage rein zu spielen, und ich bekam deshalb einen grossen Abscheu vor allen Läufen. Von Mozart liebte ich nur die Ouvertüre zur «Zauberflöte»; «Don Juan» war mir zuwider, weil da italienischer Text darunter stand; er kam mir so läppisch vor. – Diese Beschäftigung mit Musik war aber nur grosse Nebensache: Griechisch, Lateinisch, Mythologie und alte Geschichte waren die Hauptsache. Ich machte auch Gedichte. Einmal starb einer unsrer Mitschüler, und von den Lehrern wurde an uns die Aufgabe gestellt, auf seinen Tod ein Gedicht zu machen; das beste sollte gedruckt werden: – das meine wurde gedruckt, jedoch erst, nachdem ich vielen Schwulst daraus entfernt hatte. Ich war damals elf Jahre alt. Nun wollte ich Dichter werden; ich entwarf Trauerspiele nach dem Vorbild der Griechen, wozu mich das Bekanntwerden mit Apels Tragödien: «Polyidos», «Die Ätolier» usw. antrieb; dabei galt ich in der Schule für einen guten Kopf in literis: schon in Tertia hatte ich die ersten zwölf Bücher der «Odyssee» übersetzt. Einmal lernte ich auch Englisch, und zwar bloss, um Shakespeare ganz genau kennenzulernen: ich übersetzte Romeos Monolog metrisch. Das Englische liess ich bald wieder liegen, Shakespeare aber blieb mein Vorbild; ich entwarf ein grosses Trauerspiel, welches ungefähr aus «Hamlet» und «Lear» zusammengesetzt war; der Plan war äusserst grossartig; zweiundvierzig Menschen starben im Verlaufe des Stückes, und ich sah mich bei der Ausführung genötigt, die meisten als Geister wiederkommen zu lassen, weil mir sonst in den letzten Akten die Personen ausgegangen wären. Dieses Stück beschäftigte mich zwei Jahre lang. Ich verliess darüber Dresden und die Kreuzschule und kam nach Leipzig. Auf der dortigen Nikolaischule setzte man mich nach Tertia, nachdem ich auf der Dresdener Kreuzschule schon in Sekunda gesessen; dieser Umstand erbitterte mich so sehr, dass ich von da an alle Liebe zu den philologischen Studien fahren liess. Ich ward faul und liederlich, bloss mein grosses Trauerspiel lag mir noch am Herzen. Während ich dieses vollendete, lernte ich in den Leipziger Gewandhauskonzerten zuerst Beethovensche Musik kennen; ihr Eindruck auf mich war allgewaltig. Auch mit Mozart befreundete ich mich, zumal durch sein «Requiem». Beethovens Musik zu «Egmont» begeisterte mich so, dass ich um alles in der Welt mein fertiggewordenes Trauerspiel nicht anders vom Stapel laufen lassen wollte als mit einer ähnlichen Musik versehen. Ich traute mir ohne alles Bedenken zu, diese so nötige Musik selbst schreiben zu können, hielt es aber doch für gut, mich zuvor über einige Hauptregeln des Generalbasses aufzuklären. Um dies im Fluge zu tun, lieh ich mir auf acht Tage Logiers «Methode des Generalbasses» und studierte mit Eifer darin. Das Studium trug aber nicht so schnelle Früchte, als ich glaubte; die Schwierigkeiten desselben reizten und fesselten mich; ich beschloss, Musiker zu werden. – Währenddem war mein grosses Trauerspiel von meiner Familie entdeckt worden; sie geriet in grosse Betrübnis, weil am Tage lag, dass ich darüber meine Schulstudien auf das gründlichste vernachlässigt hatte, und ich ward somit zu fleissiger Fortsetzung derselben streng angehalten. Das heimliche Erkenntnis meines Berufes zur Musik verschwieg ich unter solchen Umständen, komponierte nichtsdestoweniger aber in aller Stille eine Sonate, ein Quartett und eine Arie. Als ich mich in meinem musikalischen Privatstudium hinlänglich herangereift fühlte, trat ich endlich mit der Entdeckung derselben hervor. Natürlich hatte ich nun harte Kämpfe zu bestehen, da die Meinigen auch meine Neigung zur Musik nur für eine flüchtige Leidenschaft halten mussten, um so mehr, da sie durch keine Vorstudien, besonders durch etwa bereits erlangte Fertigkeit auf einem Instrument, gerechtfertigt war. Ich war damals in meinem sechzehnten Jahre und zumal durch die Lektüre Hoffmanns zum tollsten Mystizismus angeregt: am Tage, im Halbschlafe hatte ich Visionen, in denen mir Grundton, Terz und Quinte leibhaftig erschienen und mir ihre wichtige Bedeutung offenbarten: was ich aufschrieb, starrte vor Unsinn. Endlich wurde mir der Unterricht eines tüchtigen Musikers zuteil: der arme Mann hatte grosse Not mit mir; er musste mir erklären, dass, was ich für seltsame Gestalten und Gewalten hielt, Intervalle und Akkorde seien. Was konnte für die Meinigen betrüblicher sein, als zu erfahren, dass ich auch in diesem Studium mich nachlässig und unordentlich erwies? Mein Lehrer schüttelte den Kopf, und es kam so heraus, als ob auch hier nichts Gescheites aus mir werden würde. Meine Lust zum Studium erlahmte immer mehr, und ich zog vor, Ouvertüren für grosses Orchester zu schreiben, von denen einmal eine im Leipziger Theater aufgeführt wurde. Diese Ouvertüre war der Kulminationspunkt meiner Unsinnigkeiten; ich hatte sie eigentlich, zum näheren Verständnis desjenigen, der die Partitur etwa studieren wollte, mit drei verschiedenen Tinten schreiben wollen, die Streichinstrumente rot, die Holzblasinstrumente grün und die Blechinstrumente schwarz. Beethovens Neunte Symphonie sollte eine Pleyelsche Sonate gegen diese wunderbar kombinierte Ouvertüre sein. Bei der Aufführung schadete mir besonders ein durch die ganze Ouvertüre regelmässig alle vier Takte wiederkehrender Paukenschlag im Fortissimo: das Publikum ging aus anfänglicher Verwunderung über die Hartnäckigkeit des Paukenschlägers in unverhohlenen Unwillen, dann aber in eine mich tief betrübende Heiterkeit über. Diese erste Aufführung eines von mir komponierten Stückes hinterliess auf mich einen grossen Eindruck.

Nun kam aber die Julirevolution; mit einem Schlage wurde ich Revolutionär und gelangte zu der Überzeugung, jeder halbwegs strebsame Mensch dürfe sich ausschliesslich nur mit Politik beschäftigen. Mir war nur noch im Umgang mit politischen

Literaten wohl: ich begann auch eine Ouvertüre, die ein politisches Thema behandelte. So verliess ich die Schule und bezog die Universität, zwar nicht mehr, um mich einem Fakultätsstudium zu widmen – denn zur Musik war ich nun dennoch bestimmt –, sondern um Philosophie und Ästhetik zu hören. Von dieser Gelegenheit, mich zu bilden, profitierte ich so gut als gar nicht; wohl aber überliess ich mich allen Studentenausschweifungen, und zwar mit so grossem Leichtsinn und solcher Hingebung, dass sie mich alsbald anwiderten. Die Meinigen hatten um diese Zeit grosse Not mit mir: meine Musik hatte ich fast gänzlich liegen lassen. Bald kam ich aber zur Besinnung; ich fühlte die Notwendigkeit eines neu zu beginnenden, streng geregelten Studiums der Musik, und die Vorsehung liess mich den rechten Mann finden, der mir neue Liebe zur Sache einflössen und sie durch den gründlichsten Unterricht läutern sollte. Dieser Mann war Theodor Weinlig, Kantor an der Thomasschule zu Leipzig. Nachdem ich mich wohl schon zuvor in der Fuge versucht hatte, begann ich jedoch erst bei ihm das gründliche Studium des Kontrapunktes, welches er die glückliche Eigenschaft besass, den Schüler spielend erlernen zu lassen. In dieser Zeit lernte ich erst Mozart innig erkennen und lieben. Ich komponierte eine Sonate, in welcher ich mich von allem Schwulste losmachte und einem natürlichen, ungezwungenen Satze überliess. Diese höchst einfache und bescheidene Arbeit erschien im Druck bei Breitkopf & Härtel. Mein Studium bei Weinlig war in weniger als einem halben Jahre beendet, er selbst entliess mich aus der Lehre, nachdem er mich so weit gebracht, dass ich die schwierigsten Aufgaben des Kontrapunktes mit Leichtigkeit zu lösen imstande war. «Das, was Sie sich durch dieses trockene Studium angeeignet haben, heisst: Selbständigkeit», sagte er mir. In demselben halben Jahre komponierte ich auch eine Ouvertüre nach dem jetzt etwas besser von mir verstandenen Vorbilde Beethovens, welches in einem der Leipziger Gewandhauskonzerte mit aufmunterndem Beifall gespielt wurde. Nach mehreren andern Arbeiten machte ich mich denn nun auch an eine Symphonie: an mein Hauptvorbild, Beethoven, schloss sich Mozart, zumal seine grosse C-dur-Symphonie. Klarheit und Kraft, bei manchen sonderbaren Abirrungen, war mein Bestreben. Mit der fertigen Symphonie machte ich mich im Sommer 1832 auf zu einer Reise nach Wien, aus keinem andern Zwecke, als um diese sonst so gepriesene Musikstadt flüchtig kennenzulernen. Was ich dort hörte und sah, hat mich wenig erbaut; wohin ich kam, hörte ich «Zampa» und Straußsche Potpourris über «Zampa». Beides – und besonders damals – für mich ein Greuel.

Auf meiner Rückreise verweilte ich einige Zeit in Prag, wo ich die Bekanntschaft Dionys Webers und Tomascheks machte; ersterer liess im Konservatorium mehrere meiner Kompositionen, unter diesen meine Symphonie, spielen. Auch dichtete ich dort einen Operntext tragischen Inhaltes: «Die Hochzeit». Ich weiss nicht mehr, woher mir der mittelalterliche Stoff gekommen war: ein wahnsinnig Liebender ersteigt das Fenster zum Schlafgemach der Braut seines Freundes, worin diese der Ankunft des Bräutigams harrt; die Braut ringt mit dem Rasenden und stürzt ihn in den Hof hinab, wo er zerschmettert seinen Geist aufgibt. Bei der Totenfeier sinkt die Braut mit einem Schrei entseelt über die Leiche hin.

Nach Leipzig zurückgekommen, komponierte ich sogleich die erste Nummer dieser Oper, welche ein grosses Sextett enthielt, worüber Weinlig sehr erfreut war. Meiner Schwester gefiel das Buch nicht; ich vernichtete es spurlos. – Im Januar 1833 wurde meine Symphonie im Gewandhauskonzerte aufgeführt und erhielt viel aufmunternden Beifall. Damals wurde ich mit Laube bekannt.

Um einen Bruder zu besuchen, reiste ich nach Würzburg und blieb das ganze Jahr 1833 dort; mein Bruder war mir als erfahrener Sänger von Wichtigkeit. Ich komponierte in diesem Jahre die dreiaktige romantische Oper «Die Feen», zu der ich mir den Text nach Gozzis «Die Frau als Schlange» selbst gemacht hatte. Beethoven und Weber waren meine Vorbilder: in den Ensembles war vieles gelungen, besonders versprach das Finale des zweiten Aktes grosse Wirkung ...

Damals war ich einundzwanzig Jahre alt, zu Lebensgenuss und freudiger Weltanschauung aufgelegt: «Ardinghello» und «Das junge Europa» spukten mir durch alle Glieder: Deutschland schien mir nur ein sehr kleiner Teil der Welt. Aus dem abstrakten Mystizismus war ich herausgekommen, und ich lernte die Materie lieben. Schönheit des Stoffes, Witz und Geist waren mir herrliche Dinge: was meine Musik betraf, fand ich beides bei den Italienern und Franzosen. Ich gab mein Vorbild, Beethoven, auf; seine letzte Symphonie erschien mir als der Schlussstein einer grossen Kunstepoche, über welchen hinaus keiner zu dringen vermöge und innerhalb dessen keiner zur Selbständigkeit gelangen könne ...

Alles um mich her kam mir wie in Gärung begriffen vor: der Gärung sich zu überlassen, dünkte mich das Natürlichste. Auf einer schönen Sommerreise in die böhmischen Bäder entwarf ich den Plan zu einer neuen Oper: «Das Liebesverbot», wozu ich den Stoff aus Shakespeares «Mass für Mass» entnahm, nur mit dem Unterschied, dass ich ihm den darin vorherrschenden Ernst benahm und ihn so recht im Sinne des jungen Europa modelte: die freie, offene Sinnlichkeit erhielt den Sieg rein durch sich selbst über puritanische Heuchelei. – Noch im Sommer desselben Jahres, 1834, nahm ich die Musikdirektorstelle am Magdeburger Theater an.

Die Flucht aus Riga

Aus Wagners «Mein Leben», von Cosima nach seinem Diktat niedergeschrieben

Die Begierde, um jeden Preis meiner bisherigen Lage mich zu entziehen und schnellstmöglich auf das grosse Feld zu gelangen, auf welchem ich mir rasche Befriedigung meiner ehrgeizigen Wünsche erwartete, verblendete mich gegen alle Widerwärtigkeiten, welche die Ausführung des nun beschlossenen Vorhabens begleiten mussten. Nachdem ich noch im Juni die Opernaufführungen der Mitauer Theatersaison dirigiert hatte, traten wir, eben von Mitau aus, unter Möllers Schutze und in dessen Wagen mit Extrapost heimlich die Reise an, deren Ziel Paris sein sollte.

Das Wohlgefühl, welches mir die Fahrt durch das fruchtbare Kurland im üppigen Sommermonat Juli erweckte, ward schon im Beginn der Reise durch die quälende Belästigung getrübt, welche mir durch die Begleitung eines grossen Neufundländerhundes mit Namen Robber veranlasst wurde. Dieser wunderschöne Hund, ursprünglich einem Rigaschen Kaufmann gehörig, hatte sich mit einer vorzüglichen Zuneigung an meine Person geheftet... Allein schon nur auf dem Wagen ihn unterzubringen, schien rein unmöglich, und zu meiner wachsenden Pein musste ich das so stark bepelzte nordische Tier in glühendster Sonnenhitze tagelang neben dem Wagen herlaufen sehen, bis ich, durch das Mitgefühl für seine Erschöpfung auf das Äusserste gebracht, endlich auf die ingeniösesten Einfälle geriet, im vollbesetzten Wagen den grossen Hund doch noch unterzubringen.

Am Abend des zweiten Tages gelangten wir so an die russisch-preussische Grenze; die Besorgnis Möllers wegen Ausführung unsrer heimlichen Überschreitung derselben liess auch uns innewerden, dass es sich hierbei eigentlich um ein gefährliches Wagnis handelte. Der vertraute Freund von jenseits begegnete uns der Abmachung gemäss mit einem kleinen Wagen, in welchem er Minna, mich und Robber von der Hauptstrasse ab auf Umwegen nach einem Punkt brachte, von dem aus er uns zu Fuss in ein Haus von höchst verdächtigem Aussehen geleitete, um uns dort, nachdem er uns einem Führer übergeben, wieder zu verlassen. Dort hatten wir bis nach Sonnenuntergang zu warten und gewannen Musse, innezuwerden, dass wir uns in einer Pascherkneipe befanden, welche sich allmählich mit polnischen Juden vom allerschmutzigsten Aussehen bis zum Übermass anfüllte. Endlich wurden wir aufgefordert, unsrem Führer zu folgen. Einige hundert Schritte weit zog sich am Abhange eines Hügels der Graben hin, welcher längs der ganzen russischen Grenze gezogen ist und beständig durch Wachtposten von Kosaken, in sehr kleinen Zwischenräumen verteilt, bewacht wird. Es galt, die wenigen Minuten zu benutzen, welche nach der Ablösung der Wachen die Wächter anderweitig beschäftigten. Sehr eilig hatten wir daher den Hügel hinabzulaufen, durch den Graben zu klettern und dann von neuem eilig uns weiter zu wenden, bis wir aus der Schusslinie gelangt waren; denn die Kosaken, sobald sie uns gewahrten, waren gebunden, uns selbst über den Graben hinweg ihre Kugeln nachzusenden. Ich hatte trotz der leidenschaftlichen Sorge für Minna dennoch zu meiner seltsamen Freude das intelligente Verhalten Robbers beobachtet, welcher, als ob er die Gefahr gewahrte, sich lautlos an uns geschmiegt hielt. Endlich begegnete uns der vertraute Gehilfe wieder; er war so ergriffen, dass er uns heftig in seine Arme schloss und nun von neuem mit seinem Fuhrwerk uns in den Gasthof des preussischen Grenzortes geleitete, wo Freund Möller, vor Angst erkrankt, uns schluchzend und jubelnd aus dem Bett entgegensprang ...

Während wir des andern Tages durch die reiche Tilsiter Niederung mit bereits wieder gehobenem Mute auf Arnau bei Königsberg zufuhren, wurde der fernere Reiseplan dahin festgesetzt, dass wir von dem preussischen Hafen Pillau aus auf einem Segelschiff zunächst nach London weitergehen sollten. So fuhren wir denn, nach einigen Tagen der Erholung in dem Arnauer Gasthofe, abermals von Möller geleitet, auf einem dort landesüblichen Fuhrwerke, welches einem Leiterwagen nicht sehr unähnlich war, über kleinere Orte und auf schlechten Strassen, um Königsberg nicht zu berühren, nach dem Hafenstädtchen Pillau. Auch diese kürzere Reise sollte nicht ohne Unglücksfall vonstatten gehen. Der ungeschickte Wagen fiel in einem Bauernhofe um, und Minna ward bei dem Falle durch eine innere Erschütterung so stark beschädigt, dass wir in einem Bauernhaus, wohin ich die gänzlich Gelähmte mit grösster Mühe zu schleppen hatte, bei mürrischen und schmutzigen Leuten eine für die Verletzte höchst schmerzliche Nacht zu verbringen hatten.

Die um mehrere Tage verspätete Abfahrt des Pillauer Schiffes musste uns unter diesen Umständen sehr willkommen sein. Da der Kapitän uns ohne Pass aufzunehmen hatte, war endlich auch die Besteigung seines Schiffes für uns wiederum von besondrer Schwierigkeit. Wir mussten noch vor dem Tagesgrauen uns auf einem Boote heimlich durch die Hafenwache an Bord unseres Schiffes zu schleichen suchen; dort angelangt und nachdem wir Robber ebenfalls mit grosser Mühe, ohne Aufsehen zu erregen, die steile Schiffswand hinaufgezogen hatten, mussten wir uns sofort in einem unteren Raum verbergen, um von den vor der Abfahrt das Schiff noch besuchenden Visitatoren nicht bemerkt zu werden. Endlich war der Anker gelichtet, und während wir allmählich das Land aus dem Auge verloren, glaubten wir nun aufatmen zu dürfen.

Wir waren an Bord eines Kaufmannsschiffes von kleinster Gattung; es hiess *Thetis,* hatte das Brustbild der Nymphe an der Puppe aufgesteckt und war, den Kapitän eingerechnet, von sieben Männern bedient. Man war der Meinung, bei gutem Wetter, wie es im Sommer zu erwarten stand, die Fahrt nach London in acht Tagen zu bestehen. Schon auf der Ostsee waren wir durch anhaltende Windstille jedoch lange zurückgehalten; ich benutzte die Musse, um meine Kenntnis des Französischen durch das Studium des Romans von G. Sand, «La dernière Aldini», näher zu begründen. Ausserdem gewährte uns der Umgang mit den Schiffsleuten manche Unterhaltung. Ein sonderlich schweigsamer älterer Matrose mit Namen Koske ward von uns viel beobachtet, namentlich der unversöhnlichen Abneigung wegen, welche der sonst so gutmütige Robber gegen ihn gefasst hatte.

Nach siebentägiger Fahrt gelangten wir erst vor Kopenhagen an, wo wir, ohne das Schiff zu verlassen, die Gelegenheit wahrnahmen, unsre sehr spärliche Schiffskost durch Einnahme verschiedener Nahrungsmittel und Getränke erträglicher zu machen. Guten Mutes fuhren wir so an dem schönen Schlosse von Helsingör vorbei, dessen Anblick mich in unmittelbare Berührung mit meinen Jugendeindrücken von «Hamlet» setzte, und segelten nun hoffnungsvoll durch das Kattegat dem Skagerrak zu, als der anfänglich nur ungünstige Wind, welcher uns zu mühseligem Lavieren genötigt hatte, am zweiten Tag dieser neuen Fahrt in einen heftigen Sturm umschlug. Volle vierundzwanzig Stunden hatten wir unter für uns ganz neuen Leiden gegen ihn zu kämpfen. In die jämmerlich enge Kajüte des Kapitäns eingepfercht, ohne eigentliches Lager für eines von uns beiden, waren wir der Seekrankheit und allen Ängsten preisgegeben. Zum Unglück war das Branntweinfass, aus welchem die Mannschaft sich während der harten Arbeit zu stärken hatte, in einer Vertiefung der Bank, auf welche ich mich ausgestreckt hielt, angebracht; hier war es nun Koske, welcher sich am häufigsten zu der mich so belästigenden Stärkung einfand, trotzdem er jedesmal einen Kampf auf Leben und Tod mit Robber zu bestehen hatte.

Endlich, am 27. Juli [1839], sah der Kapitän bei heftig stürmendem Westwind sich gezwungen, einen Hafen der norwegischen Küste aufzusuchen. Mit tröstlichen Gefühlen gewahrte ich das weithin sich dehnende felsige Ufer, dem wir mit grosser Schnelligkeit zugetrieben wurden, und nachdem nun ein norwegischer Lotse, der auf einem kleinen Boot uns entgegengekommen war, mit kundiger Hand das Steuer der *Thetis* übernommen hatte, erlebte ich bald einen der wunderbarsten Eindrücke meines Lebens. Was ich für eine zusammenhängende Uferfelsenkette gehalten hatte, zeigte sich bei unsrer Annäherung zunächst als eine Reihe einzelner, aus der See hervorragender Felskegel; an ihnen vorbeigesegelt, erkannten wir, dass wir nicht nur vor uns, wie zur Seite, sondern auch im Rücken von diesen Riffen umgeben waren, welche sich hinter uns wieder so dicht zusammendrängten, dass sie eine einzige Felsenkette zu bilden schienen. Zugleich brach an diesen rückwärts gelegenen Felsen der Sturmwind sich derart, dass, je weiter wir durch dieses stets wechselnde Labyrinth von Felsenkegeln vordrangen, die See immer ruhiger und endlich, bei der Einfahrt in einer jener langen Wasserstrassen durch ein riesiges Felstal, als welches sich ein norwegisches Fjord mir darstellte, völlig glatt und friedlich das Schiff dahinfuhr.

Ein unsägliches Wohlgefühl erfasste mich, als das Echo der ungeheuren Granitwände den Schiffsruf der Mannschaft zurückgab, unter welchen diese den Anker warf und die Segel aufhisste. Der kurze Rhythmus dieses Rufes haftete in mir wie eine kräftig tröstende Vorbedeutung und gestaltete sich bald zu dem Thema des Matrosenliedes in meinem «Fliegenden Holländer», dessen Idee ich damals schon mit mir herumtrug. Hier gingen wir denn auch ans Land. Das Haus eines verreisten Schiffskapitäns nahm uns zu unserer Erholung auf, und der in offener See noch fortwährende stürmische Wind hielt uns hier zwei Tage lang zurück, deren wir zur Erholung sehr wohl bedurften.

Am 31. Juli bestand der Kapitän, trotzdem der Lotse davon abriet, auf der Wiederausfahrt. Wiederum an Bord der *Thetis,* verzehrten wir soeben zum ersten Male in unsrem Leben einen Hummer, als sich ein heftiges Fluchen des Kapitäns und der Mannschaft gegen den Lotsen erhob, welchen ich mit starrer Angst am Steuer sich bemühen sah, einem nur schwach aus der See hervorstehenden Felsenriff auszuweichen, auf das das Schiff zutrieb. Wirklich erhielt das Schiff einen starken Stoss, welcher in meiner Einbildung blitzesschnell als ein gänzliches Bersten des Schiffes erschien; glücklicherweise fand sich aber, dass unser Schiff das Riff nur von der Seite gestreift hatte. Dennoch sah sich der Kapitän veranlasst, nach einem Hafen zurückzusteuern, um das Schiff der nötigen Untersuchung zu unterwerfen. An einen andern Küstenpunkt zurückgekehrt, ward abermals Anker geworfen, und der Kapitän lud uns ein, in einem kleinen Boot mit ihm und zwei Matrosen nach dem einige Stunden entfernten grösseren Ort Tromsond zu fahren, wo er die Hafenbehörden zur Untersuchung seines Schiffes zu requirieren hatte. Diese Spazierfahrt war wiederum im höchsten Grad anziehend und eindrucksvoll; namentlich der Einblick in einen weit in das Land sich hineinziehenden Fjord erfüllte meine Phantasie mit dem Eindruck einer noch ungekannten, grauenvoll erhabenen Öde ... Am andern Morgen über die Ungefährlichkeit der Beschädigung des Schiffes beruhigt, am 1. August, konnten wir endlich bei gutem Winde unbehindert von neuem in See gehen.

Nach vier Tagen ruhiger Fahrt stellte sich ein stürmischer Nordwind ein, welcher uns in günstiger Richtung mit ungemeiner Schnelle vorwärtstrieb. Schon glaubten wir die Reise bald überstanden zu haben, als am 6. August abends die günstige Windrichtung umschlug und zugleich der Sturm mit unerhörter Heftigkeit zunahm. Es war eines

Mittwochs am 7., mittags halb drei Uhr, wo wir jeden Augenblick unsren Tod voraussehen zu müssen glaubten. Nicht die furchtbare Gewalt, mit welcher das Schiff auf und ab geschleudert wurde und gänzlich richtungslos dem bald als tiefsten Abgrund, bald als steile Berghöhe sich darstellenden Meeresungetüm preisgegeben war, erweckte in mir das Todesgrauen, sondern was mich mit dem Gefühl der verhängnisvollen Entscheidung erfüllte, war die Mutlosigkeit der Mannschaft, unter welcher ich verzweiflungsvoll boshafte Blicke wahrnahm, mit denen wir von ihnen abergläubischerweise als die Ursache des drohenden Seeunglücks bezeichnet zu werden schienen. Selbst der Kapitän schien es in der äussersten Drangsal bereuen zu wollen, uns an Bord genommen zu haben, da wir ihm, der so oft diese Fahrt in kurzer Zeit und ohne alle Beschwerde zurückgelegt hatte, für diesmal offenbar Unglück gebracht hätten. Da auch eben um die genannte Tageszeit zugleich mit dem Sturm ein heftiges Gewitter am Himmel tobte, sprach Minna den eifrigen Wunsch aus, lieber vom Blitz zerschmettert mit mir umzukommen, als in die fürchterliche Wasserflut lebend zu versinken. Auch bat sie mich, sie mit einigen Tüchern an mich anzubinden, damit wir beim Versinken nicht getrennt werden möchten.

Noch eine ganze Nacht verbrachten wir

unter diesen andauernden, nur durch die schreckliche Ermüdung sich abschwächenden Ängsten. Andern Tages hatte sich nun der Sturm gelegt, der Wind blieb ungünstig, war aber schwach. Der Kapitän bemühte sich, mit seinen astronomischen Instrumenten sich darüber genau zu orientieren, wo wir uns befänden; er klagte über den nun bereits so viele Tage stets bedeckten Himmel, beteuerte, um einen einzigen Sonnen- oder Sternenblick viel geben zu mögen, und verbarg seine Unruhe nicht, die er darüber empfand, dass er die Meeresstelle, wo wir uns befanden, nicht mit Sicherheit angeben könne. Doch folgte er zu seinem Troste einem in der Entfernung einiger Seemeilen in der gleichen Richtung vor uns segelnden Schiff, dessen Bewegungen er anhaltend mit grosser Aufmerksamkeit durch das Fernrohr beobachtete. Plötzlich sprang er im heftigen Schrecken auf und kommandierte mit leidenschaftlichem Eifer eine Veränderung der Schiffsrichtung. Er hatte wahrgenommen, dass das vor uns segelnde Schiff auf eine Sandbank getrieben war, von welcher, wie er behauptete, es nicht wieder loszukommen vermögen würde, da er nun genau innegeworden, dass wir uns in der Nähe des gefahrvollsten Teiles der die holländische Küste weithin einfassenden Sandbänke befanden. Mit geschicktester Benutzung der Segel gelang es nun, andauernd die entgegengesetzte Richtung auf die englische Küste einzuhalten, welche wir wirklich am 9. August abends in der Nähe von Southwould zu Gesicht bekamen. Als wir von dorther schon in weiter Ferne die Jagd der Lotsen auf unser Schiff bemerkten, welche an der englischen Küste freie Konkurrenz unter sich halten, erfüllte sich mein Blut mit angenehmer neuer Lebenswärme. Es gelang einem grauköpfigen kräftigen Manne, jedoch erst nach wiederholten vergeblichen Anstrengungen gegen die tobenden Wellen, endlich mit bluttriefenden Händen, wie sie ihm das herabgeworfene Tau, welches immer wieder seiner Faust entglitt, zerfetzt hatte, an Bord der *Thetis* zu gelangen. Das Steuerruder jetzt in der sicheren Hand des ruhigen, durch seine ganze Persönlichkeit höchst wohltätig auf uns wirkenden englischen Seemannes zu wissen und in ihm die unfehlbare Bürgschaft baldiger Erlösung aus den schrecklichen Drangsalen zu erkennen, erfüllte uns mit religiösem Wohlgefühl. Noch waren wir aber keineswegs soweit; denn nun begann erst die von zahllosen Gefahren begleitete Fahrt durch die Sandbänke der englischen Küste entlang, auf welchen jährlich, wie man mir versicherte, durchschnittlich gegen vierhundert Schiffe zugrunde gehen. Wir hatten volle vierundzwanzig Stunden, vom Abend des 10. bis zum Abend des 11. August, innerhalb dieser Sandbänke einen heftigen Weststurm zu bestehen, welcher uns so sehr am Vorwärtskommen hinderte, dass wir erst in der Nacht zum 12. August in die Mündung der Themse einliefen.

Wilhelmine Schröder-Devrient

Aus Wagners «Mein Leben» über die Leipziger Zeit

Die italienische Operngesellschaft langte von Dresden an und entzückte das Leipziger Publikum durch Vorführung ihrer ausserordentlichen Virtuosenleistungen. Fast war auch ich im Begriff, von dem Rausche, welchen sie über Leipzig ergossen, bis zum Vergessen der Knabeneindrücke hingerissen zu werden, welche einst Signor Sassaroli mir eingeprägt hatte, als ein andres Wunder, welches uns ebenfalls von Dresden zukam, meinem künstlerischen Gefühle plötzlich eine neue und für das ganze Leben entscheidende Richtung gab. –

Dies war ein kurzes Gastspiel der Wilhelmine Schröder-Devrient, welche damals auf der vollsten Höhe ihrer Künstlerlaufbahn stand, jugendlich, schön und warm, wie nie seitdem auf der Bühne mir ein Weib erscheinen sollte. – Sie trat in «Fidelio» auf.

Wenn ich auf mein ganzes Leben zurückblicke, finde ich kaum ein Ereignis, welches ich diesem einen betreff seiner Einwirkung auf mich an die Seite stellen könnte. Wer sich der wunderbaren Frau aus dieser Periode ihres Lebens erinnert, muss in irgendeiner Weise die fast dämonische Wärme bezeugen können, welche die so menschlich-ekstatische Leistung dieser unvergleichlichen Künstlerin notwendig über ihn ausströmte. Nach der Vorstellung stürzte ich zu einem meiner Bekannten, um dort einen kurzen Brief aufzuschreiben, in welchem ich der grossen Künstlerin bündig erklärte, dass von heute ab mein Leben seine Bedeutung erhalten habe, und wenn sie je dereinst in der Kunstwelt meinen Namen rühmlich genannt hören sollte, sie sich erinnern möge, dass sie an diesem Abend mich zu dem gemacht habe, was ich hiermit schwöre werden zu wollen. Diesen Brief gab ich im Hotel der Schröder-Devrient ab und lief wie toll in die Nacht hinaus. Als ich im Jahre 1842 nach Dresden kam, um mit dem «Rienzi» zu debütieren, und nun mich oft im Hause der freundlich gewogenen Künstlerin aufhielt, überraschte sie mich eines Males durch treue Rezitation jenes Briefes, welcher auch auf sie Eindruck gemacht zu haben schien, da sie sich ihn wirklich aufbewahrt hatte.

Aus Wagners Schrift «Über Schauspieler und Sänger» von 1872

Jenes befreiende Bewusstsein des Spieles ist es, welches dem genialen Mimen das kindliche Wesen verleiht, durch das er sich so liebenswürdig sowohl vor seinen unbegabten Genossen als auch vor seiner ganzen bürgerlichen Mitwelt auszeichnet. Die einnehmendsten und zugleich belehrendsten Erfahrungen hierüber waren mir seinerzeit durch den näheren künstlerischen Verkehr mit der herrlichen Wilhelmine Schröder-Devrient zu machen gestattet, an deren Beispiel ich überhaupt alle meine Ansichten über edles mimisches Wesen verdeutlichen möchte. Durch diese wunderbare Frau ist mir der rettende Zurücktritt des in vollster Selbstentäusserung verlorenen Bewusstseins in das plötzliche Innewerden des Spieles, in welchem sie begriffen war, in wahrhaft überraschender Weise bekannt geworden. In einer der aufregendsten Szenen, während welcher sie alle Zuhörer in jenes nahe an das Schrecken streifende Staunen der teilnahmsvollsten Entrücktheit festbannte, hatte sie für einen Augenblick die Bühne zu verlassen, um sofort wieder dahin zurückzukehren: diese wenigen Sekunden verwandte sie zu einer Äusserung des übermütigsten Scherzes an ihren alten Lehrer, welchem sie das Taschentuch, womit dieser die Tränen der Ergriffenheit sich trocknete, mit lustiger Heftigkeit entriss, um ihre eigenen Tränen abzuwischen, worauf sie das Tuch ihm mit dem Verweise: «Was hast du Alter zu weinen? Das lass meine Sache sein!» zurückwarf, um nun hastig wieder auf die Szene zu stürzen und dort sich in den herzzerreissenden Ausruf zu ergehen: «Was hab' ich gesehen!»

Einem solchen Auftritte gegenüber dürfte der Unverständige sich leicht dazu veranlasst halten, den Vorgang auf der Szene, durch welchen die Künstlerin uns alle in die höchste Ergriffenheit versetzte, als ein lügnerisches Gaukelspiel von abgefeimtester bewusster Verstellung zu beurteilen; wogegen er nun wieder sehr verwundert sein würde, zu erfahren, wie unmöglich es war, durch irgendeinen in das gemeine Bewusstsein tretenden Zwischenfall die Darstellerin ihrer persönlichen Selbstentäusserung zu entfremden. Selbst ihr gewöhnliches Los, sich solchen Mitspielern gegenüber zu befinden, welche nie aufhörten, in ihrer eigenen lächerlichen Person vor ihr zu stehen und sich zu bewegen, änderte hierin nichts; vermochte sie sich ausser der Szene in den leidenschaftlichen Klagen über dieses Los zu ergehen, so war nie eine Rückwirkung davon an ihr zu gewahren, sobald sie mit dem Betreten der Bühne begeistert in die Not sich gefügt hatte.

Als Desdemona fasste sie, auf den Knien liegend, mit der todernsten Frage: «Kannst du dein Kind verstossen?» den Saum des Gewandes ihres Vaters, wovor der ehrliche Bassist, welcher diesen vorzustellen hatte, dermassen in Furcht und Schrecken geriet, dass er hastig seinen Mantel an sich zog und zurückwich; der lächerliche Eindruck hiervon sprach sich durch eine Bewegung des ganzen Publikums aus, nur in den Mienen der Künstlerin war nicht eine Spur davon zu lesen: nicht ein Wimperzucken flog über den unsäglich ausdrucksvollen Blick, welcher den armen Brabantio, der seinem Kinde ungerührt zu fluchen hatte, in hasenhafte Flucht schlug.

Wer kennt nicht das Benehmen unserer Primadonnen in einem sogenannten Finalesatze, in welchem die Sänger, vom Chore flankiert, vor uns aufgereiht stehen, während keiner von ihnen weiss, was der andere singt oder sonst vornimmt? Ich verfolgte die Schröder-Devrient in ihrem Verhalten zu dem letzten Finale des «Freischütz» und versichere, nie eine erhabenere Meinung von der dramatischen Darstellungskunst gewonnen zu haben als in dieser ziemlich banalen Szene des üblichen Denouements eines Opernsujets, in welcher Agathe nur zweimal, fast episodisch, sich vernehmen lässt und, auf einem Rasensitze festgebannt, an der Handlung einen durchaus nur leidenden Anteil nimmt. Aber in diesem leidenden Anteile der vom Todesschreck zu den qualvollsten Erfahrungen erwachenden, endlich durch schwankende Übergänge zum Aufleben der beglückendsten Hoffnungen geleiteten Seele des liebenden Mädchens, in dem letzten Blicke, den sie auf den zur Bestehung seines Probejahres von ihr scheidenden Geliebten heftete, drückte sich eine Poesie des Dramas aus, von der wir alle keinen Begriff hatten und die wir doch jetzt in den so oft von uns schmählich abgespielten Tonsätzen gerade dieses so langweilig und undramatisch erscheinenden «Finales» auf das rührendste ausgesprochen finden mussten.

In betreff dieser Künstlerin wurde immer wieder die Frage an mich gerichtet, ob denn, da wir sie als Sängerin rühmten, ihre *Stimme* wirklich so bedeutend gewesen wäre, – worunter denn alles verstanden zu werden schien, worauf es in diesem Falle überhaupt ankomme. Wirklich verdross es mich stets, diese Frage zu beantworten, weil es mich empörte, die grosse Tragödin mit jenen weiblichen Kastraten unserer Oper in eine Rangordnung geworfen zu wissen. Wer mich noch jetzt fragen sollte, dem würde ich heute ungefähr folgendes antworten: – «Nein! Sie hatte gar keine ‹Stimme›; aber sie wusste so schön mit ihrem Atem umzugehen und eine wahrhaftige weibliche Seele durch ihn so wundervoll tönend ausströmen zu lassen, dass man dabei weder an Singen noch an Stimme dachte!»

Uraufführung von «Rienzi»

Gustav Adolf Kietz zitiert in seinem Erinnerungsbuch einen Bericht des Schauspielers und Kostümiers Ferdinand Heine über die Uraufführung des «Rienzi» in Dresden:

In den ersten Zimmer- und Quartettproben schimpften Sänger und Musiker um die Wette über die unvernünftigen Schwierigkeiten der Musik; kaum aber hatten sie die Idee nur einigermassen begriffen, so trat eine mit jeder Probe sich steigernde Begeisterung ein, die sich bald allen Orchestermitgliedern wie Sängern mitteilte, bis zum letzten Choristen, wie sie mir noch nicht vorgekommen ist. Am höchsten trieben es Tichatschek und unser erster Konzertmeister Lipinsky, die gar keinen Ausdruck stark genug für ihr Entzücken fanden. – Allerdings fanden sich im Verlaufe der Einstudierung so viele Schwierigkeiten, dass ich fast glaube, ohne Vater Fischers, unseres Chordirektors, unermüdliche Ausdauer wäre die Sache lange nicht zu einer so schönen Reife gediehen. Besonderen Spass machte mir die Schröder-Devrient. Diese wurde comme à l'ordinaire zuletzt mit ihrer allerdings höchst schwierigen Partie, dem Adriano, fertig; so, dass Wagner wie verdonnert war und wir nur zu trösten hatten. Desto ungeheurer war seine Überraschung am Abend der Vorstellung, wo sie urplötzlich eine ihrer grossartigsten Schöpfungen vor seine Blicke hinzauberte. – Unser prachtvolles Theater war trotz der erhöhten Preise zum Erdrücken voll. Vom ersten Ton der Ouvertüre an herrschte tiefes Schweigen, dann erhob sich donnernder Beifall, der sich fort und fort steigerte, bis zu dem einfach ergreifenden Schluss des vierten Aktes, der eine tiefe Stille hinterliess, um nach dem fünften Akte in um so tosenderen Beifall überzugehen. Die Oper dauerte bis ein halb zwölf Uhr, und doch verliess niemand seinen Platz.

Eine Sitzung in der Dresdener Operndirektion

Karl Gutzkow schildert in seinen «Rückblicken» eine Sitzung beim Intendanten des Dresdener Hoftheaters, Adolf von Lüttichau:

Wagner lebte in der Vorstadt wie ein Exilierter. Er hatte mit dem Chef, vielleicht mit dem Hofe, Differenzen gehabt ... Eines Tages kam der zürnende Achill von seinen Schiffen in der Friedrichsstadt und nahm wieder an einer der Beratungssitzungen teil. Was ihn zum Kommen bewogen hatte, weiss ich nicht. Die Sitzung ist mir unvergesslich. Der Intendant war in der Regel im Punkt der künstlerischen Beschäftigungen tabula rasa. Was vor acht Tagen abgemacht war, war in acht Tagen vergessen ... Richard Wagner sollte sich in jener Sitzung, wo wieder der Kalender mit den schönsten Fata Morganen bedeckt wurde, über die Möglichkeit, in einer Oper von – jedenfalls einem andern als von ihm – eine Rolle zu transkribieren, aussprechen. Das glückliche Gefühl: nun sind wir wieder alle so fröhlich beisammen! machte möglich, dass der Intendant dem Dichter-Komponisten gestattete, gleichsam seinem Urteil die gesamten Hauptgedankengänge seiner noch nicht erschienenen Schrift «Oper und Drama» voranzuschicken. Ruhig hörte man zu. Wagner war im vollsten Flusse seiner sächsischen Suada.

«Meinen Sie also, dass Frau Kriete» – unterbrach endlich mit leiser Ungeduld der Intendant, als Wagner noch beim Aufziehen der Saiten auf die bekannte Schildkröte des Apollo stand und den Unterschied zwischen Melodie und Rhythmus definierte.

«Wie sich nun aber schon Gluck an die reineren Formen der Antike angeschlossen hat» – fuhr Wagner unerschütterlich fort.

«Glauben Sie denn, dass die Kriete» – erhob sich der Chef schon dringlicher.

«Bitte! Bitte!» mahnte leiser der ältere Kollege (Reissiger) den begeisterten Schöpfer des «Tannhäuser», der sich nicht stören liess, im Bewusstsein, der neueren Zeit und dem Stimmregister der Frau Kriete schon nähergekommen zu sein, seine Ideengänge zu verfolgen.

«Ja, die Transkriptionen», rief endlich der Intendant, auf die Uhr sehend, «würde denn diese für die Kriete» –

«Gluck hat vor den Piccinisten gerade bei der Führung der Stimme den Vorteil voraus» –

«Aber, Herr Jesus, wir wollen ja nur bloss wissen, ob die Kriete die Partie singen kann?» schrie der Intendant und unterbrach zuletzt gewaltsam eine Wortentwicklung und einen Ideenreichtum, der ihn in Verzweiflung versetzt hatte.

Diesem ersten Wiedererscheinen des «zweiten Kapellmeisters» bei den Direktionsberatungen folgte kein zweites.

Uraufführung des «Fliegenden Holländers»

Aus den «Erinnerungen» von Marie Schmole-Heine (Sammlung Burrell)

Bald begannen nun die Vorbereitungen für den «Fliegenden Holländer». Manche Bedenken hörte ich wegen der Schwierigkeiten besprechen, welche die beiden Schiffe im ersten und letzten Akte bereiteten. Die maschinistischen Einrichtungen hatten weitaus noch nicht die jetzige Höhe erreicht. Die Meereswellen wurden auf ziemlich primitive Weise dargestellt, und die Schiffe kamen und verschwanden ziemlich anschaulich, – aber man hatte die Ansprüche an dekorative Ausstattung in jener Zeit noch nicht so hoch gestellt wie in unsern Tagen. Trotzdem war das Dresdener Hoftheater in dieser Beziehung andern deutschen Bühnen recht voraus. – An dem Einstudieren der Chöre hatte der gute «Vater Fischer» seine helle Freude, aber die Solisten machten zu manchen Stellen doch recht bedenkliche Gesichter. Wilhelmine Schröder-Devrient sang die Senta und hatte namentlich vor der Ballade eine förmliche Angst. – Zur Generalprobe hatte man mich auf Frau Minnas Fürbitte mitgenommen. Als die Schröder-Devrient im zweiten Akt ihre Ballade beginnen sollte, hielt sie gleich beim ersten Johojo inne, schüttelte den Kopf, stampfte mit dem Fuss und sprach zu Wagner: «Ich kann und kann mit dem Zeug nichts anfangen.» – Wagner war ziemlich kleinlaut und liess das Orchester nochmals anfangen, und nun ging es ja, allein der richtige Geist kam, wie so häufig, erst am Abend der ersten Aufführung über die geniale Frau. – Ein sehr drolliger Zwischenfall ereignete sich in derselben Probe bei dem Spinnerinnenchor. Derselbe war in den vorhergehenden Orchesterproben zwar bereits gesungen worden, allein in dieser Hauptprobe gingen die Choristinnen erst wirklich «in das Feuer». Das musikalische Lachen, womit ihr neckisches Lied abschloss, klang so natürlich, dass Frau Schröder-Devrient, welche als Senta im

Lehnstuhle ruhte und das Bild des Holländers anstarrte, fast erschrocken das Haupt wandte und ihnen zurief: «Na, ihr Gänse, was habt ihr denn zu lachen?» Natürlich war ein *echtes* und allgemeines Lachen die Folge dieses Ausrufes, den die über die Lösung ihrer Aufgabe grübelnde Wilhelmine getan.

In der Aufführung fanden verschiedene Stellen des ersten Aktes bereits lebhaften Beifall, besonders das reizvolle Lied des Steuermannes. Im Verhältnis zu spätern Aufführungen der Oper war die erste Besetzung der Hauptrollen ja keine ganz genügende. Wächter war ein trefflicher Sänger mit schöner Stimme, allein ihm ging das Poetische ab, dessen die unheimliche Gestalt des Holländers bedarf. Erst später, als Anton Mitterwurzer jene Partie übernahm, kam die grosse Arie des ersten Aktes zur vollendeten Ausführung, ebenso das Duett mit Daland, welchen der wackere, aber etwas trockene Risse sang. – Allgemein wurde das Publikum durch den zweiten Akt begeistert. Der Chor der Spinnerinnen fand endlosen Beifall, ebenso die Arie des Jägers und die Szene zwischen Senta, dem Holländer und Daland. – Am Schlusse dieses Aktes ward Wagner enthusiastisch gerufen ... Auch im dritten Akte brach der Beifall zu wiederholten Malen brausend los, besonders gelegentlich des unvergänglich frischen Matrosenchores und der übermütig neckenden Frauenchöre zum

Wagner in seiner Dresdener Kapellmeisterzeit. Zeichnung von F. W. Heithecker.

düstern Geisterschiff hinüber. Richards Verzweiflung war die Himmelfahrt Sentas und des Holländers, die sich damals wohl ziemlich drastisch dargestellt haben mag.

Wagner über Schumann

Aus Wagners «Mein Leben» über die Dresdener Zeit

Schumann kannte ich bereits von Leipzig her: wir hatten ungefähr gleichzeitig unsere musikalische Laufbahn begonnen; für die früher von ihm redigierte «Neue Zeitschrift für Musik» hatte ich zu verschiedenen Zeiten kleine Aufsätze, zuletzt einen grösseren über das «Stabat Mater» von Rossini aus Paris geliefert. Zu einer Konzertaufführung im Theater war er mit seinem «Paradies und Peri» berufen worden; sein ganz eigentümliches Ungeschick im Dirigieren hatte bei dieser Gelegenheit meine Teilnahme für den tiefsinnigen, energischen Musiker, dessen Werk mich sehr ansprach, in besonderer Weise tätig gemacht. Entschiedenes Wohlwollen, freundschaftliche Zutraulichkeit herrschten zwischen uns. Nach einer Aufführung des «Tannhäuser», welcher er beigewohnt, machte er mir seinen Morgenbesuch und erklärte sich voll und bestimmt für mein Werk, an welchem er nur eine Überstürzung der Stretta des zweiten Finals auszusetzen hatte, was mir von seinem Feingefühl zeugte, da ich ihm aus der Partitur nachweisen konnte, wie ich durch eine mir selbst höchst peinliche Kürzung zu dem von ihm bemerkten Übelstand genötigt worden war. Wir trafen uns zuweilen auf Spaziergängen, und so gut es mit dem sonderbar wortkargen Menschen möglich war, tauschten wir über mancherlei musikalische Interessen unsere Ansichten aus. Er freute sich, nächstens unter meiner Leitung die Neunte Symphonie von Beethoven zu hören, nachdem er bisher bei den Leipziger Aufführungen derselben, namentlich durch das von Mendelssohn gänzlich vergriffene Tempo des ersten Satzes, sehr zu leiden gehabt hatte. Im übrigen bot mir sein Umgang keine eigentliche Anregung, und dass auch er zu verschlossen war, um ernsten Anregungen meinerseits Erfolg zu geben, zeigte sich bald und namentlich bei seiner Konzeption des Gedichtes der «Genoveva». Hierbei stellte es sich heraus, dass mein Beispiel nur sehr äusserlich auf ihn gewirkt hatte und im Grunde sich nur darauf bezog, dass er es gut fand, sich nun auch selbst einen Operntext zu schreiben. Zwar lud er mich in der Folge einmal ein, um mir seinen nach Hebbel und Tieck kombinierten Text vorzulesen; als ich jedoch mit wahrer Besorgtheit, und von dem innigen Wunsche des Gelingens seiner Arbeit beseelt, ihn auf die grossen Fehler derselben aufmerksam machte und die nötigen

Änderungen ihm vorschlug, erfuhr ich, wie es mit dem sonderbaren Menschen stand. Er gönnte mir durchaus nur, mich von ihm hinreissen zu lassen; einen Eingriff in das Werk seiner Begeisterung wies er aber mit empfindlichem Trotze zurück. So liessen wir es denn dabei bewenden …

Kurz nach den verhängnisvollen Märztagen und wenige Zeit vor der Vollendung meiner «Lohengrin»-Partitur war er [Liszt] zu meiner freudigen Überraschung eines Tages in mein Zimmer getreten. Er kam damals von Wien, wo er den Barrikadentagen beigewohnt hatte, und begab sich nach Weimar zur dauernden Niederlassung. Wir hatten damals gemeinschaftlich einen Abend bei Schumann zugebracht; dort war musiziert und schliesslich disputiert worden, was bei einer stark prononcierten Meinungsverschiedenheit Liszts und Schumanns über Mendelssohn und Meyerbeer zu einer völligen Erbosung Schumanns geführt hatte, bei welcher Gelegenheit wir gegenüber dem Wirte, welcher sich für längere Zeit wütend in seine Schlafkammer zurückzog, in eine sonderbare, in der Unterhaltung auf dem Heimwege uns aber sehr belustigende Verlegenheit geraten waren.

Wagner in seiner Schrift «Über das Dirigieren» von 1869, nachdem er auf «jenen pietistischen Musik-Mässigkeitsverein» zu sprechen gekommen war:

Das Hauptingrediens bleibt aber eine gewisse sinnig dünkende Behutsamkeit gegen das, was man nicht zu leisten vermag, mit Verleumdung dessen, was man gerne leisten möchte. Es ist über alles traurig, dass man in dieses Unwesen eine so tüchtige Natur wie Robert Schumann verwickeln, ja schliesslich sein Andenken zur Kirchenfahne für diese neue Gemeinde machen konnte. Das Unglück war eben, dass Schumann sich etwas zumutete, dem er nicht gewachsen war, und die gerade hierdurch sich kundgebende verfehlte Seite seines künstlerischen Schaffens zum wohlgeeignet dünkenden Aushängeschilde für diese neuste Musikgilde gemacht werden konnte. Das, worin Schumann liebenswert und durchaus anmutend war und was daher auch gerade unsererseits (ich nenne mit Stolz mich hier zu Liszt und den Seinen gehörig) schöner und empfehlender gepflegt wurde als von seinen eigenen Angehörigen, ward, weil darin sich wahre Produktivität bekundete, von jenen geflissentlich unbeachtet gelassen, vielleicht nur, weil ihnen der Vortrag dafür abging. Dagegen wird heute das, worin Schumann eben die Beschränktheit seiner Begabung aufdeckte, nämlich das auf grössere, kühnere Konzeption Angelegte, sorgsam von ihnen hervorgezogen: wird es nämlich in Wahrheit vom Publikum nicht recht goutiert, so kommt es zustatten, daran nachzuweisen, dass es eben schön sei, wenn etwas keinen «Effekt» mache, und endlich kommt ihnen sogar noch der Vergleich mit dem, namentlich bei *ihrem* Vortrage immer noch sehr unverständlich bleibenden Beethoven der letzten Periode zustatten, mit welchem sie nun den schwülstig uninteressanten, aber von ihnen so leicht zu bewältigenden (nämlich seiner ganzen Anforderung nach nur glatt herunterzuspielenden) R. Schumann sehr glücklich in *einen* Topf werfen können, um zu zeigen, wie ja, selbst in Übereinstimmung mit den kühnsten Ungeheuerlichkeiten, ihr Ideal eigentlich mit dem Allertiefsinnigsten des deutschen Geistes zusammengehe. So gilt denn endlich der seichte Schwulst Schumanns mit dem unsäglichen Inhalte Beethovens als ein und dasselbe, aber immer mit dem Vorbehalte, dass drastische Exzentrizität eigentlich unzulässig und das Gleichgültig-Nichtssagende das eigentlich Rechte und Schickliche sei, auf welchem Punkte dann der richtig vorgetragene Schumann mit dem schlecht vorgetragenen Beethoven allerdings ganz erträglich zueinander gehalten werden können.

Schumann über Wagner

Aus Schumanns Briefen an Mendelssohn

[22. Oktober 1845. Nach einer Bemerkung über die «reinen Harmonien» von Mendelssohns Orgelsonaten:] Freilich, was versteht die Welt (inkl. viele ihrer Musiker) von reiner Harmonie? Da hat Wagner wieder eine Oper fertig – gewiss ein geistreicher Kerl voll toller Einfälle und keck über die Massen – die Aristokratie schwärmt noch vom «Rienzi» her –, aber er kann wahrhaftig nicht vier Takte schön, kaum gut hintereinander wegschreiben und denken. Eben an der reinen Harmonie, an der vierstimmigen Choralgeschicklichkeit – da fehlt es ihnen allen. Was kann da für die Dauer herauskommen! Und so liegt die ganze Partitur schön gedruckt vor uns – und die Quinten und Oktaven dazu –, und ändern und radieren möchte er nun gern – zu spät! Sagt man aber so etwas, so heisst es gar: «Ach, der Neid», darum sag' ich es nur Ihnen, da ich weiss, dass Sie es längst wissen.

[12. November 1845] Über «Tannhäuser» vielleicht bald mündlich; ich muss manches zurücknehmen, was ich Ihnen nach dem Lesen der Partitur darüber schrieb; von der Bühne stellt sich alles ganz anders dar. Ich bin von vielem ganz ergriffen gewesen.

Schumann an Heinrich Dorn

[7. Januar 1846] «Tannhäuser» von Wagner wünscht' ich, dass Sie sähen. Es enthält Tiefes, Originelles, überhaupt hundertmal Besseres als seine früheren Opern – freilich auch manches musikalisch Triviale. In summa, er kann der Bühne von grosser Bedeutung werden, und wie ich ihn kenne, hat er den Mut dazu. Das Technische, die Instrumentierung finde ich ausgezeichnet, ohne Vergleich meisterhafter gegen früher.

Aus Schumanns Tagebuch

[Montag, den 17. März 1846] Im grossen Garten [in Dresden] zufällige Begegnung mit Richard Wagner. Er besitzt eine enorme Suada, steckt voller sich erdrückender Gedanken. Man kann ihm nicht lange zuhören.

Schumann an Carl Debrois van Bruyck

[Düsseldorf, 8. Mai 1853] Wagner ... ist, wenn ich mich kurz ausdrücken soll, kein guter Musiker: es fehlt ihm Sinn für Form und Wohlklang. – Aber Sie dürfen ihn nicht nach Klavierauszügen beurteilen! Sie würden sich an vielen Stellen seiner Opern, hörten Sie sie von der Bühne, gewiss einer tiefen Erregung nicht erwehren können, – und ist es nicht das klare Sonnenlicht, das der Genius ausstrahlt, so ist es doch oft ein geheimnisvoller Zauber, der sich unserer Sinne bemächtigt. – Aber, wie gesagt, die Musik, abgezogen von der

Darstellung, ist gering, oft geradezu dilettantisch, gehaltlos und widerwärtig. Und es ist leider ein Beweis verdorbener Kunstbildung, wenn man im Angesicht so vieler dramatischer Meisterwerke, wie die Deutschen aufzuweisen haben, diese neben jenen herabzusetzen wagt. – Doch genug davon! Die Zukunft wird auch über dieses richten.

Die Neunte Symphonie und die Revolution

Aus den «Erinnerungen» von Gustav Adolf Kietz

Für den Winter 1845/46 war es Wagners heissester Wunsch, nicht nur seine Musiker, sondern auch das Dresdener Publikum mit der Machtfülle der wunderbaren Schönheiten der Neunten Symphonie von Beethoven bekannt zu machen. Er schlug deshalb als Leiter der Symphonie für das Palmsonntagskonzert 1846, dessen Einnahmen dem Pensionsfonds für die Mitglieder der königlichen Kapelle zuflossen, die Aufführung dieses Wunderwerkes vor, völlig ahnungslos, in welches Wespennest er mit diesem Vorschlag stach. Die Kapellmitglieder wollten dieses Vorhaben nicht billigen, in der Besorgnis einer fehlenden Einnahme für ihre Pensionskasse. Man fasste den Entschluss, bis vor den König zu gehen, um die Aufführung dieser Symphonie zu verhindern. Der

König aber beschied das Gesuch abschlägig; er hatte unbedingtes Vertrauen zu Wagners Vorschlägen.

Mit den Orchestervorstehern, die er nicht hindern konnte, dass sie die ganze Stadt mit ihren Wehklagen erfüllten, überwarf sich Wagner vollständig; er nahm sich aber vor, das Publikum auf das Werk in Spannung erregender Weise vorzubereiten, damit durch zahlreichen Besuch der für bedroht gehaltene Kassenerfolg gesichert werde.

Welch unendliche Mühe gab sich Wagner, den widerstrebenden Musikern das Werk bis in die feinsten Nuancen klar und verständlich zu machen! Er sang ihnen die einzelnen Stellen vor, nahm die Bläser mit in seine Wohnung und liess sie die unverstandenen Stellen so lange wiederholen, bis ihnen klar wurde, *was* sie mit diesen Tönen sagen und zum Ausdruck bringen sollten.

Es machte auf mich von der ersten Probe an einen unvergesslichen Eindruck, zu beobachten, wie Wagner an sein Pult trat, die grosse aufgeschlagene Partitur zumachte und unter seinen Sitz legte und nun anfing, das unbegreifliche Riesenwerk aus dem Kopfe zu dirigieren und einzustudieren. Und auf welche unglaubliche Hindernisse stiess er dabei! Seine Korrekturen wurden nur mit grösstem Widerwillen aufgenommen. Wie oft hörten wir, beim Abklopfen in den ersten Proben, die Herren entrüstet ausrufen: «Bei uns steht aber nicht *des,* sondern *d.*» Worauf Wagner ruhig, aber mit grösster Bestimmtheit erwiderte: «So korrigieren Sie's, es ist falsch, es muss *des* heissen.» Ganz besondere Aufmerksamkeit widmete er den Holzbläsern. Der Schwiegersohn des damals rühmlich bekannten Hoboisten Kummer, der Violinist Hüllweck, erzählte mir später, sein Schwiegervater habe ihm selbst gebeichtet, wie er bei jeder Korrektur Wagners wütend seinem Nachbar zugeflüstert habe: «Wenn der Kerl nur was davon verstünde!»

Wagner hatte zur Unterstützung der Gesangschöre noch die Dreyssigsche Singakademie, die Sänger der Kreuzschule und des Seminars hinzugezogen. Es waren an die dreihundert Sänger vereinigt, die er bei den oft wiederholten Übungen auf eigentümliche Weise in eine wahre Ekstase zu versetzen wusste.

Wie unzählige Male musste Wagners Freund, der herrliche Baritonist Mitterwurzer, die Stelle: «Freunde, nicht diese Töne» wiederholen; er konnte es Wagner nicht recht machen, und ganz erschrocken hörten wir, wie er Mitterwurzer plötzlich im Unmut zurief: «So geht es nicht, wenn Sie es nicht besser können, dann lassen Sie es.» Mitterwurzer schwieg und sah ihm in die Augen – und dann begann er und sang dieses Rezitativ mit so hinreissendem Zauber wie wohl selten etwas vorher in seinem Leben.

Die Aufführung ging bei überfülltem Hause, unter allgemeiner Teilnahme des Dresdener Publikums vor sich. Die Einnahme für den Pensionsfonds überstieg, trotz der bedeutenden Abzugskosten für die Chöre, weit jede bisherige …

Am Palmsonntage, den 1. April 1849, wurde Beethovens Neunte Symphonie zum dritten und letzten Male unter Wagners Direktion aufgeführt. Die Wirkung des Wunderwerkes war in dieser aufgeregten Zeit eine geradezu berauschende, man muss das erlebt haben! –

Mit Bakunin, der sich in dieser Zeit als politisch Verfolgter in Dresden aufhielt, habe ich Wagner nie zusammen gesehen, aber den Eindruck gewonnen, dass dieser Mann ihm in hohem Grade interessant war und ihn durch seine phantastische Schwärmerei zu fesseln verstand, namentlich durch seine Begeisterung für die Neunte Symphonie. Wagner hat öfter auf unseren Spaziergängen von ihm gesprochen. So erzählte er einmal: «Alles, alles wird zugrunde gehen, nichts mehr wird bleiben – sagt Bakunin –, nicht nur die Musik, auch die anderen Künste, auch Ihr Cornelius» – Wagner kannte und teilte meine Bewunderung für diesen Meister –, «nur eins wird nicht vergehen und ewig bleiben: die Neunte Symphonie!» …

Die Unruhen in der Dresdener Bevölkerung mehrten sich. Im Frankfurter Parlament hatten die Vertreter des deutschen Volkes Bestimmungen für die Grundrechte aufgesetzt, welche die regierenden Häupter Deutschlands genehmigen sollten. Die in dieser Sache an den König Friedrich August abgesendete Deputation, welche kniefällig um Gewährung bat, wurde von ihm mit den Worten: «Ich kann nicht» entlassen, worauf der König sich umdrehte und das Zimmer verliess. Auf den Plätzen und in den Strassen drängte sich das Volk in Erwartung des königlichen Bescheids zusammen ... Die Unruhe und das Gefühl der Unsicherheit wuchs auf seiten des Hofes wie der Bevölkerung von Tag zu Tag. Da, eines Morgens, lief die Kunde durch die Stadt: «Der König ist mit seinem Hof und den Ministern geflüchtet!» Nach diesem verhängnisvollen Schritt war man gezwungen, zur Aufrechterhaltung der Ordnung gegen die schlimmen Elemente im Volke eine provisorische Regierung einzusetzen. Der Sturm auf das Zeughaus, aus dem sich das Volk bewaffnen wollte, forderte die ersten blutigen Opfer ... Wir, die akademische Legion, erhielten den «Befehl», das Rathaus, in dem die provisorische Regierung versammelt war, zu besetzen und zu beschützen.

Richard Wagner ist an mir vorüber tagsüber wiederholt die Rathaustreppe hinaufgestürmt, wenn ich als Wache in dem Hausflur stand, um sich schnell Nachricht zu holen, weil die sich immer mehr überstürzenden Gerüchte ihm in seiner ferngelegenen Wohnung im Marcolinischen Palais keine Ruhe liessen; auch auf den Kreuzturm ist er gestiegen, wie so viele andere Unbeteiligte, um nach den Zuzügen zu sehen. Aber nie ist er nachts oben geblieben oder hat selbst die Sturmglocken geläutet. Wagner hat niemals Waffen getragen oder auf einer Barrikade gestanden... Persönlich hat er sich nur zweimal an den Ereignissen der Revolution beteiligt, soviel mir damals und später von zuverlässiger Seite bekannt wurde.

Das erste Mal, als er zu seinem Freunde, dem Schauspieler und Kostümier Heine am königlichen Hoftheater, mit der flehentlichen und naiven Bitte kam, er solle nach der Neustadt eilen und die höheren Offiziere, bei denen Heine durch seine militärischen, höchst charakteristischen Truppen-Zeichnungen sehr beliebt war und in Ansehen stand, bitten, flehentlich bitten, dass sie aufhören sollten, auf das Volk zu schiessen. Heine lehnte Wagners Bitte entschieden ab, indem er ihm klarzumachen suchte, dass die Herren Offiziere nicht gegen die gegebenen Befehle handeln könnten, selbst wenn sie es wollten.

Die zweite Beteiligung Wagners geschah während des Waffenstillstandes, ehe das preussische Militär einrückte, auf der Brühlschen Terrasse. Ich war, mit meinem Legionshut auf dem Kopfe, hinaufgegangen, um in unserem Atelier auf der Brühlschen Terrasse nachzusehen, ob die darin fertig stehende Lessing-Statue Rietschels unbeschädigt sei. Da sah ich, wie Wagner mit einem Stoss Zettel unter dem Arm auf mich zugeeilt kam; er drückte mir einen Teil davon nach unserer Begrüssung in die Hand und bat mich, ihm zu helfen, die Zettel unter das auf der Terrasse liegende Militär zu verteilen. Noch ein Händedruck, und fort war er, emsig seine Zettel austeilend, auf denen die Worte standen: «Seid ihr mit uns, wenn die Preussen kommen?» – Er meinte, das Blutvergiessen *müsse* bei einer Vereinigung der Soldaten mit ihren sächsischen Landsleuten ein Ende nehmen. Ich war eben im Begriff, seiner Weisung Folge zu leisten, als ein Hauptmann auf mich zutrat, mir mit den Worten: «Verführte Jugend» die Zettel aus der Hand riss und fortzugehen befahl.

Der Revolutionär

Aus dem Aufsatz «Wie verhalten sich republikanische Bestrebungen dem Königtume gegenüber?», den Wagner 1848 im «Dresdener Anzeiger» veröffentlichte und mit «Ein Mitglied des Vaterlandsvereines» unterzeichnete

Ich will Euch sagen, wohin unsere allerdings «republikanischen» Bestrebungen zielen: unsere Bestrebungen *für das Wohl aller* gehen dahin, die sogenannten Errungenschaften der letzten Vergangenheit nicht an sich schon als das Ziel, sondern als einen *Anfang* erkannt zu wissen.

Das Ziel fest ins Auge gefasst, wollen wir daher zunächst den Untergang auch des letzten Schimmers von Aristokratismus; sind unsere Herren vom Adel keine Feudalherren mehr, die uns knechten und schinden konnten, wie sie Lust hatten, so sollen sie, um alles Ärgernis zu verwischen, auch den letzten Rest einer Auszeichnung aufgeben, die ihnen an einem hitzigen Tage leicht zu einem Nessusgewande werden könnte, das sie bis auf die Knochen verbrennt, wenn sie es nicht beizeiten weit von sich geworfen haben würden. Gedenkt Ihr dabei Eurer Stammesahnen und haltet Ihr es für unfromm, Euch der Vorzüge zu begeben, die Ihr von ihnen erbtet, so bedenkt, dass auch wir unserer Ahnen uns erinnern müssen, deren Taten, so gute auch von ihnen vollbracht wurden, von uns zwar nicht in den Familienarchiven aufgezeichnet sind, deren Leiden, Hörigkeit, Druck und Knechtschaft aller Art aber in dem grossen, unleugbaren Archive der Geschichte des letzten Jahrtausends mit blutiger Tinte geschrieben stehen …

Weiter wollen wir die Zuerteilung des unbedingten Stimm- und Wahlrechts an jeden volljährigen, im Lande geborenen Menschen: je ärmer, je hilfsbedürftiger er ist, desto natürlicher ist sein Anspruch auf Beteiligung an der Abfassung der Gesetze, die ihn fortan gegen Armut und Dürftigkeit schützen sollen.

Und weiter wollen wir in unseren «republikanischen» Bestrebungen: eine allgemeine grosse Volkswehr, nicht ein stehendes Heer, und eine Kommunalgarde.

Sind so alle bisher neidisch und feindlich geschiedenen Stände in den einen grossen Stand des freien Volkes vereinigt, zu dem *alles* gehört, was auf dem lieben deutschen Boden von Gott menschlichen Atem empfing, – glaubt Ihr, dass wir dann am Ziele seien? Nein, dann wollen wir erst recht anfangen! Denn dann gilt es, die Frage nach dem Grund alles Elends in unserem jetzigen gesellschaftlichen Zustande fest und tatkräftig ins Auge zu fassen, – es gilt zu entscheiden, ob der Mensch, diese Krone der Schöpfung, ob seine hohen geistigen, seine so künstlerisch regsamen leiblichen Fähigkeiten und Kräfte von Gott bestimmt sein sollen, dem starresten, unregsamsten Produkte der Natur, dem bleichen *Metall,* in knechtischer Leibeigenschaft untertänig zu sein?

Wir werden erkennen, dass die menschliche Gesellschaft durch die Tätigkeit ihrer Glieder, nicht aber durch die vermeinte Tätigkeit des Geldes erhalten wird, – Gott wird uns erleuchten, das richtige Gesetz zu finden, durch das dieser Grundsatz in das Leben geführt wird, und wie ein böser nächtlicher Alp wird dieser dämonische Begriff des Geldes von uns weichen mit all seinem scheusslichen Gefolge von öffentlichem und heimlichem Wucher, Papiergaunereien, Zinsen und Bankiersspekulationen. Das wird die volle Emanzipation des Menschengeschlechtes, das wird die Erfüllung der reinen Christenlehre sein, die sie uns neidisch verbergen hinter prunkenden Dogmen, einst erfunden, um die rohe Welt einfältiger Barbaren zu binden und für eine Entwicklung vorzubereiten, deren höherer Vollendung wir nun mit klarem Bewusstsein zuschreiten sollen ...

Sind wir nun in unseren republikanischen Bestrebungen so weit gelangt, auch diese wichtigste aller Fragen zum Glück und Wohlergehen der staatlichen Gesellschaft zu lösen: werden wir nun am Ziele unseres tätigen Strebens angelangt sein? Nein! Nun soll es erst recht beginnen! ... Nun wollen wir in Schiffen über das Meer fahren, da und dort ein junges Deutschland gründen, es mit den Ergebnissen unseres Ringens und Strebens befruchten, die edelsten, gottähnlichsten Kinder zeugen und erziehen: wir wollen es besser machen als die Spanier, denen die Neue Welt ein pfäffisches Schlächterhaus, anders als die Engländer, denen sie ein Krämerkasten wurde. Wir wollen es *deutsch* und herrlich machen: vom Aufgang bis zum Niedergang der Sonne ein schönes, freies Deutschland sehen, und an den Grenzen der Tochterlande soll, wie an denen des Mutterlandes, kein zertretenes unfreies Volk wohnen, die Strahlen deutscher Freiheit und deutscher Milde sollen den Kosaken und Franzosen, den Buschmann und Chinesen erwärmen und verklären ...

Aber, fragt Ihr nun: willst du dies alles *mit* dem Königtum erreichen? – Nicht einen Augenblick habe ich sein Bestehen aus den Augen verlieren müssen, – hieltet *Ihr* es aber für unmöglich, so sprächet Ihr selbst sein Todesurteil aus! Müsst Ihr es aber für möglich erkennen, wie ich es für mehr als möglich erkenne, nun: so wäre die Republik ja das Rechte, und wir dürfen nur fordern, *dass der König der erste und allerechteste Republikaner* sein sollte. Und ist *einer* mehr berufen, der wahreste, getreueste Republikaner zu sein, als gerade der Fürst?

Aus Wagners Briefen an Theodor Uhlig

[Ohne Datum (Zürich, August/September 1850)] Bildest Du Dir wirklich ein, dass, wenn Gott Dir ein langes Leben gibt, Du lange dieses Gehalt noch beziehen wirst? Glaubst Du im Ernst, die königlich sächsische Kapelle werde länger bestehen als Du selbst? Bildest Du Dir ein, Deine Frau werde je eine Pension aus einem königlich sächsischen Oberhofpensionsfonds beziehen? Liebster, lass in solchen Träumen sich diejenigen wiegen, die nicht links noch rechts sehen, sondern nur in der süssen Oberhofgewohnheit wie das liebe Vieh fortleben ...

Was ist denn aber der Inhalt des Sozialismus? Die ihn predigen, verstehen ihn schon nicht mehr, weil sie organisieren wollen. Sein einziger Inhalt ist Überfluss und Entbehrung unmöglich zu machen. Dem Volke braucht somit nichts gelehrt, nur gesagt zu werden: du hast recht! Und wahrlich, das sagt es sich immer bewusster selbst, seitdem es gesehen hat, dass es zu seinem Unglück *Führern* vertraut hat. Braucht es nicht bloss dem *politischen* Unfuge zuzusehen, um zu wissen, was ihm an der Politik zu liegen hat? ...

Wir haben gar keine Bewegung mehr als die ganz entschieden soziale, aber diese in einem ganz anderen Sinne, als unsre Sozialisten sie sich träumen lassen: alles übrige bleibt schwach und unvermögend bis dahin. – Du fragst mich nun: «Ja, wo stecken denn diese Menschen, die diesen notwendigen Umsturz vollführen werden? Ich sehe nichts als die erbärmlichsten Menschen, Philister und Feige um mich, und selbst in den niederen Regionen sehe ich nur Stumpfheit und Lasttiernaturen!»

Liebster Uhlig, entsinne Dich des Tages während des Dresdener Aufstandes, wo Du mich in der Zwingerpromenade trafest: mit Bangigkeit und Besorgnis frugest Du mich, ob ich nicht fürchte, dass im günstigsten Falle es zu einer Pöbelherrschaft führen müsste? – Dich hatte der Anblick der Menschen erschreckt, die Du jetzt vergeblich zu suchen scheinst! Dass diese Menschen noch am Bande der Politik gegängelt wurden, dass sie noch so respektvoll vor den höheren politischen Zwecken standen, die sie in ihren Führern verkörpert sahen, dass sie noch nicht das waren und taten, was sie eigentlich sind und tun werden, dass sie gehorchten, wo sie handeln sollten, das drückte sie einzig zu dem herab, wie sie Dir erschienen, zu Kerlen, die sich im politischen Schnapse besoffen und durch die Strassen brüllten, – die sie vielleicht in Brand gesteckt hätten mit all der justiziellen Herrlichkeit des schönen Dresdens, wenn sie nach ihrem Herzensgrimme hätten handeln dürfen. Ich habe diese Leute in Paris und Lyon wiedergesehen und kenne jetzt die Zukunft der Welt. – Bis jetzt kennen wir die Äusserung der geknechteten menschlichen Natur nur im *Verbrechen,* das uns anwidert und erschreckt: – wenn jetzt Raubmörder ein Haus anstecken, so muss uns dies mit Recht gemein und ekelhaft vorkommen; wie wird es uns aber erscheinen, wenn das ungeheure Paris in Schutt gebrannt ist, wenn der Brand von Stadt zu Stadt hinzieht, wir selbst endlich in wilder

Begeisterung diese unausmistbaren Augiasställe anzünden, um gesunde Luft zu gewinnen? – Mit völligster Besonnenheit und ohne allen Schwindel versichere ich Dir, dass ich an keine andere Revolution mehr glaube als an die, die mit dem Niederbrande von Paris beginnt: – eine Junischlacht wird man dort nicht wieder schlagen, – denn der Mensch ist sich heilig geworden, nicht aber sind es mehr die Mauerlöcher, in denen sie zu Bestien werden. – Erschrickst Du? – Denke redlich und besonnen nach, – Du kommst zu keinem andern Schluss! Starker Nerven wird es bedürfen, und nur wirkliche Menschen werden es überleben, das heisst solche, die durch die Not und das grossartigste Entsetzen erst zu Menschen geworden sind. – Ob was Gedeihliches dabei herauskommen werde? – Lass einmal sehen, wie wir uns nach dieser Feuerkur wiederfinden: ich könnte es mir zur Not ausmalen, ich könnte mir sogar vorstellen, wie da und dort ein begeisterter Mann die lebendigen Überreste unsrer alten Kunst zusammenruft und ihnen sagt – wer Lust hat, mir ein Drama aufführen zu helfen? Nur die werden antworten, die wirklich Lust dazu haben, denn jetzt setzt es kein Geld mehr dafür, und die so sich einfinden, werden in einem schnell hergerichteten Holzbauwerke plötzlich den Leuten zeigen, was Kunst ist.

[Albisbrunn, 12. November 1851] An eine Aufführung [des «Jungen Siegfried»] kann ich erst nach der Revolution denken, erst die Revolution kann mir die Künstler und die Zuhörer zuführen; die nächste Revolution muss notwendig unserer ganzen Theaterwirtschaft das Ende bringen: sie müssen und werden alle zusammenbrechen, dies ist unausbleiblich. Aus den Trümmern rufe ich mir dann zusammen, was ich brauche: ich werde, was ich bedarf, *dann* finden. Am Rheine schlage ich dann ein Theater auf und lade zu einem grossen dramatischen Feste ein: nach einem Jahre Vorbereitung führe ich dann im Laufe von vier Tagen mein ganzes Werk auf. Mit ihm gebe ich den Menschen der Revolution dann die *Bedeutung* dieser Revolution, nach ihrem edelsten Sinne, zu erkennen. *Dieses Publikum* wird mich verstehen; das jetzige kann es nicht.

[Zürich, 18. Dezember 1851] Für heute nur so viel: zwischen mir und Herwegh ist gestern im Beisein und unter Teilnahme von Karl [Ritter] ein Entschluss gefasst worden, der – so denke ich – der Ausgangspunkt einer neuen Wendung der Weltgeschichte werden kann. Wir haben uns versprochen, aus allen Kräften und durch alle uns zu Gebote stehenden Mittel der Überredung und Überzeugung dahin zu wirken, dass der Entschluss in immer weitere Kreise sich verbreitet, um endlich – in hoffentlich nicht gar zu langer Zeit – zur Ausführung zu kommen. Hierauf verwende ich – ausser wenn ich dichte und komponiere – fortan einzig meine literarische Tätigkeit, deren Ziel für diesmal ein ganz positiver, praktischer Zweck von unabsehbarer Folgerichtigkeit ist, zugleich ein Zweck, den keine reaktionäre Macht der Welt zu hindern vermögen wird.

Wagner kommt nach Zürich

Aus Wagners Briefen an Minna

[Zürich, 29. Mai 1849] Du weisst, Donnerstag abend reiste ich von Jena ab, leider war es aber keine direkte Eilfahrt, und in Rudolstadt und Saalfeld musste ich auf anderswoher kommende Posten so lange warten, dass ich erst Freitag abend in Coburg ankam, von wo erst Sonnabend früh die Post nach Bayern weiterging. Sonntag – in der Nacht zu Montag – kam ich nach Lindau am Bodensee, der letzten deutschen Stadt, wo man am Tor die Pässe verlangte: ich gab den meinigen ab und ging in den Gasthof, wo ich bis früh um vier Uhr schlafen sollte – aber nicht konnte, teils vor Blutunruhe, teils aber auch vor Spannung, ob mir aus der Passangelegenheit nicht noch eine böse Unannehmlichkeit erwachsen könne. Jeden Augenblick bildete ich mir ein, den Polizeikommissär kommen zu hören und ein Verhör mit mir anzustellen: etwas Lächerliches hatte es, als ich mich endlich schon darauf einstudierte, Schwäbisch zu reden, um als Stuttgarter gelten zu können. Von diesen peinlich komischen Studien befreite mich endlich der anbrechende Tag und die Ankunft des Polizeidieners, der mir den Pass wieder zurückgab, und zwar ohne alles Weitere nach der Schweiz visiert. Ich dankte Gott, als er hinaus war, und rief laut einmal über das andere: «Mein gutes Mienel, nun bin ich durch!» In ziemlich guter Stimmung bestieg ich daher das Dampfschiff; wie erfrischte mich die herrliche Fahrt über den Bodensee mit dem Anblick auf die schneeweissen Alpengletscher!

Von Rorschach, dem ersten Schweizer Orte, aus, ging der Eilwagen nach Zürich sogleich weiter, und die Besorgung des Nötigen liess mir kaum die Zeit, Dir die flüchtigen Zeilen zu schreiben, die Du durch Avenarius erhältst. Hier traf ich nach einer reizenden Fahrt durch St. Gallen und Winterthur gestern abend ein und stieg in einem Gasthof am Züricher See ab. Ach, gute Minna, ich getraue mir Dir kaum zu sagen, wie himmlisch es hier ist: es käme mir wie bittrer Hohn auf Deine geängstigte Lage vor, wollte ich Dir von den nie gedachten Schönheiten dieses herrlichen Landes sagen. Höchster Wohlstand und erhabener Naturreiz liegen hier plötzlich wie durch Zauber vor mir: sowie ich mich recht meiner Freude hingeben wollte, musste ich jedesmal Deinen Namen ausrufen, wie um Dich zum Mitgefühl und Mitgenuss aufzufordern, und da fiel sogleich Dein ernster Blick auf mich, der, ach, nur die trübseligen Sorgen gewahrt, denen ich Dich, armes Weib, überlassen habe ...

Sieh, liebes Weib, die Reise über Genf durch die ganze Schweiz hat viel Verführerisches: aber gerade deshalb tue ich *alles,* um sie *nicht* machen zu müssen, denn ich *will* keine Veranlassung zur Freude haben, während ich Dich in so grossem Trübsal weiss. Nur *ein* Ziel habe ich vor mir: Paris, und kein anderes Verlangen regt sich in mir, als mit rastloser Energie und Tätigkeit keinen Tag unbenützt vorübergehen zu lassen, um der Entscheidung meiner und Deiner Zukunft vorzuarbeiten. Es gilt, mir eine freie unabhängige Laufbahn zu eröffnen, auf der ich mein Talent zur äussersten Geltung bringe, ohne je mich wieder fesseln zu dürfen.

[Paris, 4. Juni 1849] Da sitze ich denn wieder in diesem Paris, wo wir vor zehn Jahren schon einmal ankamen und in banger Sorge von Tag zu Tag ein freudloses Leben zubrachten. Was in mir vorgeht, ist unbeschreiblich! Die lange Reise, die furchtbare Hitze – Erinnerung, Gegenwart und Zukunft, alles drückt auf mich. Hasse ich fast schon alle Städte, wie sollte dies Paris auf mich einen Eindruck machen können, der mir irgendwie wohl täte?

[Paris, 8. Juni 1849] Gott sei gelobt, mein liebes Weib! ich lebe wieder auf durch einen Entschluss, den ich endlich nach drei der leidvollsten Tage gefasst habe! Ich habe mich ganz wiedergefunden und weiss nun, was zu meinem Heile dient ... Hier in Paris kann mein Aufenthalt nicht mehr sein: für das Nächste habe ich hier gar nichts zu erreichen ... Höre denn: in das Weimarische, wie wir es früher besprochen, könnte ich doch *jetzt* noch nicht zurückkehren; dagegen biete ich Dir nun einen Punkt, wo Dir Leib und Seele gesunden soll, das ist das herrliche Zürich in der Schweiz. Eine höchst angenehme, freundliche reiche Stadt, in einer Lage, wie sie kaum eine andere wieder hat: wir werden dort in einem einfachen Häuschen gleich bei der Stadt am Züricher See wohnen mit der Aussicht auf die schneebedeckten Alpengebirge. – Nicht Teplitz wird Dir helfen, aber die Seebäder in Zürich, das Gesündeste von der Welt, wird Dich stärken und erfrischen, zu Kraft und neuem Lebensmut. Dort in der deutschen Schweiz sind wir wie zu Hause: ein lieber Freund mit seiner Familie und seinen Genossen sind mir ganz ergeben; wo man mir nur in etwas dienen kann, wird man es gern tun, nur um mich dort zu haben und damit ich *dort* meine Werke schreibe. Dann, – sieh, liebe Minna! bist Du dann bei mir, mit Nette, Peps und Papo! dann will ich endlich wieder einmal meinem wahren Berufe nachgehen, – eine Oper schreiben. Alles drängt mich zu einer neuen Schöpfung, aber mein Gemüt muss zuvor beruhigt sein, und das kann ich nur in Deiner Nähe! Sieh, liebes Weib, in Zürich bin ich in jeder Hinsicht – merke wohl, in *jeder* Hinsicht – sicher, ruhig und frei.

Der Antisemit

Aus Wagners Schrift «Das Judentum in der Musik» von 1850

In der Religion sind uns die Juden längst keine hassenswürdigen Feinde mehr, – dank allen denen, welche innerhalb der christlichen Religion selbst den Volkshass auf sich gezogen haben! In der reinen Politik sind wir mit den Juden nie in wirklichen Konflikt geraten; wir gönnten ihnen selbst die Errichtung eines jerusalemischen Reiches und hatten in dieser Beziehung eher zu bedauern, dass Herr von Rothschild zu geistreich war, um sich zum König der Juden zu machen, wogegen er es bekanntlich vorzog, «der Jude der Könige» zu bleiben. Anders verhält es sich da, wo die Politik zur Frage der Gesellschaft wird: hier hat uns die Sonderstellung der Juden seit ebensolange als Aufforderung zur menschlichen Gerechtigkeitsübung gegolten, als in uns selbst der Drang nach sozialer Befreiung zu deutlicherem Bewusstsein erwachte. Als wir für die Emanzipation der Juden stritten, waren wir aber doch eigentlich mehr Kämpfer für ein abstraktes Prinzip als für den konkreten Fall: wie all unser Liberalismus ein nicht sehr hell sehendes Geistesspiel war, indem wir für die Freiheit des Volkes uns ergingen, ohne Kenntnis dieses Volkes, ja mit Abneigung gegen jede wirkliche Berührung mit ihm, so entsprang auch unser Eifer für die Gleichberechtigung der Juden viel mehr aus der Anregung eines allgemeinen Gedankens als aus einer realen Sympathie; denn bei allem Reden und Schreiben für Judenemanzipation fühlten wir uns bei wirklicher tätiger Berührung mit Juden von diesen stets unwillkürlich abgestossen... Noch jetzt belügen wir uns in dieser Beziehung nur absichtlich, wenn wir es für verpönt und unsittlich zu halten müssen glauben, unseren natürlichen Widerwillen gegen jüdisches Wesen öffentlich kundzutun...

Der Jude ist nach dem gegenwärtigen Stande der Dinge dieser Welt wirklich bereits mehr als emanzipiert: er herrscht und wird so lange herrschen, als das Geld die

«Der allerneueste Messias der Juden». Wiener Karikatur von 1882 mit Bülow, Liszt und Wagner.

Macht bleibt, vor welcher all unser Tun und Treiben seine Kraft verliert. Dass das geschichtliche Elend der Juden und die räuberische Roheit der christlich-germanischen Gewalthaber den Söhnen Israels diese Macht selbst in die Hände geführt haben, braucht hier nicht erst erörtert zu werden. Dass aber die Unmöglichkeit, auf Grundlage derjenigen Stufe, auf welcher jetzt die Entwicklung der Künste gelangt ist, ohne gänzliche Veränderung dieser Grundlage Natürliches, Notwendiges und wahrhaft Schönes weiterzubilden, den Juden auch den öffentlichen Kunstgeschmack unserer Zeit zwischen die geschäftigen Finger gebracht hat, davon haben wir die Gründe hier etwas näher zu betrachten.

Wir haben nicht erst nötig, die Verjüdung der modernen Kunst zu bestätigen; sie springt in die Augen.

Der Jude, der bekanntlich einen Gott ganz für sich hat, fällt uns im allgemeinen Leben zunächst durch seine äussere Erscheinung auf, die, gleichviel welcher europäischen Nationalität wir angehören, etwas dieser Nationalität unangenehm Fremdartiges hat. –

Der Jude spricht die Sprache der Nation, unter welcher er von Geschlecht zu Geschlecht lebt, aber er spricht sie immer als Ausländer. In einer fremden Sprache zu dichten, ist nun bisher selbst den grössten Genies noch unmöglich gewesen. Unsere ganze europäische Zivilisation und Kunst ist aber für den Juden eine fremde Sprache geblieben. In dieser Sprache, dieser Kunst kann der Jude nur nachsprechen, nachkünsteln, nicht wirklich redend dichten oder Kunstwerke schaffen. Im besonderen widert uns nun aber die rein sinnliche Kundgebung der jüdischen Sprache an …

Steigert der Jude seine Sprechweise, in der er sich uns nur mit lächerlich wirkender Leidenschaftlichkeit, nie aber mit sympathisch berührender Leidenschaft zu erkennen geben kann, gar zum Gesang, so wird er uns damit geradewegs unausstehlich. Alles, was in seiner äusseren Erscheinung und seiner Sprache uns abstossend berührte, wirkt in seinem Gesange auf uns endlich davonjagend, solange wir nicht durch die vollendete Lächerlicheit dieser Erscheinung gefesselt werden sollten …

Der Jude, der an sich unfähig ist, weder durch seine äussere Erscheinung noch durch seine Sprache, am allerwenigsten aber durch seinen Gesang, sich uns künstlerisch kundzutun, hat nichtsdestoweniger es vermocht, in der verbreitetsten der modernen Kunstarten, der Musik, zur Beherrschung des öffentlichen Geschmackes zu gelangen …

Alles, was sich bei der Erforschung unserer Antipathie gegen jüdisches Wesen der Betrachtung darbot, aller Widerspruch dieses Wesens in sich selbst und uns gegenüber, alle Unfähigkeit desselben, ausserhalb unseres Bodens stehend dennoch auf diesem Boden mit uns zu verkehren, ja sogar die ihm entsprossenen Erscheinungen weiterentwikkeln zu wollen, steigern sich zu einem völlig tragischen Konflikt in der Natur, dem Leben und Kunstwirken des frühe verschiedenen *Felix Mendelssohn-Bartholdy.* Dieser hat uns gezeigt, dass ein Jude von reichster spezifischer Talentfülle sein, die feinste und mannigfaltigste Bildung, das gesteigertste, Zartes empfindende Ehrgefühl besitzen kann, ohne durch die Hilfe aller dieser Vorzüge es je ermöglichen zu können, auch nur ein einziges Mal die tiefe, Herz und Seele ergreifende Wirkung auf uns hervorzubringen, welche wir von der Kunst erwarten ... Rang der letzte in der Kette unserer wahrhaften Musikheroen, Beethoven, mit höchstem Verlangen und wunderwirkendem Vermögen nach klarstem, sicherstem Ausdrucke eines unsäglichen Inhaltes durch scharfgeschnittene plastische Gestaltung seiner Tonbilder, so verwischt dagegen Mendelssohn in seinen Produktionen diese gewonnenen Gestalten zum zerfliessenden, phantastischen Schattengebilde, bei dessen unbestimmtem Farbenschimmer unsere launenhafte Einbildungskraft willkürlich angeregt, unser rein menschliches inneres Sehnen nach deutlichem künstlerischem Schauen aber kaum nur mit der Hoffnung auf Erfüllung berührt wird ...

Eine ähnliche Teilnahme vermag aber kein anderer jüdischer Komponist uns zu erwecken. Ein weit und breit berühmter jüdischer Tonsetzer unserer Tage *[Meyerbeer]* hat sich mit seinen Produktionen einem Teile unserer Öffentlichkeit zugewendet, in welchem die Verwirrung alles musikalischen Geschmackes von ihm weniger erst zu veranstalten als nur noch auszubeuten war. Das Publikum unserer heutigen Operntheater ist seit längerer Zeit nach und nach gänzlich von den Anforderungen abgebracht worden, welche nicht etwa an das dramatische Kunstwerk selbst, sondern überhaupt an Werke des guten Geschmackes zu stellen sind. Die Räume dieser Unterhaltungslokale füllen sich meistens nur mit jenem Teile unserer bürgerlichen Gesellschaft, bei welchem der einzige Grund zur wechselnden Vornahme irgendwelcher Beschäftigung die Langeweile ist: die Krankheit der Langeweile ist aber nicht durch Kunstgenüsse zu heilen; denn sie kann absichtlich gar nicht zerstreut, sondern nur durch eine andere Form der Langeweile über sich selbst getäuscht werden. Die Besorgung dieser Täuschung hat nun jener berühmte Opernkomponist zu seiner künstlerischen Lebensaufgabe gemacht. Es ist zwecklos, den Aufwand künstlerischer Mittel näher zu bezeichnen, deren er sich zur Erreichung seiner Lebensaufgabe bediente: genug, dass er es, wie wir aus dem Erfolge sehen, vollkommen verstand, zu täuschen, und dieses namentlich damit, dass er jenen von uns näher charakterisierten Jargon seiner gelangweilten Zuhörerschaft als modern pikante Aussprache aller der Trivialitäten aufheftete, welche ihr so wiederholt oft schon in ihrer natürlichen Albernheit vorgeführt worden waren. Dass dieser Komponist auch auf Erschütterungen und auf die Benutzung der Wirkung von eingewobenen Gefühlskatastrophen bedacht war, darf niemanden befremden, der da weiss, wie notwendig dergleichen von Gelangweilten gewünscht wird; dass hierin ihm seine Absicht aber auch gelingt, darf denjenigen nicht wundern, der die Gründe bedenkt, aus denen unter solchen Umständen ihm alles gelingen muss. Dieser täuschende Komponist geht sogar so weit, dass er sich selbst täuscht, und dieses vielleicht ebenso absichtlich, wie er seine Gelangweilten täuscht. Wir glauben wirklich, dass er Kunstwerke schaffen möchte und zugleich weiss, dass er sie nicht schaffen kann ...

Ich sagte oben, die Juden hätten keinen wahren Dichter hervorgebracht. Wir müssen hier nun *Heinrich Heine* erwähnen. Zur Zeit, da Goethe und Schiller bei uns dichteten, wissen wir allerdings von keinem dichtenden Juden: zur Zeit aber, wo das Dichten bei uns zur Lüge wurde, unserem gänzlich unpoetischen Lebenselemente alles mögliche, nur kein wahrer Dichter mehr entspriessen wollte, da war es das Amt eines sehr begabten dichterischen Juden, diese Lüge, diese bodenlose Nüchternheit und jesuitische Heuchelei unserer immer noch poetisch sich gebaren wollenden Dichterei mit hinreissendem Spotte aufzudecken. Auch seine berühmten musikalischen Stammesgenossen geisselte er unbarmherzig für ihr Vorgeben, Künstler sein zu wollen; keine Täuschung hielt bei ihm vor: von dem unerbittlichen Dämon des Verneinens dessen, was verneinenswert schien, ward er rastlos vorwärtsgejagt, durch alle Illusionen moderner Selbstbelügung hindurch bis auf den Punkt, wo er nun selbst wieder sich zum Dichter log und dafür auch seine gedichteten Lügen von unseren Komponisten in Musik gesetzt erhielt. – Er war das Gewissen des Judentums, wie das Judentum das üble Gewissen unserer modernen Zivilisation ist.

Als Wagner später mit Hermann Levi, dem ersten Dirigenten des «Parsifal», zusammenarbeitete, äusserte er: «Wenn ich noch einmal über die Juden schriebe, würde ich sagen, es sei nichts gegen sie einzuwenden, nur seien sie zu früh zu uns Deutschen getreten, wir seien nicht fest genug gewesen, um dieses Element in uns aufzunehmen» («Bayreuther Blätter», 1937), und Levi selbst schrieb am 13. April 1882 an seinen Vater, den Oberrabbiner Dr. Levi in Giessen (zitiert von Curt von Westernhagen):

Du schreibst: «Könnte ich Wagner nur auch recht gut sein!» – Das kannst Du gewiss und sollst es! Er ist der beste und edelste Mensch. Dass ihn die Mitwelt missversteht und verleumdet, ist natürlich ... Goethe ist es auch nicht besser ergangen. Aber die Nachwelt wird einst erkennen, dass Wagner ein ebenso grosser Mensch als Künstler war, wie dies jetzt schon die ihm Nahestehenden wissen. Auch sein Kampf gegen das, was er «Judentum» in der Musik und in der modernen Literatur nennt, entspringt den edelsten Motiven, und dass er kein kleinliches Risches [Judenhass] hegt, ... beweist sein Verhalten zu mir, zu Joseph Rubinstein und seine frühere intime Beziehung zu Tausig, den er zärtlich geliebt hat. – Das Schönste, was ich in meinem Leben erfahren habe, ist, dass es mir vergönnt wurde, solchem Manne nahezutreten, und ich danke Gott dafür.

Meyerbeer

Aus Wagners Briefen an Meyerbeer

[Paris, 18. Januar 1840] Mein innigverehrter Herr und Meister! Als Sie Paris verliessen, gestatteten Sie Ihrem Schützling, Ihnen von seinen Pariser Angelegenheiten Nachricht zu geben. Und Sie, mein teurer Meister, der Sie nur die Güte und das Wohlwollen selbst sind, werden mir weniger als jeder andere zürnen, wenn ich mit meinen vielleicht beängstigenden Hilferufen Sie sogar bis in Ihre stille Zurückgezogenheit (in Baden-Baden) verfolge. Ihre Abreise von Paris –! ach, von da beginnt ein Klagelied in meiner Lebens- und Strebensgeschichte, das dereinst, wenn ich, wie ich keineswegs zweifle, erstaunlich berühmt geworden sein werde, gewiss von irgendeinem grossen Poeten in 24 bis 48 Gesängen gefeiert und beweint werden wird ... Kaum habe ich mich noch in Paris gefühlt, sondern nur noch in meiner schönen Tonnelleriestrasse vegetiert! Sie können es sich wohl denken, wie ein sensibles Subjekt, wie ich, sich unter solchen Verhältnissen gebärdete, wie es nach Luft schnappte und sehr traurig wurde! ... Die Ouvertüre zu «Faust» komponierte ich in meiner Herzensangst unter sehr viel Zahnschmerzen ... Fruchtlos waren all meine Versuche, meine Oper im Renaissancetheater zur Annahme zu bringen. Sie allein können helfen, indem Sie Joly eine Oper zu schreiben versprechen. Terrorismus ist das einzige Mittel, und Sie, mein verehrter Selbstbeherrscher aller Töne, können ihn allein anwenden! Ich hoffe in dieser Welt auf kein Heil als von Ihnen. Ich flehe Sie an, mir durch Empfehlungen und Unterstützungen den Weg in die Pariser Öffentlichkeit zu bahnen, um selbst mit dem Geringsten, was Ihr gütiger Wille beschliessen sollte, das Leben wenigstens zur Hälfte zu retten ... Mit allen Sünden und Schwächen, Not und Jammer empfehle ich mich Ihnen ehrfurchtsvoll, die Erlösung von allem Übel durch Gott und Sie erflehend. Bleiben Sie mir hold, so ist mir Gott aber auch nahe, deshalb gedenken Sie ein ganz klein wenig Ihres in glühender Verehrung ergebenen Dieners Richard Wagner.

[Paris, 15. Februar 1840] Mit vieler Freude kann ich vermelden, dass es mir dank Ihrer gütigen Fürsprache gelungen ist, Habeneck zu einer Probe meiner Ouvertüre zu veranlassen. Das sämtliche Orchester zeigte mir durch einen wiederholten und anhaltenden Applaus, dass es nicht unzufrieden war... Mein Dankgefühl, das mich gegen Sie, mein hochherziger Protektor, beseelt, kennt keine Grenzen. Ich sehe kommen, dass ich Sie von Äonen zu Äonen mit Dankesstammeln verfolgen werde... Ihr mit Herz und Blut ewig verpflichteter Untertan Richard Wagner.

Aus einem Brief von Wagner an Liszt

[Enge, Zürich, 18. April 1851] Du fragst mich wegen des «Judentums». Gewiss weisst Du, dass der Artikel [«Das Judentum in der Musik»] von mir ist: was fragst Du mich erst? Nicht aus Furcht, sondern um zu vermeiden, dass von den Juden die Frage in das nackte Persönliche verschleppt würde, erschien ich pseudonym. Ich hegte einen lang verhaltenen Groll gegen diese Judenwirtschaft, und dieser Groll ist meiner Natur so notwendig wie Galle dem Blute. Eine Veranlassung kam, in der mich ihr verfluchtes Geschreibe am meisten ärgerte, und so platzte ich denn endlich einmal los: es scheint schrecklich eingeschlagen zu haben, und das ist mir recht, denn solch einen Schreck wollte ich ihnen eigentlich nur machen. Denn – dass sie Herr bleiben werden, ist so gewiss, als dass jetzt nicht unsre Fürsten, sondern die Bankiers und die Philister die Herren sind.

Mit Meyerbeer hat es nun bei mir eine eigene Bewandnis: ich hasse ihn nicht, aber er ist mir grenzenlos zuwider. Dieser ewig liebenswürdige, gefällige Mensch erinnert mich, da er sich noch den Anschein gab, mich zu protegieren, an die unklarste, fast möchte ich sagen lasterhafteste Periode meines Lebens; das war die Periode der Konnexionen und Hintertreppen, in der wir von den Protektoren zum Narren gehalten werden, denen wir innerlich durchaus unzugetan sind. Das ist ein Verhältnis der vollkommensten Unehrlichkeit: keiner meint es aufrichtig mit dem andern; der eine wie der andere gibt sich den Anschein der Zugetanheit, und beide benutzen sich nur so lange, als es ihnen Vorteil bringt. Aus der absichtlichen Ohnmacht seiner Gefälligkeit gegen mich mache ich Meyerbeer nicht den mindesten Vorwurf, – im Gegenteil bin ich froh, nicht so tief sein Schuldner zu sein als z. B. – B[erlioz]. Aber Zeit war es, dass ich mich vollkommen aus dem unredlichen Verhältnisse zu ihm losmachte: äusserlich habe ich nicht die geringste Veranlassung dazu gehabt, denn selbst die Erfahrung, dass er es unredlich mit mir meine, konnte mich nicht überraschen und zumal mir kein Recht geben, da ich mir im Grunde selbst vorzuwerfen hatte, mich absichtlich über ihn getäuscht zu haben. Aber aus inneren Gründen trat die Notwendigkeit bei mir ein, jede Rücksicht der gewöhnlichen Klugheit in bezug auf ihn fahren zu lassen: ich kann als Künstler vor mir und meinen Freunden nicht existieren, nicht denken und fühlen, ohne meinen vollkommenen Gegensatz zu Meyerbeer zu empfinden und laut zu bekennen.

Uraufführung von «Lohengrin»

Aus Wagners Briefen an Liszt

[Paris, 21. April 1850] Lieber, soeben las ich etwas in der Partitur meines «Lohengrin» – ich lese sonst nie in meinen Arbeiten. Eine ungeheure Sehnsucht ist in mir entflammt, dies Werk aufgeführt zu wissen. Ich lege Dir hiermit meine Bitte an das Herz. Führe meinen «Lohengrin» auf! Du bist der einzige, an den ich diese Bitte richten würde: niemand als Dir vertraue ich die Kreation dieser Oper an: aber Dir übergebe ich sie mit vollster, freudigster Ruhe. Führe sie auf, wo Du willst: gleichviel, wenn es selbst nur in Weimar ist: ich bin gewiss, Du wirst alle möglichen und nötigen Mittel dazu herbeischaffen, und man wird Dir nichts abschlagen.

[Thun, 2. Juli 1850] Liebster Liszt! Ich schikke Dir hiermit die versprochenen Anweisungen zur Aufführung des «Lohengrin»: verzeihe mir, wenn sie zu spät kommen – ich habe erst kürzlich erfahren, dass Du mit so liebenswürdiger und schneller Bereitsamkeit auf meinen Wunsch, diese Oper aufzuführen, eingegangen bist ...

Zunächst habe ich mich, in der Beilage, über die Szene und Dekoration ausgelassen. Meine deshalb entworfenen Zeichnungen werden Euch grosses Vergnügen machen: ich zähle sie zu den gelungensten Schöpfungen meines Geistes ... Im übrigen habe ich bei meinen Bemerkungen dringend auf die Partitur verwiesen, in welcher ich – weit ausführlicher und bestimmter als im Textbuche – die szenische Handlung im Einklang mit der Musik vorgezeichnet habe. Der Regisseur hat sich demnach auf das genaueste mit der Partitur – vielleicht nach einem Auszuge derselben – zu verständigen.

Nun aber habe ich an Dich zunächst eine grosse Bitte: *gib die Oper, wie sie ist, streiche nichts!* ... Lass mich einmal vollständig gewähren! Ich habe diesmal mich bemüht, die Musik in ein so sicheres, plastisches Verhältnis zur Dichtung und Handlung zu setzen, dass ich meiner Sache vollkommen sicher zu sein glaube. Verlass Dich auf mich, und halte es nicht für Verliebtheit in mein eigenes Werk. Solltest Du irgendwo Dich genötigt glauben, aus Gründen von zu grosser Schwierigkeit Kürzungen vornehmen zu müssen, so bitte ich Dich zu überlegen, ob es nicht besser dann wäre, die Aufführung – wegen unzureichender Mittel – gänzlich zu unterlassen ...

Was nun die Hauptsache – das Gesangspersonale – betrifft, so verlasse ich mich mit höchstem Vertrauen auf Dich, – Du wirst nichts gegen die Unmöglichkeit unternehmen. Freund Götze, dem ich jedenfalls für seinen «Tannhäuser» noch grossen Dank schuldig bin, wird es mit dem «Lohengrin» insofern schwieriger haben, als ihm der Glanz – in Äusserem und Stimme – ganz abgeht, der – wo er von der Natur verliehen ist – die Partie zu einer sehr leicht gelingenden machen muss; lass ihn nur ja durch Kunst so blendend hell wie möglich ausstatten: es müssen einem die Augen vergehen, wenn man auf ihn sieht!

Liszt an Wagner (aus dem Französischen)

[Ohne Datum] Teuerster Freund! Du hast nicht aufgehört, mir sehr gegenwärtig und am Herzen gelegen zu sein, glaube es mir. Die ernste und enthusiastische Bewunderung, welche ich Deinem Genie gewidmet habe, könnte sich keinen schläfrigen Gewohnheiten und unfruchtbaren Gefühlen anbequemen. Alles, was mir also zu tun möglich sein wird, sei es im Interesse Deines Rufes und Deines Ruhmes, sei es im Interesse Deiner Person, ich werde es bei keiner Gelegenheit zu tun versäumen, Du kannst dessen vollkommen sicher sein. Allein einem Freund wie Dir ist nicht immer leicht und bequem zu dienen, denn für diejenigen, welchen es gegönnt ist, Dich zu verstehen, handelt es sich vor allem darum, Dir mit Verstand und Würde zu dienen …

Dein «Lohengrin» wird unter den ausserordentlichsten und für sein Gelingen besten Bedingungen gegeben werden. Die Intendanz gibt bei dieser Gelegenheit nahezu 2000 Taler aus, was seit Menschengedenken noch nie in Weimar geschehen ist. Die Presse soll nicht vergessen werden, und anständige und ernst begründete Aufsätze werden der Reihe nach in verschiedenen Zeitungen erscheinen. Das ganze Personal wird Feuer und Flamme sein. Die Zahl der Violinen wird ein wenig vergrössert werden (von 16 bis 18 im ganzen), die Bassklarinette ist gekauft worden; nichts Wesentliches wird dem musikalischen Gewebe noch seiner Zeichnung fehlen; ich werde alle Proben, Klavier, Chor und Orchester übernehmen; Genast wird mit Wärme und Energie Deine Angaben bezüglich der Inszenierung befolgen. Es versteht sich von selbst, dass wir keine Note, kein Jota Deines Werkes streichen und dass wir es, soweit es uns möglich ist, in seiner reinen Schöne geben werden.

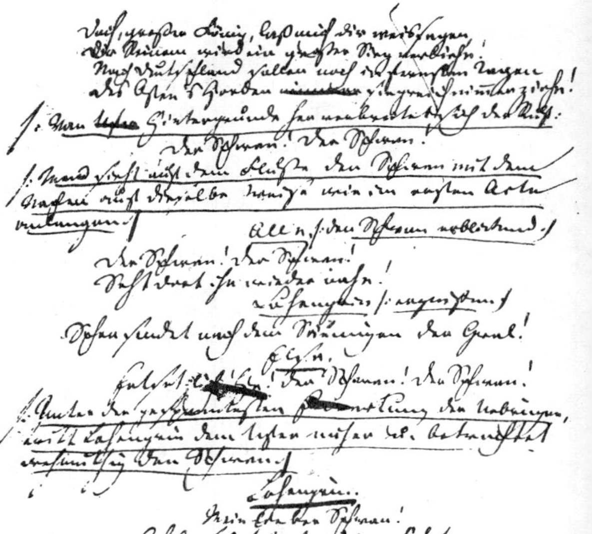

Wagners Urschrift der «Lohengrin»-Dichtung von 1845.

[Zürich, Juli 1850] Mein lieber Liszt! Das muss ich sagen – Du bist ein Freund! Lass mich Dir nicht mehr sagen! Denn, erkannte ich von je in der Männerfreundschaft das edelste und herrlichste menschliche Verhältnis, so lösest Du mir diesen Begriff in die vollste Wirklichkeit auf ...

Dein Brief hat in vielfacher Beziehung einen grossen Eindruck auf mich gemacht. Ich habe Überzeugungen, die Du vielleicht niemals teilen, dennoch aber nicht zu bekämpfen nötig erachten wirst, wenn Du erfährst, dass sie mich durchaus nicht an meiner künstlerischen Tätigkeit hindern. Ich habe unsrer modernen Kunst an den Puls gefühlt und weiss, dass sie sterben wird! Dies erfüllt mich aber nicht mit Trübsinn, sondern mit Freude, weil ich zugleich weiss, dass nicht die *Kunst,* sondern nur *unsere* – ausserhalb des wirklichen Lebens stehende – Kunst untergehen wird, – dagegen die wahre – unvergängliche – immer neue Kunst erst geboren werden soll. Der monumentale Charakter unserer Kunst wird verschwinden, das Kleben und Hangen an der Vergangenheit, die egoistische Sorge für die Dauer und möglichste Unsterblichkeit werden wir von uns werfen; wir werden vergangen – vergangen, zukünftig – zukünftig sein lassen und nur in dem Heute, in der vollen Gegenwart leben und dafür schaffen.

[Ohne Datum] Lieber Freund!... Wir schwimmen ganz im Äther Deines «Lohengrin», und ich schmeichle mir, dass es uns gelingen wird, ihn Deinen Ansichten gemäss zu geben. Wir machen täglich drei- bis vierstündige Proben, und bis jetzt sind die Rollen und das Quartett so ziemlich in Ordnung. Von morgen an werde ich mit den einzelnen Blasinstrumenten, die den Anforderungen der Partitur gemäss vollzählig sein werden, Probe halten.

[Weimar, am 2. September 1850] Teuerster Freund! Dein «Lohengrin» ist von Anfang bis Ende ein erhabenes Werk. Bei gar mancher Stelle sind mir die Tränen aus dem Herzen gekommen. – Da die ganze Oper ein einziges unteilbares Wunder ist, kann ich Dir unmöglich diesen oder jenen Zug, diese oder jene Kombination, diesen oder jenen Effekt besonders hervorheben ...

Unsere erste Aufführung war verhältnismässig befriedigend. Herr von Bülow, der Dich bald sehen wird, kann Dir ganz genaue Nachrichten darüber geben. Die zweite wird erst in zehn oder zwölf Tagen stattfinden können. Der Hof sowie einige geistvolle Personen von Weimar sind von Sympathie und Bewunderung für Dein Werk erfüllt. Und was die Masse des Publikums betrifft, so wird sie es sich gewiss zur Ehre rechnen, das schön zu finden und zu applaudieren, was sie nicht verstehen kann.

[Weimar, am 16. September 1850] Teuerster Freund, die zweite Aufführung Deines Meisterwerkes hat meiner Erwartung entsprochen, und die drei oder vier folgenden werden für alle die Meinung, die ich sofort beim Einstudieren des «Lohengrin» aussprach, bis zur Evidenz beweisen: nämlich, dass dieses Werk dem Publikum, das sich würdig erzeigt, es aufzufassen und zu geniessen, mehr Ehre machen wird, als das Publikum *ihm* durch irgendwelchen Erfolg und Applaus erweisen könnte.

«Weg mit allem Theaterdreck», habe ich ausgerufen, als wir zum ersten Mal die ersten Szenen des «Lohengrin» probierten. «Weg mit allem Kritikasterdreck und dem gewöhnlichen Schlendrian der Künstler sowie des Publikums», habe ich wohl zwanzig- und hundertmal seit sechs Wochen hinzugefügt. – Endlich, und *endlich* ist mir die Genugtuung geworden, Dir ganz positiv versichern zu können, dass Dein Werk von Aufführung zu Aufführung besser gegeben und besser angehört und verstanden werden wird.

Die Zürcher Festkonzerte vom Mai 1853

Den Höhepunkt von Wagners wiederholter Betätigung als Opern- und Konzertdirigent in Zürich bildete das Musikfest anlässlich seines vierzigsten Geburtstags mit den Konzerten vom 18., 20. und 22. Mai 1853, in denen er Fragmente aus seinen Opern «Rienzi», «Fliegender Holländer», «Tannhäuser» und «Lohengrin» dirigierte. Er schreibt darüber am 9. Mai an Liszt:

Im turbulenten Drange der Geschäfte muss ich Dir ein paar enthusiastische Worte zurufen! Ich verfasse soeben ein Programm mit Erläuterungen zu meiner Musikaufführung und konnte nicht umhin, bei der Gelegenheit wiederum in Deine Schrift über meine Oper zu blicken. Wie ward mir da wieder zumute! Wo hat je ein Künstler, ein Freund – für den andern das getan, was Du für mich tatest ...

Den [Orchestermusiker] Damm hab' ich nun engagiert. Das war ein verrücktes Unternehmen: ein Orchester von siebzig Mann herzustellen, wovon am Orte sich nur vierzehn brauchbare Musiker befanden. Ich habe die ganze Schweiz und alle angrenzenden Staaten bis Nassau geplündert. Es war nötig, die Garantie der Einnahmen auf 7000 frcs. zu treiben, um die Kosten zu dekken – und dies alles für mich, um – das Orchestervorspiel zu «Lohengrin» einmal hören zu können!!

Und in einem späteren Brief berichtet Wagner dem Freund in Weimar:

Ich bin sehr zerschlagen und müde. Damm wird Dir wohl bereits von meinen Musikaufführungen berichtet haben? Alles ging recht gut ab, und Zürich ist erstaunt, dass so etwas hat passieren können. Die Philister tragen mich fast auf Händen, und wenn ich äusseren Erfolg zählen wollte, so könnte ich mit der Wirkung meiner Aufführungen über und über zufrieden sein. Du weisst aber, es kam mir hauptsächlich darauf an, etwas aus «Lohengrin» zu hören, und namentlich das Orchestervorspiel: das hat mich denn nun auch vor allem interessiert. Der Eindruck war auf mich ungemein ergreifend; ich musste mich stark zusammennehmen, um ihm standzuhalten! So viel ist gewiss, dass ich Deine Vorliebe für den «Lohengrin» vollkommen teile: er ist das Beste, was ich bis jetzt gemacht. Auch auf das Publikum trat diese Wirkung hervor: trotz der vorangegangenen «Tannhäuser»-Ouvertüre wirkten die Stücke aus «Lohengrin» so, dass sie fast einstimmig für das Vorzüglichste erklärt wurden. Zu dem «Brautzuge» hatte ich einen besonderen, sehr wirkungsvollen neuen Schluss gemacht, den ich Dir einmal mitteilen muss, nach dem «Brautlied» liess ich – nach einem kurzen Übergange – das G-dur-Vorspiel («Hochzeitsmusik») wiederholen und gab diesem auch einen neuen Schluss. Diese Stücke wirkten ungeheuer populär: alles schwelgte. Es war wirklich ein Fest für die Welt um mich herum: die Frauen sind mir alle gut geworden, und *einer* schönen Frau – legte ich das ganze Fest zu Füssen!...

Ich hatte fast lauter Konzertmeister und Musikdirektoren: zwanzig ganz vorzügliche Violinen, acht Bratschen, acht vortreffliche Violoncelle und fünf Kontrabässe; alle hatten ihre besten Instrumente mitgebracht, und in dem nach meiner Angabe konstruierten Schallgehäuse klang das Orchester über die Massen hell und schön. Das Ganze hat denn auch 9000 frcs. gekostet!

Was sagst Du dazu, dass unsere Philister dies Geld aufgebracht haben? Ich glaube, mit der Zeit kann ich hier einmal etwas ganz Unerhörtes zustande bringen. – Für jetzt hat es mich aber auch unerhörte Anstrengung gekostet: in der Woche vorher las ich – und zwar auf *meine* Weise, die Du noch kennenlernen wirst – öffentlich und gratis vor einem sehr grossen Publikum die drei Operndichtungen vor und freute mich hier schon eines sehr starken Eindruckes auf meine Zuhörerschaft. Dazwischen studierte ich Dilettanten meine Chöre so ein, als ob sie den Teufel im Leibe hätten. – Nun bin ich denn auch etwas – gelähmt und müde!

Schopenhauer

Wagner hatte die Dichtung «Der Ring des Nibelungen» bereits vollendet, als er mit Schopenhauers Philosophie bekannt wurde. Im Dezember 1854 schrieb er unter dem unmittelbaren Eindruck von «Die Welt als Wille und Vorstellung» an Liszt:

Lieber Franz! Ich komme immer mehr dahinter, dass Du eigentlich ein grosser Philosoph bist! – wie ein rechter Fahrhanns komme ich mir dagegen oft vor. Neben dem – langsamen – Vorrücken meiner Musik habe ich mich jetzt ausschliesslich mit einem Menschen beschäftigt, der mir – wenn auch nur literarisch – wie ein Himmelsgeschenk in meine Einsamkeit gekommen ist. Es ist Arthur Schopenhauer, der grösste Philosoph seit Kant, dessen Gedanken er – wie er sich ausdrückt – vollständig erst zu Ende gedacht hat. Die deutschen Professoren haben ihn – wohlweislich – vierzig Jahre lang ignoriert: neulich wurde er aber – zur Schmach Deutschlands – von einem englischen Kritiker entdeckt. Was sind vor diesem alle Hegels, etc. für Charlatans! Sein Hauptgedanke, die endliche Verneinung des Willens zum Leben, ist von furchtbarem Ernste, aber einzig erlösend. Mir kam er natürlich nicht neu, und niemand kann ihn überhaupt denken, in dem er nicht bereits lebte. Aber zu dieser Klarheit erweckt hat mir ihn erst dieser Philosoph. Wenn ich auf die Stürme meines

Herzens, den furchtbaren Krampf, mit dem es sich – wider Willen – an die Lebenshoffnung anklammerte, zurückdenke, ja, wenn sie noch jetzt oft zum Orkan anschwellen, – so habe ich dagegen doch nun ein Quietiv gefunden, das mir endlich in wachen Nächten einzig zu Schlaf verhilft; es ist die herzliche und innige Sehnsucht nach dem Tod: volle Bewusstlosigkeit, gänzliches Nichtsein, Verschwinden aller Träume – einzigste endliche Erlösung! – Wunderbar habe ich nun oft Deine Gedanken wiedergefunden: drückst Du sie auch anders aus, weil Du religiös bist, so weiss ich doch, dass Du ganz dasselbe meinst.

Wagner schickte seinen Privatdruck des «Rings» an Schopenhauer, der darüber in seinem Brief vom 30. Dezember 1854 an Frauenstädt berichtet:

Der Ungar [Dr. Kormann], nebst einer ganzen Coterie schöner Geister, die gebannt sind (aus Deutschland), verlangen im Ernst, ich sollte im Dezember nach Zürich reisen, ihre Neugier zu befriedigen! Habe höflich, freundlich und kurz geantwortet, dass ich auf schriftliche Controverse nicht eingehen könnte und gar nicht mehr reisete. Darauf ist erfolgt ein Buch von Richard Wagner ... «der Ring der Niebelungen» ... Kein Brief dabei, sondern bloss eingeschrieben: «aus Verehrung und Dankbarkeit».

Dr. François Wille berichtet in einem Brief an Schemann, wie ihm Schopenhauer in Frankfurt sagte:

«Grüssen Sie auch Ihren Freund Wagner, danken Sie ihm für die Zusendung seiner ‹Nibelungen› und sagen ihm, er solle die Musik an den Nagel hängen und bei der Dichtkunst bleiben. Wie habe ich mich gestern abend an Rossini gefreut!»

Sein Exemplar des «Nibelungen»-Textes versah Schopenhauer mit Unterstreichungen, Ausrufezeichen, einigen Wortänderungen und folgenden Anmerkungen:

[Im ersten Akt der «Walküre», anschliessend an: «Fänd ich den heiligen Freund / Umfing den Helden mein Arm»:] Go and murder my husband. [Kurz darauf:] Es ist infam! [Beim Fallen des Vorhangs:] Denn es ist hohe Zeit. [Im zweiten Akt:] Er hat keine Ohren, der taube Musikant. [Im dritten Akt:] Die Sprache muss der Leibeigene des Herren sein. [Über Siegfrieds Behandlung von Mime:] Empörender Undank, maulschellirte Moral!

London 1855

Aus Wagners Briefen an Minna

[London, 6. März 1855. 22. Portland Terrace, Regents Park] Es ist eine gräuliche grosse Stadt, und was die Ausdehnung betrifft, ist Paris gerade nur ein Dorf dagegen! ... Ich wohne also dicht an einem der schönsten

Teile des Regents Park, gar nicht weit vom Tiergarten. Vor dem Hause bis zur Strasse ein kleines Gärtchen, und über der Strasse die schönen Bäume des Parks, so dass ich mich völlig auf das Frühjahr freuen kann, wo das alles schön grün werden wird. Weiss Gott, solcher Hoffnungen bedarf es auch, um mich die Aussicht ertragen zu lassen, vier volle Monate unter dem mir gänzlich fremden Getreibe zuzubringen.

[13. März] Eigentlich hat mir die Probe die meiste Freude gemacht: das Orchester ist in der Fertigkeit und im Tone ganz ausgezeichnet, nur im Vortrag ist es durch seine schlechten Dirigenten ganz verwahrlost worden. Wie ich auf meine Weise anfing, die Beethovensche Symphonie vorzunehmen, stutzte alles gewaltig; ich unterbrach oft und hielt sehr streng auf das *piano:* nun hatte ich die Freude, zu sehen, wie schnell sich die Leute an mich gewöhnten; jeder folgende Satz ging immer besser, und ich hatte nur noch kurze Andeutungen nötig, um alles schnell nach meinem Willen zu haben ...

Gestern abend um acht Uhr war nun die Aufführung, zu der ich in *schwarzer* Krawatte erscheinen durfte: nur wenn die Königin kommt, was in der ganzen Saison bloss einmal geschieht, muss ich auch am Halse weiss sein. In der Aufführung fiel das Orchester anfangs etwas stark wieder in seine alten

Gewohnheiten zurück, so dass ich fühlte, wie ich erst doch noch tüchtig mit ihm arbeiten muss, ehe ich sie ganz umgewandelt habe. Die «Eroica», namentlich der «Trauermarsch», ging aber schon viel besser: – natürlich gilt das alles nur für mich; für die andern war alles Wunder, was vorging. Ich wurde vom Publikum sehr lebhaft und lange empfangen – viel besser als in Zürich! ... Das Orchester hat mich besonders ins Herz geschlossen; viele versicherten mir, dass alles, was ich dirigierte, für sie ganz neu gewesen wäre; *das* hätten sie noch gar nicht gekannt, trotzdem sie fast alles auswendig wüssten; somit sollte ich nur noch etwas Nachsicht mit ihnen haben. Diese Beziehungen zu dem Orchester sind es aber auch, was mir die eigentliche Freude macht: alles andere lässt mich kalt, namentlich auch das Publikum, das mich zwar sehr ausgezeichnet hat, dem ich aber durch mein eigentümliches Gefühl von so etwas sehr deutlich anmerkte, dass es in Wahrheit gar nicht *ergriffen* werden kann; es scheint mir alles nur Redensart und Modesache zu sein. Im Grunde ist dies wohl mit jedem Publikum in Masse so, und stets sind es nur sehr wenige, mir näher vertraute Personen darunter, für die ich von Herzens Grund Musik mache. Diese – vermisste ich nun hier sehr; und erst als ich mich während der «Eroica» nach Zürich versetzte, ward mir warm, und ich war ganz Richard Wagner.

[17. April] Nun hab' ich immer noch fünf Konzerte zu dirigieren! Das dritte ging gestern vonstatten, so gut – wie möglich: es ist eben nicht Zeit genug zum Proben ... Im übrigen dirigierte ich diesmal mit ziemlicher Malice, die unten im Saale und oben auf dem Orchester meine näheren Bekannten sehr belustigte. Der erste Teil begann nämlich mit der Dir schon gemeldeten schlechten Mendelssohnschen Symphonie, der noch verschiedene langweilige Gesangs- und Konzertstücke folgten. Bisher erschien ich nun wohl immer mit weissen Glacé-Handschuhen auf dem Orchester, zog diese zum Dirigieren aber jedesmal aus (was sonst hier kein Dirigent tut); diesmal behielt ich sie aber an und dirigierte Mendelssohn usw. höchst sauber und gleichgültig – ganz wie es die andern tun, ohne mich im mindesten in meiner Ruhe stören zu lassen. Wie es aber zur «Euryanthe»-Ouvertüre kam, zog ich die Handschuhe aus, legte sie beiseite, und nun ging es in meiner Weise los: ich sah mich um und bemerkte, wie Praeger und die andern vor Lachen platzen wollten.

[1. Mai] Ich dachte gestern, zum Konzert eine gehörige Grippe zu bekommen, so plagt mich der Katarrh. Das Konzert selbst verstimmte mich im höchsten Grade ... Es überfiel mich beim Dirigieren einer Arie aus den «Hugenotten» und einer erbärmlichen

Ouvertüre von Onslow ein solcher Ekel und eine solche Reue, dieses alberne Engagement angenommen zu haben, dass es mich überlief ... Die A-dur-Symphonie ging auch lange nicht so gut wie in Zürich; so ein englisches Orchester ist einfach nicht in Ekstase zu bringen!

[29. Mai] Das gestrige Konzert lief wie gewöhnlich ab: das Hauptstück war das Violinkonzert von Beethoven, das Sainton wunderschön spielte und das ich ihn sehr fein accompagnieren liess. Im übrigen habe ich mich nun schon daran gewöhnt, in bezug auf den Applaus jedesmal das Gegenteil von dem zu erwarten, was eigentlich zu erwarten wäre. Etwas Grossartiges und Gewaltiges wird immer ziemlich kalt hingenommen, etwas Niedliches und Gleichgültiges macht den Leuten aber jedesmal grosse Freude ... Übrigens wird die Königin das nächste Konzert besuchen, was mich eine weisse Krawatte kostet. Prinz Albert wird selbst das Programm machen; man sagte mir, dass demnach mindestens *vier* Stücke von Mendelssohn gespielt werden würden. Nun, ich werde es ja erleben.

[12. Juni] Ach Gott, liebes Mienel, ich bin ganz heiser vom vielen Mit-der-Königin-Reden! Erst frug sie mich, was Peps macht? dann: ob Knackerchen artig wäre? dann: ob ich meiner Frau was mitbrächte? – Endlich frug sie nach Sulzer und ob Baumgartner wirklich letzthin umgeschmissen hätte? und so ging's in einem fort. Nun kannst Du Dir denken, wie viel ich darauf zu erwidern hatte; kurz, ich kann heute kein Wort mehr herausbringen.

Glaube ja nicht, dass das Spass wäre: es ist alles Ernst, und die Königin von England hat sich sehr lange mit mir unterhalten. Auch kann ich Dir versichern, dass sie *nicht* dick ist, aber sehr klein und gar nicht hübsch, mit leider etwas roter Nase; doch hat sie etwas ungemein Freundliches und Zutrauliches, und wenn sie wohl auch durchaus nicht bedeutend ist, so ist sie doch angenehm und liebenswürdig. Sie liebt Instrumentalmusik nicht, und wenn sie so ein langes Konzert besucht, tut sie das nur ihrem Manne zulieb, der mehr Musik treibt und die deutsche Instrumentalmusik gern hat.

Diesmal scheint sie aber wirklich etwas Eindruck empfangen zu haben: Sainton, der sie von seinem Pulte aus immer im Auge hatte, versicherte, dass sie mit ganz ungewohntem und gesteigertem Interesse meiner Direktion und den Aufführungen gefolgt sei; namentlich aber hätten sie und Prinz Albert bei der «Tannhäuser»-Ouvertüre sich ganz erhitzt. So viel ist gewiss, dass beide am Schlusse der Ouvertüre mich, der ich mich umdrehte, recht herzlich applaudierten. Es war dies am Schlusse des ersten Teiles des Konzertes, und der Hof zog sich darauf in ein Erfrischungszimmer zurück, wohin ich dann alsbald berufen und zunächst dem Lord-Chamberlain zur Vorstellung überliefert wurde. Diesen Lord behandelte ich sehr en bagatelle; dagegen muss ich gestehen, dass von dieser so freundlichen und gemütlichen Königin, als sie mir ganz traulich versicherte, sie freue sich, meine Bekanntschaft zu machen, ich mich recht herzlich gerührt fühlte, weil mir unwillkürlich meine äussere Stellung zu ihr einfiel, die doch wirklich nicht schwieriger und befangener machend sein kann. Ich, der ich in Deutschland von der Polizei wie ein Strassenräuber verfolgt werde, dem man in Frankreich Paßschwierigkeiten macht, werde von der Königin von England vor dem aristokratischsten Hofe der Welt mit der ungeniertesten Freundlichkeit empfangen: das ist doch ganz hübsch! Ich stand auch nicht an, ihr dies ganz treuherzig zu verstehen zu geben, worauf sich ein längeres Gespräch über meine Opern entspann, in welches sich Prinz Albert – ein sehr schöner Mann! – mit einer recht angenehmen Teilnahme mischte. Der Meinung der Königin, dass meine Sachen doch vielleicht in das Italienische übersetzt werden können, um hier auf der italienischen Oper gegeben zu werden, entgegnete der Prinz ganz verständig, dazu würden sich meine Texte wohl nicht eignen, und namentlich verstünden die italienischen Sänger gewiss nicht, sie zu singen.

Besuch in der «Enge», 1858

Aus dem Erinnerungsbuch von Wendelin Weissheimer

Ich schickte meine Karte hinein und liess mich auf morgen anmelden. Es wurde mir eine der Nachmittagsstunden bezeichnet, in welcher ich Wagner ungestört sprechen könne. Als ich andern Tags [17. Juli] hinkam, war er noch nicht von seinem Nachmittagsspaziergang zurückgekehrt: Frau Minna Wagner, geborene Planer, empfing mich statt seiner. Sie suchte mit angenehmer Plauderei mir die Zeit zu vertreiben, es beklagend, dass «Richard» so schwer zu treffen sei; wenn er nicht arbeite, so laufe er, sich Bewegung zu machen, zumal heute, wo er den ganzen Vormittag mit Herrn Verleger Härtel aus Leipzig zu tun gehabt, welcher wegen «Tristan und Isolde» mit ihm verhandelt und auch den ersten Akt dieser Oper gleich mitgenommen habe. Da der Ersehnte immer noch nicht kam, so machte ich Frau Wagner den Vorschlag, ich wolle ihm auf seinem gewohnten Spazierweg nach dem Sihltal entgegengehen, wo ich ihn nicht verfehlen konnte. Richtig, kam er mir schon bald in heller Sommerkleidung mit aufgespanntem Sonnenschirm entgegen, mich einladend, mit ihm zurückzukehren. Auf dem Weg erkundigte er sich gleich nach Schindelmeissers Befinden, dessen wankende Gesundheit ihm Besorgnis einflösste. Ich gab ihm beruhigende Auskunft. Unterdessen waren wir im Garten angelangt.

An einem Punkt, der die herrlichste Aussicht über den See bot, standen Stühle um einen Tisch. Dort setzte er sich und hiess mich ebenfalls Platz nehmen, indem er sagte, er habe das Schreiben Schindelmeissers mit grossem Interesse gelesen, und besonders das, was er ihm über mich geschrieben, habe ihm ausserordentlich gefallen; auf die *jüngere* Generation baue er. Dann musste ich ihm über die Aufführungen des «Tannhäuser» und «Lohengrin» in Darmstadt berichten, deren Premieren ich dort erlebt hatte, wobei er dem Direktionstalent Schindelmeissers das uneingeschränkteste Lob erteilte und sagte, er sei ihm grossen Dank schuldig, ihm, der sich seiner Sache immer so warm angenommen habe. Er könne sich überhaupt bei den gegenwärtigen Umständen nicht genug wundern, dass seine Opern «noch so viel» Erfolg hätten! Als ich da auf den wunderbaren Orchesterklang des «Lohengrin» zu sprechen kam, sah er mich wehmütig an – hatte er doch selbst sein Werk noch nie gehört und auch keine Hoffnung, es zu hören; das Ende seiner Verbannung war noch gar nicht abzusehen! Mit ernster Miene sah er

Wagner 1861 in Paris. Photo Pierre Petit & Trinquart

vor sich hin. Schnell machte ich eine Wendung im Gespräch, erzählte ihm von Liszt, wie er uns so grossmütig entschädigt habe, als wir vergeblich nach Weimar gefahren, um den «Lohengrin» zu hören, und schilderte ihm die Leipziger Musikverhältnisse. Dabei kam auch die Rede auf die von Liszt geleitete Leipziger «Tannhäuser»-Aufführung. Alles wollte er wissen, sogar, ob Kürzungen an dem Werk vorgenommen waren. Als ich ihm sagte, dass offenbar aus lokalen Gründen das dreimalige Dazwischentreten der Elisabeth gegen die Verfolger Tannhäusers in ein einmaliges verwandelt war und Liszt sicherlich seine guten Gründe dazu gehabt haben mochte, sagte er schnell: «Das hat er schlecht gemacht!»

Hier wurde unsere engere Unterhaltung abgebrochen. Aus dem Hause ertönte ein kurzer Gesang, und heraus traten Herr Tichatschek und der junge Tausig, welche gerade zu Besuch waren und am Tisch Platz nahmen. Frau Wagner brachte Erfrischungen. Das Gespräch bewegte sich in buntem Hin und Her. Tichatschek sprach unter anderem von einem «schrecklichen» Leipziger Theaterkapellmeister, sagend: «Wenn ich meine Sünden abbüssen will, so gehe ich nach Leipzig und singe eine Oper unter Riccius.» Ich erzählte darauf meine Begegnisse mit Rietz im Konservatorium und auf der Gewandhaustreppe, worüber sich die Gesellschaft sehr amüsierte. Wagner bemerkte schmunzelnd: «Von Rietz habe ich noch wenig Gutes gehört.» In diesem Augenblick machte sich vom Hause her ein Papagei äusserst vernehmlich mit der bekannten Schweizerbubenmelodie und Leporellos «Keine Ruh bei Tag und Nacht», was er vollkommen deutlich herausbrachte. Frau Wagner sah mich an und sagte stolz: «Das ist *mein* Werk; das alles habe *ich* den Vogel gelehrt», worauf Wagner witzig zu mir bemerkte: «Wie Sie sehen, hat meine Frau auch ein Konservatorium angelegt.»

Jetzt nahm die Unterhaltung eine ernste und sehr interessante Wendung, als Tichatschek auf die Erstaufführung des «Rienzi» in Dresden zu sprechen kam, die bis spät in die Nacht gedauert, ohne dass das Publikum eine Spur von Ermüdung gezeigt. Wagner: «Das war nur dir zu danken, besonders da du an jenem Abend so brillant disponiert warst. Im andern Falle konnte das Wagnis leicht missglücken. Es wurden daher zur zweiten Aufführung bedeutende Kürzungen gemacht.» Tichatschek: «Die ich aber vor Beginn der Vorstellung wieder entfernte.» Wagner: «Allerdings, und zu meinem grossen Ärger ... Sie waren einmal verabredet und mussten unter allen Umständen bleiben. Entrüstet kam ich nach dem ersten Zwischenakt auf die Bühne, um dich zur Rede zu stellen. Du wichest mir aus. Als ich dich endlich hatte und dir die unwillige Frage zurief: ‹Willst du denn, dass es auch heute nacht wieder bis halb zwei dauern soll?›, kamst du immer wieder zurück auf dein: ‹Ich lass' mir nichts streichen, ich lass' mir nichts streichen, es ist zu himmlisch› – da stand ich entwaffnet, mein Zorn war verflogen, ich hätte dir um den Hals fallen mögen!» – Die Rückerinnerung ging zwischen beiden in liebenswürdigster Weise und in schnellstem Tempo vor sich, wobei Wagner nicht versäumte, das Wort Orchester im damaligen Dresdener Dialekt auszusprechen, denn lachend fügte er hinzu: «In Dresden sagte man nicht Orkester, sondern Orschester!» Dann gab er noch einige seiner vielen Anekdoten zum besten, die er so reizend vorzubringen wusste, dass die beabsichtigte Wirkung nie auszubleiben pflegte.

So kam in heiterster Stimmung der Abend heran. Da ich am nächsten Morgen früh abreisen wollte, so empfahl ich mich der Gesellschaft. Wagner begleitete mich bis zur Gartentür ... Das bleiche, ausdrucksvolle Gesicht des damals Fünfundvierzigjährigen begleitete mich in die Stadt und auf allen Wegen.

Gottfried Keller

Wagner hat sich durch Dr. Jakob Sulzer den «Grünen Heinrich» besorgen lassen und auch andere Werke Kellers gekannt und hoch geschätzt. Keller gehörte auch gelegentlich zu seinem geselligen Zürcher Kreis, doch ist es ausser einem launigen Billet Wagners zu keinem Briefwechsel gekommen.

Keller in einem Brief an Wilhelm Baumgartner

[September 1851] Richard Wagner habe ich schon in Heidelberg in seinen ersten Schriften kennengelernt und seither alles mit grossem Interesse verfolgt, was ich von ihm erfuhr, zum Beispiel den Aufsatz von Liszt über ihn. Sein Schriftchen über «Ein Theater in Zürich» habe ich mir kommen lassen und mit Freuden gelesen, und obgleich es leider zunächst nicht viel Folgen haben wird, so hat es doch meine schon früher gefasste Hoffnung bestärkt, dass ich, nachdem ich mir in Deutschland vielleicht einigen Erfolg und Erfahrungen erworben haben werde, zu Hause nicht ganz abgeschnitten sei, sondern ein Feld zur Wirksamkeit in vaterländischer Luft finden dürfte. Ich bin mit dem Schriftchen ganz einverstanden, nicht so mit den letzten Konsequenzen von Wagners Ideen über die Kunst der Zukunft.

Keller an Lina Duncker

[13. Januar 1856] Hier in Zürich geht es mir bis dato gut, ich habe die beste Gesellschaft und sehe vielerlei Leute, wie sie in Berlin nicht so hübsch beisammen sind. Auch eine rheinische Familie Wesendonck ist hier, ursprünglich aus Düsseldorf, die aber eine Zeitlang in New York waren. Sie ist eine sehr hübsche Frau, namens Mathilde Luckemeyer, und machen diese Leute ein elegantes Haus, bauen auch eine prächtige Villa in der Nähe der Stadt, diese haben mich freundlich aufgenommen. Dann gibt es bei einem eleganten Regierungsrat [Sulzer] feine Soupers, wo Richard Wagner, Semper, der das Dresdener Theater und Museum baute, der Tübinger Vischer und einige Züricher zusammenkommen und wo man morgens zwei Uhr nach genugsamem Schwelgen eine Tasse heissen Tee und eine Havannazigarre bekommt. Wagner selbst verabreicht zuweilen einen soliden Mittagstisch, wo tapfer pokuliert wird, so dass ich, der ich glaubte, aus dem Berliner Materialismus heraus zu sein, vom Regen in die Traufe gekommen bin.

Keller an Hermann Hettner

[16. April 1856] Ich gehe viel mit Richard Wagner um, welches ein genialer und auch guter Mensch ist. Wenn Sie Gelegenheit haben, seine «Nibelungen»-Trilogie zu lesen, welche er für Freunde hat drucken lassen, so tun sie es doch. Sie werden finden, dass eine gewaltige Poesie urdeutsch, aber von antiktragischem Geiste geläutert, darin weht. Auf mich hat es wenigstens diesen Eindruck gemacht.

Keller an Ludmilla Assing

[Februar 1857] Vorigen Herbst war die Liszt-Wittgensteinsche Familie in Zürich, manche Woche, um bei Wagner zu sein, und da wurden alle Kapazitäten Zürichs herbeigezogen, einen Hof zu bilden. Ich wurde versuchsweise auch ein paarmal zitiert, aber schleunigst wieder freigegeben.

Keller an Ferdinand Freiligrath

[30. April 1857] Dann ist da auch Richard Wagner, ein sehr begabter Mensch, aber auch etwas Friseur und Charlatan. Er unterhält einen Nipptisch, worauf eine silberne Haarbürste in kristallener Schale zu sehen ist usw.

Das Briefchen von Wagner an Keller vom 16. August 1857 lautet:

Herrn Gottfried Keller,
Stadthexenmeister in Hottingen.

Lieber Freund!
Robert Franz aus Halle – ein bedeutender Komponist –, der Ihnen diesen Gruss von mir überbringt, ist ein grosser Verehrer Ihrer Dichtungen und wünscht, Sie kennenzulernen. Ich schlage Ihnen vor, mich heute abend zu besuchen – da sind wir hübsch beisammen. Ihr Richard Wagner

In seinem Aufsatz «Das Schillerfest am Mythenstein» von 1860 kam Keller – jetzt allerdings kritischer – auf seinen Eindruck von der «Nibelungen»-Dichtung zurück:

Richard Wagner hat den Versuch gemacht, eine Poesie zu seinen Zwecken selbst zu schaffen, allein ohne aus der Schrulle der zerhackten Verschen herauszukommen, und seine Sprache, so poetisch und grossartig sein Griff in die deutsche Vorwelt und seine Intentionen sind, ist in ihrem archaistischen Getändel nicht geeignet, das Bewusstsein der Gegenwart oder gar der Zukunft zu umkleiden, sondern sie gehört der Vergangenheit an.

Hans von Bülow

Wagner in «Mein Leben» über die Zürcher Zeit

[1850] An die Behauptung der Musikdirektorstelle [in Zürich] durch Karl [Ritter] war offenbar nicht mehr zu denken. Sehr merkwürdigerweise fiel diese unangenehme Erfahrung aber mit einer sehr bedeutenden Wendung im Schicksale eines andren, ebenfalls von Dresden her mir bekannten jungen Freundes, Hans von Bülow, zusammen. Bereits im vergangenen Jahre hatte ich den Vater, Eduard von Bülow, als neu verheiratet in Zürich angetroffen. Er hatte sich jetzt am Bodensee niedergelassen, und von dort aus meldete mir eben Hans, welcher zuvor sich mir zum Besuche in Zürich angemeldet hatte, dass er zu seinem grossen Leidwesen diesen seinen feurigsten Wunsch zu erfüllen verhindert sei. Soweit ich in seine Lage einen Einblick gewann, schien es mir, dass seine Mutter, die nun geschiedene Frau seines Vaters, um jeden Preis ihren Sohn von der Künstlerlaufbahn zurückzuhalten suchte, um ihn dagegen mit Benutzung seiner bis dahin betriebenen juristischen Studien zum Antritte einer Karriere im Staatsdienste oder im diplomatischen Fache zu bestimmen. Seine Neigung und sein Talent drängten ihn dagegen zur Musik. Es schien nun, dass die Mutter dem Sohne bei der ihm erteilten Erlaubnis zum Besuche seines Vaters besonders eingeschärft hatte, eine Zusammenkunft mit mir zu vermeiden. Da ich jetzt erfuhr, dass auch der Vater ihn von einem Besuche in Zürich abhielt, musste ich, da andrerseits dieser sich ziemlich wohlwollend gegen mich bezeigt hatte, annehmen, er mache mit dieser Erlaubnisverweigerung ein Zugeständnis an seine geschiedene Frau, mit welcher er nach den kaum beruhigten Kämpfen der Ehetrennung in keinerlei neuen Konflikt zu treten wünschte, selbst wenn es sich um die Entscheidung der Lebensrichtung des eigenen Sohnes handelte. Sollte ich in dieser Annahme, welche mich allerdings bis zur vollsten Rücksichtslosigkeit bitter gegen Eduard von Bülow stimmte, geirrt haben, so war doch schon der ganze Ausdruck des Briefes, in welchem Hans mir die grausame Notwendigkeit anzeigte, in der er sich befand, mit offenen Augen eine ihm widerstrebende Laufbahn anzutreten und somit für alle Zeiten sich in einen seelenzersplitternden Zwiespalt zu werfen, genügend, hierin einen der Fälle zu erblicken, welche, bei meiner damaligen stets leicht erregbaren Neigung zur Empörung gegen ähnlichen Zwang, mich bestimmten, in das Schicksal meines jungen Freundes in meiner Weise einzugreifen. Ich antwortete ihm in einem ausführlicheren Briefe, in dem ich ihm die Wichtigkeit der Lebensphase, in welcher er sich befand, energisch bezeichnete. Namentlich der verzweiflungsvoll zerrissene Ton, in welchem er sich an mich gewandt, gab mir ein Recht dazu, ihm zu Gemüte zu führen, dass es sich hier nicht nur um seine äussere Lebensrichtung, sondern um die Bestimmung seines ganzen Geistes- und Gemütslebens handelte. Ich führte ihm vor, was ich an seiner Stelle tun würde: empfände ich nämlich in mir einen wahrhaft unüberwindlichen und meine ganze Seele einnehmenden Trieb zur Künstlerlaufbahn und fühlte ich mich geneigt, lieber die grössten Beschwerden und Misshelligkeiten über mich ergehen zu lassen, als mein Leben in eine falsche Bahn gelenkt zu sehen, so würde ich sofort, wenn jemand mir hierzu die Hand reichte, wie ich die meinige ihm hiermit böte, auf das Äusserste hin meinen Entschluss fassen. Wolle er trotz des Verbotes seines Vaters zu mir kommen, so möge er sofort, nach Erhalt dieses Briefes, unter allen Umständen diesen Entschluss ausführen. Karl Ritter war glücklich, als ich ihm diesen Brief zur persönlichen Bestellung auf dem Bülowschen Gütchen übergab. Dort angekommen, liess er seinen Freund aus dem Hause rufen, begab sich mit ihm ins Freie und liess ihn meinen Brief lesen, worauf dieser sofort sich entschied, ganz wie er ging und stand, bei Sturm und Regen in rauhester Jahreszeit, da beide ohne genügende Geldmittel waren, zu Fusse nach Zürich zu wandern. Da traten sie eines Tages, wild und abenteuerlich, mit den lautredenden Spuren der ungeheuerlichen Reise, zu mir in das Zimmer. Ritter strahlte vor Freude über das gelungene Abenteuer, wogegen der junge Bülow mir eine grosse, ja leidenschaftliche Ergriffenheit zeigte. Ich fühlte ihm gegenüber sofort eine grosse und tiefe Verpflichtung und zugleich ein wahrhaft inniges Mitleiden mit dem so krankhaft aufgeregten jungen Menschen; beides bestimmte lange Zeit mein Verhalten zu ihm.

Fürs erste galt es, durch gute und heitere Miene Trost zu geben und Vertrauen zu erwecken. Die äusserliche Lage war schnell geordnet: Hans trat als Gleichbeteiligter in das Kontraktverhältnis Karls zur Theaterdirektion ein, was für jeden eine Art von Gehalt abwarf, wogegen ich als Garant für beider Leitungen verblieb. Sogleich war eine Posse mit Musik zu übernehmen; ohne nur zu wissen, um was es sich handle, trat Hans sofort an das Dirigentenpult und schwang mit wahrer Lust und grösster Sicherheit den Taktstock. Nach dieser Seite hin fühlte ich mich sofort geborgen, und jeder Zweifel an des neuesten Musikdirektors Fähigkeit war augenblicklich überwunden; wogegen es schwer war, Karls aus grosser Beschämung hervorgehenden Missmut über eine offenbar über sein ganzes Leben entscheidende Aufklärung im Betreff seiner Unbefähigung zum praktischen Musiker zu zerstreuen. Es blieb unmöglich, ihn in der eingenommenen Stellung aufrechtzuerhalten und je wieder an das Dirigentenpult zu berufen. Andrerseits entstand aber auch für Bülow bald eine unvorausgesehene Erschwerung seiner Stellung, und zwar dadurch, dass der Theaterdirektor und sein Personal, durch meine einmalige Orchesterdirektion verwöhnt, es fortan darauf anlegen zu müssen glaubten, mich immer wieder dazu herbeizuziehen. Noch einige Male dirigierte ich wirklich, teils um durch meine Autorität der verhältnismässig nicht übel bestellten Oper einigen Kredit beim Publikum zu verschaffen, teils um meinen jungen Freunden, und namentlich dem so sehr hierfür berufenen Bülow,

Wagners Kompositionsskizze zu «Siegfried». Beginn des 2. Aktes.

durch mein Beispiel das, worauf es beim Operndirigieren ankam, belehrend zu zeigen. Während nun Hans allen ihm verbleibenden Aufgaben sich so vollkommen gewachsen zeigte, dass ich endlich mit gutem Gewissen erklären konnte, unter keinen Umständen mehr für ihn einzutreten mich verpflichtet zu fühlen, wählte namentlich eine durch mein Lob eitel gewordene Sängerin den Weg, durch Verlegenheiten, welche sie mit absichtlicher Schikane dem jungen Dirigenten erzeugte, mich wiederum an das Pult zu nötigen. Als wir diesen Stand der Dinge einsahen und ich des Ärgers hierüber genug hatte, kamen wir, nachdem zwei Monate dieser Praxis verflossen waren, mit der Direktion überein, das ganze sehr peinlich gewordene Verhältnis zu lösen. Da gleichzeitig ein bedingungsloses Engagement als Musikdirektor Hans aus St. Gallen angetragen wurde, so entliess ich die beiden jungen Leute, welche gemeinsam ihr Glück nun dort versuchen wollten, in diese nachbarliche Stadt, um für das Weitere zunächst Zeit zu gewinnen …

Ich besuchte im Laufe der wenigen Wintermonate, welche sie noch in St. Gallen zubrachten, einige Male die jungen Leute. Karl war mit einem Versuche, die Glucksche Ouvertüre zu «Iphigenia» zu dirigieren, abermals unglücklich gewesen, so dass ich ihn in düstere Grübeleien verloren und fern von aller Praxis des Lebens in ziemlich unerfreulicher Verfassung antraf, während Hans mit einem scheusslichen Personale, einem grauenhaften Orchester und in einem unwürdigen Theaterlokale qualvollst, aber eifrigst in voller Geschäftigkeit begriffen war. Da ich dieses Elend gewahrte, ward alsbald festgestellt, dass Hans für jetzt genug getan und erlernt hätte, um seinen Beruf als praktischer Musiker nach dieser wichtigen Seite des Orchesterdirigenten hin ausser Zweifel gestellt zu haben. Es galt jetzt nur, ihm eine würdigere Sphäre für die Geltendmachung desselben zu verschaffen. Er teilte mir mit, dass er mit Empfehlungen von seinem Vater an Freiherr von Poissl, damaligem Intendanten des Münchener Hoftheaters, versehen werden sollte. Bald aber intervenierte auch seine Mutter mit dem Wunsche, ihren Sohn zur weiteren Ausbildung zu Liszt nach Weimar zu senden. Hiermit konnte ich denn nun am allerliebsten einverstanden sein; es gereichte mir zur wahren Beruhigung, den jungen, mir so schwer am Herzen liegenden Mann meinem grossen Freunde auch meinerseits herzlich empfehlen zu können. Mit Ostern 1851 verliess er St. Gallen, um von da an, für längere Zeit der Weimarischen Hut übergeben, meiner besonderen Fürsorge enthoben zu werden.

Bülow in einem Brief an seine Schwester

[St. Gallen, 26. Januar 1851] Die Verehrung und Liebe, welche ich für Wagner seit langer Zeit hege, kennst auch Du. Ich weiss nicht, ob Du sie verstehst, aber durch diese Verehrung, die auch ein Verständnis seiner Werke bedingt, bin ich erst recht zu mir selber gekommen. Es ist mir nach und nach immer mehr bewusst geworden, dass diese Verehrung, dieses Verständnis der beste Keim in mir sei, das, wodurch ich, wenn ich ihn gut pflegte, zu einem Menschen werden könnte, der einen bestimmten Zweck in der Welt, in der Menschheit erfüllte ...

Dass ich die grösste künstlerische Erscheinung unseres Jahrhunderts und vielleicht noch von hoher welthistorischer Bedeutung erkannt habe, wie es bis jetzt nur wenigen zuteil wurde, hat in mir Ambition, Selbstgefühl, Lebenstrieb geweckt. Es wurde mir klar, dass ich ein *Geisteigner* dieses Mannes sein könnte, sein Schüler, sein Apostel zu werden vermöchte, und mit einem solchen Streben, einem solchen Ziele schien mir das Leben lebenswert.

Über den sieben Jahre später erfolgenden Besuch des jungvermählten Bülow in Zürich berichtet Wagner in «Mein Leben»:

Als ich jetzt [1857] ungefähr den ersten Akt meiner Dichtung von «Tristan» vollendet hatte, stellte sich ein neuvermähltes junges

Paar in Zürich ein, welches allerdings hervorragende Ansprüche an meine Teilnahme geltend machen durfte. Gegen Anfang September traf Hans von Bülow mit seiner jungen Frau, Liszts Tochter Cosima, im Gasthof «Zum Raben» ein. Von dort holte ich sie ab, um für ihren längeren, mir vorzugsweise zugedachten Besuch sie in meinem kleinen Häuschen aufzunehmen.

Der Monat September verfloss uns gemeinschaftlich in sehr anregender Weise. Zunächst vollendete ich währenddem die Dichtung von «Tristan und Isolde», von welcher Hans mir sogleich aktweise eine Reinschrift besorgte. Aktweise las ich sie bereits auch den Freunden vor, bis ich endlich eine kollektive Privatvorlesung davon halten konnte, welche viel Eindruck auf die wenigen nahbefreundeten Zuhörer machte. Da Frau Wesendonck von dem letzten Akte besonders ergriffen schien, sagte ich tröstend, dass man hierüber nicht zu trauern habe, da es im *allerbesten* Falle bei so ernster Angelegenheit diese Art von Wendung nähme – worin mir Cosima recht gab. Im übrigen musizierten wir sehr viel; denn nun endlich hatte ich an Bülow den richtigen Spieler für die furchtbaren Klindworthschen Arrangements meiner «Nibelungen»-Partituren gewonnen. Aber auch die nur im Kompositionsentwurfe niedergeschriebenen beiden Akte des «Siegfried» wusste Hans sofort sich derart anzueignen, dass er sie wie aus einem wirklichen Klavierauszuge zu spielen vermochte. Ich sang dazu, wie gewöhnlich, alle Partien; manchmal hatten wir einige Zuhörer, unter denen sich Frau Dr. Wille am besten anliess. Cosima hörte mit gesenktem Kopfe und gab nichts von sich; wenn man in sie drang, fing sie an zu weinen.

Über den Eindruck, den die Nachricht von Wagners Tod auf Bülow machte, berichtet Marie von Bülow, seine zweite Frau, ihrer Mutter:

Die Nachricht von Richard Wagners Tod hat einen so entsetzlich erschütternden Eindruck auf meines Mannes Gemüt gemacht, dass die Stimmung bei uns den Höhepunkt der Traurigkeit erreicht hat. Ich selbst habe keine Ahnung gehabt, welche leidenschaftliche Liebe er im tiefsten Innern seines Herzens trotz alledem für Wagner noch immer bewahrte. Bülows Leben ist mit dem Namen so eng verwebt, dass ihm, nach seinen eigenen mühsam hervorgebrachten Worten, ist, als sei sein Geist mit diesem Feuergeist nun auch gestorben, nur ein Fragment seines Körpers wandere noch umher.

Bülow selbst schreibt am 25. April 1883 in einem (französischen) Brief an eine ungenannte Baronin:

Vielleicht – es ist ein Jahrhundert her – hatte ich etwas in meinem Gehirn – aber der Ozean von Begeisterung, den ich für Wagner und seinen Schwiegervater habe fliessen lassen, hat seit einem halben Jahrhundert dieses «etwas» überschwemmt, ertränkt. Heute habe ich keine Begeisterung mehr zu verschenken, keinen Glauben, kein Ideal zum Anbeten – ich bin moralisch ein Enthaupteter. Ich empfinde nichts mehr als Bedauern und Reue über ein unnützes Leben – unnütz für die Kunst, für den Nächsten, für mich selbst.

Mathilde Wesendonck

Einen zusammenfassenden Bericht über seine Beziehungen zu Mathilde Wesendonck und seine Entfremdung von Minna schrieb Wagner am 20. August 1858 aus Genf an seine Schwester Klara Wolfram:

Meine liebe Kläre!
Ich versprach Dir noch etwas Näheres über die Veranlassung zu dem entscheidenden Schritte, in dem Du mich jetzt begriffen siehst. Ich teile Dir das Nötige mit, damit Du auch sonstigem Geschwätze, gegen das ich zwar sehr gleichgültig bin, entgegnen kannst.

Was mich seit sechs Jahren erhalten, getröstet und namentlich auch gestärkt hat, an Minnas Seite, trotz der enormen Differenzen unseres Charakters und Wesens, auszuhalten, ist die Liebe jener jungen Frau, die mir anfangs und lange zagend, zweifelnd, zögernd und schüchtern, dann aber immer bestimmter und sicherer sich näherte. Da zwischen uns nie von einer Vereinigung die Rede sein konnte, gewann unsere tiefe Neigung den traurig wehmütigen Charakter, der alles Gemeine und Niedere fernhält und nur in dem Wohlergehen des andren den Quell der Freude erkennt. Sie hat seit der Zeit unserer ersten Bekanntschaft die unermüdlichste und feinfühlendste Sorge für mich getragen und alles, was mein Leben erleichtern konnte, auf die mutigste Weise ihrem Manne abgewonnen. Dieser *konnte* der offenen Unumwundenheit seiner Frau gegenüber nicht anders, als bald in wachsende Eifersucht verfallen. Ihre Grösse bestand nun darin, dass sie stets ihren Mann von ihrem Herzen unterrichtet hielt und ihn allmählich bis zur vollsten Resignation auf sie bestimmte. Mit welchen Opfern und Kämpfen dies nur geschehen konnte, lässt sich leicht ermessen: was ihr diesen Erfolg ermöglichte, konnte nur die Tiefe und Erhabenheit ihrer von jeder Selbstsucht fernen Neigung sein, die ihr die Kraft gab, ihrem Manne sich in solcher Bedeutung zu zeigen, dass dieser, wenn sie endlich mit ihrem Tode drohen konnte, von ihr abstehen und seine unerschütterliche Liebe zu ihr dadurch bewähren musste, dass er sie selbst in ihrer Sorge für mich unterstützte. Es galt ihm endlich, sich die Mutter seiner Kinder zu erhalten, und um dieser willen – die ja uns beide auch am unüberwindlichsten trennten – fügte er sich in seine entsagende Stellung. So, während er von Eifersucht verzehrt war, wusste sie ihn wieder so für mich zu interessieren, dass er – wie Du weisst – mich oft unterstützte; als es endlich galt, mir nach Wunsch ein Häuschen mit Garten zu verschaffen, war sie es, die es mit den unerhörtesten Kämpfen über ihn gewann, für mich das schöne Grundstück neben dem seinigen zu kaufen. Das Wundervollste aber ist, dass ich eigentlich nie eine Ahnung von diesen Kämpfen hatte, die sie für mich bestand: ihr Mann musste sich, ihr zuliebe, mir stets freundlich und unbefangen zeigen; nicht eine finstre Miene durfte mich aufklären, nicht ein Haar durfte mir gekrümmt werden: heiter und wolkenlos musste über mir der Himmel sich wölben, sanft und weich sollte mein Schritt sein, wo ich ging. Diesen unerhörten Erfolg hatte diese herrliche Liebe des reinsten, edelsten Weibes; und diese Liebe, die stets unausgesprochen zwischen uns blieb, musste sich endlich auch offen enthüllen, als ich vorm Jahre den «Tristan» dichtete und ihr gab. Da zum ersten Male wurde sie machtlos und erklärte mir, nun sterben zu müssen!

Bedenke, liebe Schwester, was mir diese Liebe sein musste nach einem Leben von Mühen und Leiden, von Aufregungen und Opfern, wie dem meinigen! – Doch wir erkannten sogleich, dass an eine Vereinigung zwischen uns nie gedacht werden dürfe: somit resignierten wir, jedem selbstsüchtigen Wunsche entsagend, litten, duldeten, aber – liebten uns! –

Meine Frau schien mit klugem weiblichem Instinkt zu verstehen, was hier vorging: sie benahm sich zwar oft eifersüchtig, verhöhnend und herabziehend, doch duldete sie unseren Umgang, der ja andererseits nicht die Sitte verletzte, sondern nur auf die Möglichkeit, uns einander gegenwärtig zu wissen, abgesehen war. Somit nahm ich an, Minna sei verständig und begriffe, dass hier für sie eigentlich nichts zu fürchten sei, da ja eben an eine Vereinigung bei uns nicht gedacht werden konnte, und dass daher Nachsicht ihrerseits das geratenste und beste sei. Nun musste ich erfahren, dass ich mich hierüber wohl getäuscht hatte; Geschwätze kamen mir zu Ohren, und sie verlor endlich so weit die Besinnung, dass sie einen Brief von mir auffing und – erbrach. Dieser Brief, wenn sie ihn eben zu verstehen imstande gewesen wäre, hätte ihr gerade eigentlich die gewünschteste Beruhigung geben können; denn unsere Resignation spielte auch hierin das Thema. Sie hielt sich aber nur an die vertrauten Ausdrücke und verlor den Verstand. Wütend trat sie vor mich und nötigte mich dadurch, ihr mit Ruhe und Bestimmtheit zu erklären, wie es stünde, dass sie Unglück über sich gebracht hätte, als sie einen solchen Brief erbrochen, und dass, wenn sie sich nicht zu fassen wisse, wir voneinandergehen müssten. Hierin wurden wir, ich ruhig, sie leidenschaftlich, einig. Doch anderen Tages dauerte sie mich. Ich trat zu ihr und sagte: «Minna, du bist sehr krank! Werde gesund und lass uns dann wieder über die Sache sprechen.» Wir fassten den Plan einer Kur für sie auf; sie schien sich zu beruhigen, der Tag der Abreise an den Kurort nahte. Sie wollte durchaus die Wesendonck vorher noch sprechen. Ich verbot ihr das entschieden. Alles lag mir daran, Minna allmählich mit dem Charakter meiner Beziehungen zu jener bekanntzumachen, um sie so zu überzeugen, dass für das Fortbestehen unserer Ehe eben nichts zu fürchten sei, weshalb sie sich gerade nur klug, besonnen und edel benehmen, jeder törichten Rache entsagen und jede Art von Aufsehen vermeiden sollte. Endlich gelobte sie mir dies. Doch liess es ihr nicht Ruhe. Hinter meinem Rücken ging sie doch hinüber, und – ohne es wohl selbst zu begreifen – verletzte sie die zarte Frau auf das gröblichste. Da sie ihr gesagt: «Wäre ich eine gewöhnliche Frau, so ginge ich mit diesem Brief zu Ihrem Mann!», so hatte die Wesendonck, die sich bewusst war, nie vor ihrem Manne ein Geheimnis gehabt zu haben (was natürlich eine Frau wie Minna nicht begreifen kann!), nichts zu tun, als sofort ihrem Mann diesen Auftritt und den Grund davon zu berichten. – Hiermit war denn auf eine rohe und gemeine Weise in die Zartheit und Reinheit unserer Beziehungen hineingegriffen worden, und manches musste sich ändern. Mir gelang es sehr spät erst, meine Freundin darüber aufzuklären, dass einer Natur wie der meiner Frau eben Beziehungen von dieser Hoheit und Uneigennützigkeit, wie sie zwischen uns bestanden, nie begreiflich zu machen wären; denn mich traf ihr ernster, tiefer Vorwurf, dies unterlassen zu haben, während sie ihren Mann stets zum Vertrauten gehabt hätte. – Wer nun begreifen kann, was ich seither (es war damals Mitte April) gelitten habe, der muss auch begreifen, wie mir endlich zumute ist, da ich erkennen muss, dass die unausgesetzten Bemühungen, die gestörten Verhältnisse fortzuerhalten, durchaus nichts fruchteten. Ich habe Minna drei Monate mit der höchsten Sorgfalt in der Kur gepflegt; um sie ruhig zu machen, brach ich endlich während dieser Zeit allen Umgang mit unseren Nachbarn ab; nur für ihre Gesundheit besorgt, versuchte ich alles mögliche, sie zur Vernunft und Einsicht in das ihr und ihrem Alter Geziemende zu bringen: alles umsonst! Sie beharrt in den trivialsten Vorstellungen, erklärt sich beleidigt, und kaum etwas beruhigt, bricht bald die alte Wut aufs neue hervor. Seit einem Monat, wo Minna – während wir Besuch hatten – wieder zurückgekehrt ist, musste es endlich zur Entscheidung kommen. Die beiden Frauen so dicht beieinander, war fernerhin unmöglich; denn auch die Wesendonck konnte es nicht vergessen, dass ihr, zum Lohn ihrer höchsten Aufopferung und zartesten Rücksichten für mich, von meiner Seite her, durch meine Frau, so roh und verletzend begegnet worden war. Auch war nun unter den Leuten davon gesprochen worden. Genug, die unerhörtesten Auftritte und Peinigungen für mich liessen nicht nach, und aus Rücksicht auf jene wie auf diese musste ich mich endlich entscheiden, das schöne «Asyl», das mir mit solcher zarten Liebe bereitet worden war, aufzugeben.

Jetzt bedarf ich aber der Ruhe und vollkommensten Abgeschlossenheit: denn was ich zu verschmerzen habe, ist viel. – Minna ist unfähig, zu begreifen, welche unglückliche Ehe wir von je geführt haben; sie bildet sich das Vergangene alles anders ein, als es war, und wenn ich Trost, Zerstreuung und Vergessen in meiner Kunst fand, glaubte sie am Ende gar, ich hätte deren niemals bedurft. Genug, hierüber bin ich mit mir zum Abschluss gekommen; ich kann diese ewige Zänkerei und misstrauische Laune nicht mehr um mich dulden, wenn ich noch meine Lebensaufgabe mutig erfüllen soll. Wer mir genau zugesehen hat, der musste sich von jeher über meine Geduld, Güte, ja Schwäche wundern, und wenn ich jetzt von oberflächlichen Beurteilern verdammt werde, so bin ich dagegen unempfindlich geworden; nie aber hatte Minna eine solche Veranlassung, sich der Würde, meine Frau zu sein, werter zu zeigen als jetzt, wo es galt, mir das Höchste und Liebste zu erhalten: es lag in ihrer Hand, zu zeigen, ob sie mich wahrhaft liebe. Aber was solche wahrhafte Liebe ist, begreift sie nicht einmal, und ihre Wut reisst sie über alles hinweg! –

Doch entschuldige ich sie mit ihrer Krankheit; wiewohl auch diese Krankheit einen anderen, milderen Charakter angenommen haben würde, wenn sie selbst anders und milder wäre. Die vielen widerwärtigen Schicksale, die sie mit mir erlebt und über die mich mein innerer Genius (den ich ihr leider nie mitteilen konnte!) leicht hinweghob, stimmen mich auch gegen sie rücksichtsvoll; ich möchte ihr sowenig wie möglich wehe tun, denn endlich dauert sie mich doch immer sehr! Nur fühle ich mich fortan unfähig, es an ihrer Seite auszuhalten; auch ihr kann ich dadurch nicht nützen: ich werde ihr immer unbegreiflich und ein Gegenstand des Argwohns sein. Somit – getrennt! Aber – in Güte und Liebe! Ich will nicht ihre Schmach. Nur wünschte ich, dass sie selbst mit der Zeit einsähe, dass es besser sei, wenn wir uns nicht viel wiedersehen. Für jetzt lasse ich ihr die Aussicht, sobald die Amnestie eintritt, nach Deutschland zu ihr zurückzukehren; deshalb sollte sie auch alle Sachen und Möbel mitnehmen. Am Ende will ich auch nichts verreden und alles von meiner zukünftigen Stimmung abhängen lassen. Bleibe also auch Du dabei, dass es jetzt nur eine vorübergehende Trennung sein solle. Was Du vermagst, um sie ruhig und vernünftig zu machen, das bitte ich Dich, unterlasse nicht! Denn – wie gesagt – unglücklich ist sie doch; mit einem geringeren Manne wäre sie glücklicher gewesen. Und so bedaure Du sie mit mir! Ich werde Dir dafür von Herzen danken, liebe Schwester! –

Ich warte hier, in Genf, noch etwas, bis ich nach Italien gehen kann, wo ich, vermutlich in Venedig, den Winter zuzubringen gedenke. Schon erquickt mich etwas die Einsamkeit und die Entfernung von jedem quälenden Umgang. An Arbeiten war zuletzt gar nicht mehr zu denken. Sobald ich wieder Stimmung finde, um am «Tristan» fortzukomponieren, sehe ich mich für gerettet an. Wahrlich, ich muss mir so zu helfen suchen: ich will nichts von der Welt, als dass sie mir Ruhe zu den Arbeiten lässt, die einst ihr gehören sollen. Somit beurteile sie mich auch mild! – Den Inhalt dieses Briefes kannst Du, liebe Kläre, getrost benutzen, um Aufklärungen zu geben, wo sie nötig sein sollten. Im ganzen aber möchte ich natürlich nicht, dass viel von dem Vorgefallenen gesprochen wird. *Begreifen,* um was es sich hier handelt, werden doch nur die wenigsten; dazu muss man die Personen, die hier in Betracht kommen, genau kennen.

Nun leb wohl, liebe Schwester: und hab nochmals herzlichen Dank für die diskrete Anfrage, die ich Dir, wie Du siehst, vertrauensvoll beantworte. Behandle Minna schonend, aber lasse sie allmählich auch begreifen, woran sie mit mir ist!

Dein Bruder Richard W.

Mathilde Wesendonck ihrerseits gibt in ihren «Erinnerungen», die A. Heintz 1896 in der «Allgemeinen Musikzeitung» veröffentlichte, folgende Darstellung der gemeinsam mit Wagner verbrachten Zürcher Jahre:

Erst 1853 wurde der Verkehr freundschaftlicher und vertrauter. Alsdann begann der Meister, mich in seine Intentionen näher einzuweihen. Zunächst las er die «Drei-Opern-Dichtungen», die mich entzückten, hierauf die Einleitung dazu und allmählich eine seiner Prosaschriften nach der andern.

Da ich Beethoven liebte, spielte er mir die Sonaten; war ein Konzert in Sicht, wo er eine Beethovensche Symphonie zu leiten hatte, so war er unermüdlich und spielte vor und nach der Probe die betreffenden Sätze so lange, bis ich mich ganz heimisch darin fühlte. Es freute ihn, wenn ich ihm zu folgen vermochte und an seiner Begeisterung die meinige entzündete.

1854 (von Juni bis Dezember) schrieb und vollendete er die Skizzen zur «Walküre». Das kurze Vorspiel trägt die Buchstaben:

G(esegnet) S(ei) M(athilde)!

Wesendonck verehrte ihm um diese Zeit eine amerikanische Goldfeder. Mit dieser Goldfeder hat er die ganze Orchesterpartitur der «Walküre» geschrieben, die ein wahres Meisterwerk der Kalligraphie ist. Diese Partitur war Wesendoncks Eigentum, er hatte sie durch Ankauf vom Meister erworben. Später hat er sie, auf Wunsch des Meisters, Sr. M. dem König Ludwig II. von Bayern zum Geschenk gemacht und dafür einen eigenhändigen Brief des Königs als Dank und als Gegengabe erhalten.

Eine «Faust»-Ouvertüre, geschrieben in Paris im Januar 1840, neu bearbeitet in Zürich im Januar 1855, hatte er die Absicht, mir zu widmen. Plötzlich aber überkam ihn der Gedanke, dass das unmöglich sei! «Unmöglich», rief er aus, «kann ich Ihnen das furchtbare Motto an die Brust heften:

Der Gott, der mir im Busen wohnt,
Kann tief mein Innerstes erregen;
Der über allen meinen Kräften thront,
Er kann nach aussen nichts bewegen;
Und so ist mir das Dasein eine Last,
Der Tod erwünscht, das Leben mir verhasst.»

So begnügte er sich, mir die Partitur zu verehren und darunter die wenigen Worte zu setzen: «R. W. Zürich 17. Jan. 55 zum Andenken S(einer) l(ieben) F(reundin)!»

Einmal, auf einem gemeinschaftlichen Ausfluge nach Brunnen, spielte er auf dem Klimperkasten des dortigen Speisezimmers bei einbrechender Dunkelheit Abschnitte aus der «Eroica» und der c-moll-Symphonie. In der Frühe aber, zum Frühstück, wurde ich mit «Lohengrin»-Klängen begrüsst.

Im Jahre 1854 führte er mich in die Philosophie Arthur Schopenhauers ein, war überhaupt darauf bedacht, mich auf jede bedeutende Erscheinung in Literatur und Wissenschaft aufmerksam zu machen. Entweder las er selbst, oder er besprach den Inhalt mit mir.

Was er am Vormittage komponierte, das pflegte er am Nachmittage auf meinem Flügel vorzutragen und zu prüfen. Es war die Stunde zwischen fünf und sechs Uhr; er selbst nannte sich: «den Dämmermann».

Da kam es denn auch vor, dass etwas ihn nicht befriedigte und er nach einem andern Ausdruck suchte. Einmal war das der Fall beim Aufbau des «Walhall»-Motivs. Ich sagte: «Meister, das ist gut!» Er aber: «Nein, nein, es muss noch besser werden.» – Er ging eine Weile ungeduldig im Salon auf und ab, rannte dann endlich hinaus. Am folgenden Nachmittag erschien er nicht, auch am zweiten und dritten blieb er fern. Endlich kommt er ganz still und unbemerkt herein, setzt sich an den Flügel und spielt das herrliche Motiv ganz wie früher. «Nun?» – frage ich. – «Ja, ja! Sie hat recht, ich kann's nicht besser machen!»

So habe ich das Beste, was ich weiss, nur ihm zu verdanken.

Die in Zürich verlebten Jahre waren für Wagner eine Zeit der Sammlung, der Arbeit und der inneren Abklärung, die nicht weggedacht werden kann, ohne den Faden seiner Entwicklung gewaltsam zu zerreissen. Er war ein anderer, als er kam und da er ging!

«Öde» hat er nie gekannt. Anregung brachte er dahin, wo er sie nicht fand. Trat er ja einmal ins Zimmer, sichtlich ermüdet und abgespannt, so war es schön, zu sehen, wie nach kurzer Rast und Erquickung sein Antlitz sich entwölkte und ein Leuchten über seine Züge glitt, wenn er sich an den Flügel setzte.

Die schöne und geräumige Wohnung in den Escherhäusern war ihm durch die vielen Klaviere in den Nachbarwohnungen unleidlich geworden. Mit einem ihm gegenüber wohnenden Schmied hatte er einen Vertrag gemacht, wonach dieser nicht am Vormittage (Wagners Arbeitsstunden) hämmern durfte, weil er «Siegfrieds Schmiedelied» komponierte. Daher die Sehnsucht nach einem eigenen Heim, die im April 1857 endlich befriedigt werden sollte.

Er war ein grosser Naturfreund. In seinem Garten belauschte er das Nestchen der Grasmücke, eine Rose auf seinem Schreibtische konnte ihn beglücken, und das Waldweben im «Siegfried» erzählt von dem Geflüster hoher Wipfel im Sihltalwalde, wohin er auf weiten Wanderungen, öfters in Gesellschaft des Dichters Georg Herwegh, seine Schritte lenkte. Das Gespräch der beiden drehte sich dann um die Philosophie Arthur Schopenhauers.

Seine Flügel-Adjutanten waren zeitweise Tausig und Hans von Bülow. Wagner nannte Hans sein Alter-Ego. Die Dankbarkeit, Uneigennützigkeit und Opferfreudigkeit von Bülows kannte keine Grenzen. Aber auch Tausig war rührend in seinem Bestreben, die Wünsche des Meisters ihm an den Augen abzulesen. So hat er, als er in der Wagner-Villa zu Gast weilte, nach dem Mittagessen mit der aufgeregten, kränkelnden Frau eine Stunde lang – Domino (!) gespielt, damit das Mittagsschläfchen Wagners nicht gestört werde.

Die Berufung Gottfried Sempers an das Polytechnikum in Zürich war ein Ereignis freudigster Art; Gottfried Kellers «Grüner Heinrich» und «Die Leute von Seldwyla» las Wagner mit vollendeter Meisterschaft vor. «Spiegel, das Kätzchen», «Die drei gerechten Kammacher» und «Romeo und Julia auf dem Dorfe» waren seine Lieblinge.

Mit Frau Eliza Wille auf Mariafeld besprach er alles, was ihn künstlerisch und menschlich tief bewegte.

Endlich nenne ich noch den Getreuesten der Getreuen, seinen Hausfreund Dr. Jakob Sulzer, der auch die Zurückberufung Gottfried Kellers im Grossen Rat befürwortete und schliesslich durchsetzte.

Besuche aus Weimar fehlten nicht. Gräfin d'Agoult verschmähte es nicht, von Paris nach Zürich zu reisen: «Pour faire connaissance des grands hommes!»

Richard Wagner liebte sein «Asyl», wie er sein neues Heim in der Enge bei Zürich nannte. Mit Schmerz und Trauer hat er es verlassen, – freiwillig verlassen! Warum? Müssige Frage! Wir haben aus dieser Zeit das Werk «Tristan und Isolde»! Der Rest ist Schweigen und Sichneigen in Ehrfurcht!

Wie Minna die Krise im «Asyl» erlebte, geht aus ihren meist an die Freundin Emma Herwegh gerichteten Briefen hervor, die Julius Kapp in seinem Buch «Richard Wagner und die Frauen» mitteilt:

Madame W. besuchte meinen Mann heimlich und umgekehrt, verbot meinem Knechte, als er ihr die Tür aufmachte, dass er mir nicht sagen sollte, dass sie oben sei; ich habe das alles ruhig geschehen lassen. Es ist ja so häufig der Fall, dass Männer ein Verhältnis haben, warum sollte ich es nicht auch von dem meinigen dulden? Eifersucht kannte ich ja nicht. Nur die Gemeinheiten, diese Kränkungen hätten mir erspart werden sollen und mir es mein lächerlich eitler Mann verbergen müssen.

Am 7. d. M. [April 1858] musste ich mir Gewissheit über das Verhältnis Richards mit der Frau W. verschaffen. Nachdem mir schon von mehreren Seiten Verschiedenes zugeflüstert wurde, was ich nicht glaubte, musste mir auffallen, dass Richard zu oft, wenn der brave Mann nicht zu Hause war, hinüberging, und diese tägliche Korrespondenz und das Geschicke von der Frau, die fragen liess, ob Herr Wagner gut geschlafen, er solle doch hinüberkommen, der Wintergarten sei geheizt, ja sie kam sogar selbst, verbot aber meinem Mädchen, mich zu stören, ich blieb auch aus Dummheit unten bei mir und liess sie ungestört. Am 6. ds. waren sie beide bei uns, den 7. merkte ich Richard eine sonderbare Unruhe an; bei jedem Klingeln kam er heraus und hatte eine grosse Rolle in der Hand, die er der Frau Wesendonck schicken wollte, aber er gab sie nicht aus der Hand, als ich sie ihm besorgen wollte, und versteckte sie sehr verlegen. Das alles machte mich ein wenig stutzig. Als er endlich nicht mehr warten konnte, rief er unsern Knecht. Ich war zufällig da, wie der vorbeiging, und bat mir die Rolle Noten aus. Ich wickelte sie auf und nahm den dicken Brief heraus, der darin eingewickelt war, öffnete ihn und las den eifersüchtigen Liebesbrief, woraus ich Ihnen ein paar Stellen geben will. Also, nach einer wilden Liebesnacht, die er hatte, schreibt er ihr: «So ging's die ganze Nacht fort. Am Morgen ward ich wieder vernünftig und konnte recht herzinnig zu meinem Engel beten, und dieses Gebet ist Liebe! Liebe! Tiefste Seelenfreude an dieser Liebe, der Quell meiner Erlösung! – Nun kam der Tag mit seinem üblen Wetter, die Freude, Dich zu sehen, war mir versagt, die Arbeit ging noch immer nicht. So war mein ganzer Tag ein Kampf zwischen Missmut und Sehnsucht nach Dir!» usw. Der Schluss des Briefes lautet: «Sei mir gut, das Wetter scheint mild, heut komme ich wieder in Deinen Garten, sobald ich Dich sehe. Ich hoffe, Dich einen Augenblick ungestört zu finden. Nun meine ganze Seele zum Morgengruss! R. W.» Was sagen Sie dazu? Am Mittag sagte ich meinem Herrn Gemahl, dass ich diesen schönen Brief geöffnet und gelesen, er war etwas erschrocken. Ich aber sagte, dass ich diesen Betrug gegen den armen Mann nicht leiden würde, ich wollte fortgehen, er aber müsse diese Frau für ewig sein nennen. R. wollte sich herausreden mit seiner vortrefflichen Suade, ich liess nichts aufkommen... Richard wollte mich mit Gewalt dumm machen und mir die Reinheit seines Verhältnisses mit Gutem und Bösem einreden. Wie lächerlich! Ich bin bei meiner Überzeugung geblieben!

[Nach einer Aussprache mit Mathilde Wesendonck:] Frau W. war auch höchst dankbar und freundlich gegen mich, begleitete mich noch Hand in Hand bis an die Treppe, und alles war abgemacht und gut. Hinterher jedoch hat sie sich's anders überlegt, ihrem Mann hat sie gesagt, ich hätte sie furchtbar beleidigt, ohne ihm jedoch die reinste Wahrheit über das gepflogene Verhältnis gesagt zu haben. Zu Richard hat sie nun gar ein Hallo gemacht, trotzdem ich delikat genug war, dieser Frau nicht einmal den verhängnisvollen Brief zu zeigen, den ich doch in meiner Tasche trug. So sind aber die gemeinen kleinen Naturen, nichts als Klatsch und Hetzereien können sie machen. Ich mochte der Betreffenden meine Unterredung mit ihr nicht verbieten, zu verschweigen, was sich bei einer klugen Frau wohl von selbst verstanden hätte, und es konnte unter Umständen, wenigstens äusserlich, beim alten bleiben.

[Während ihres Kuraufenthaltes in Brestenberg:] Mit meiner Gesundheit will es gar nicht vorwärts, nächsten Donnerstag bin ich schon neun Wochen hier, und noch immer klopft und tobt mein armes Herz, als ob es herausspringen wollte... Mein lieber Mann könnte recht gut sein und mir meine

Schmerzen lindern, wenn er sich nicht von gewissen Menschen herumholen liesse; sein Herz ist gut, aber sehr schwach! – Daher kommt es auch, dass er mir oft recht liebe, gute, tröstende Briefe schreibt, aber mir auch noch öfter die bösesten, gemeinsten Sachen brieflich zuschleudert, andere in den Himmel erhebt und mich in Grund und Boden tritt. Das, meine liebste Emma, frisst mir noch mein Herz ab! Weinen kann ich über diese Gemeinheiten nur sehr selten, und das ist für mich sehr schlimm … Es ist wirklich abscheulich, wie erbärmlich Richard sich gegen seine Frau benimmt, die er doch so krank gemacht hat. Gott möge mir helfen! Sonntag vor acht Tagen war ich daheim, aber nur dreiundzwanzig Stunden, dass mir keine Zeit, Dich zu besuchen, blieb. Ich wollte, ich wäre nicht dort gewesen; bis in die Nacht um zwei Uhr hat der liebe Richard seine Galle gegen mich ausgeschüttet.

[2. August 1858] Es ist keine Kleinigkeit, wenn man beinahe zweiundzwanzig Jahre verheiratet ist und eine Trennung bevorsteht. Ich wenigstens kann nicht so leicht darüber hinweg. Läge es an mir, so versichere ich Ihnen, geschähe es gewiss nicht. Ich bin, was den Punkt Nachsicht für Männer betrifft, ebenso aufgeklärt und habe schon manchem nachgesehen und nicht bemerken wollen, so gut wie andere Frauen. Ich bin ja sechs volle Jahre blind nebenhergelaufen. Richards Ehre verträgt es jetzt einfach nicht, hierzubleiben, da der Mann, ich weiss nicht wie, auch von dem Verhältnis erfahren hat. Als ich zurückkam, wurde ich so heftig von meinem Manne bestürmt und bedroht, dass ich mit jener Frau wieder umgehen sollte. Ich gab auch nach, wollte diesen gewaltigen Sprung machen; das ist wirklich alles Mögliche, was eine Frau an meiner Stelle tun kann, allein der Mann und endlich dieses Weib selbst wollen es nicht; sie ist – so wurde mir von meinem Manne selbst zugeschrieen – wütend, ausser sich, dass ich da bin, und will es aus Eifersucht nicht mehr dulden, dass ich bleibe; nur Richard allein soll hier hausen, was er aber nicht kann. Richard hat zwei Herzen, er ist umstrickt von der anderen Seite und hängt aus Gewohnheit an mir, das ist alles. Mein Entschluss ist nun, da dieses Weib es nicht ertragen will, dass ich mit meinem Manne zusammenbleibe, und er schwach genug ist, ihr den Willen zu tun, abwechselnd in Dresden, dann in Berlin, Weimar zu sein, bis mich entweder Richard oder der liebe Gott abruft… Richard reist schon vorher fort, ich weiss noch nicht wohin, vielleicht nach Italien.

[Nach Wagners Abreise:] Der Abschied von Richard hat mir fast das Herz zerrissen. Hätte ich ihn zu Grabe geleitet, ich hätte keinen grösseren Schmerz empfinden können. Richard vergoss nur Tränen, als er auf der Eisenbahn im Waggon sass; vorher hatte er keine Gedanken, keinen Blick und kein Gefühl für mich. Als ich ihn noch den Weg herunter in den Garten begleitete, wo man das Wesendoncksche Haus sehen kann, ging er wie ein Blinder an meiner Seite und sah unverwandt hinüber, ohne meinen Schmerz, mit dem ich ihm zur Seite ging, nur im geringsten zu beachten, bis ich ihn bei den Händen fasste und ihn sanft zu mir mit den Worten wandte: «Richard, sieh *mich* doch an!» ... Ich konnte das Gefühl nicht loswerden, dass ich ihn in diesem Leben nicht wiedersehen würde ... Ich glaube, Ihnen nicht erst versichern zu müssen, wie lieb mir mein Mann war und dass ich mich nicht gern acht Tage von ihm trennte. Konnte ich nicht bei ihm sein, so schrieb ich ihm fast täglich. Jetzt sitze ich da, soll ihm schreiben, und ich weiss ihm nichts zu sagen.

«Tristan»

Wagner hat die Komposition des ersten Aktes von «Tristan und Isolde» noch im Zürcher «Asyl» beendet. Über den Fortgang der Arbeit in Venedig und Luzern geben seine Briefe an Mathilde Wesendonck Auskunft:

[2. Juli 1858] Welche wundervolle Geburt unsres schmerzenreichen Kindes! So müssten wir doch leben? Von wem wäre zu verlangen, dass er seine Kinder verliesse? –

Gott stehe uns bei, uns Armen!
Oder sind wir zu reich?
Müssen wir uns einzig selbst helfen?

[Venedig, 3. September 1858] Diese Einsamkeit, hier fast allein mir möglich, schmeichelt mir und meinen Hoffnungen. – Ja! Ich hoffe, für Dich zu genesen! Dich mir erhalten, heisst mich meiner Kunst erhalten. Mit ihr – Dir zum Troste leben, das ist meine Aufgabe, dies stimmt mit meiner Natur, meinem Schicksal, meinem Willen, – meiner Liebe. So bin ich Dein; so sollst auch Du durch mich genesen! Hier wird der «Tristan» vollendet – allem Wüten der Welt zum Trotz. Und mit ihm, darf ich, kehre ich dann zurück, Dich zu sehen, zu trösten, zu beglükken! So steht es vor mir als schönster heiligster Wunsch. Nun wohlan! Held Tristan, Heldin Isolde! Helft mir! Helft meinem Engel! Hier sollt ihr ausbluten, hier sollen die Wunden heilen und sich schliessen. Von hier soll die Welt die erhabene, edle Not der höchsten Liebe erfahren, die Klagen der leidenvollsten Wonne. Und hehr wie ein Gott, heil und klar sollst Du mich dann wiedersehen, Deinen demütigen Freund!

[Venedig, 16. September 1858] Fast dünkt mich nun unser persönliches Schicksal gleichgültig. Innerlich ist alles so rein, unsrem Wesen und der Notwendigkeit zugleich so ganz angemessen. Mit diesem schönen Gefühle wünsche ich mich nun meiner Arbeit wieder zuzuwenden und erwarte den Flügel. Der «Tristan» wird noch viel kosten; ist er aber einmal ganz beendigt, so dünkt es mich, als ob dann eine wunderbar-bedeutende Lebensperiode bei mir abgeschlossen sein müsste und ich dann mit neuem Sinne, ruhig, klar und tief bewusst in die Welt und durch die Welt zu Dir aufschauen würde. Darum drängt es mich jetzt auch so sehr nach der Arbeit.

[Venedig, 18. September 1858] Heut vorm Jahr vollendete ich die Dichtung des «Tristan» und brachte Dir den letzten Akt. Du geleitetest mich nach dem Stuhl vor dem Sofa, umarmtest mich und sagtest: «Nun habe ich keinen Wunsch mehr!» – An diesem Tage, zu dieser Stunde wurde ich neu geboren. – Bis dahin ging mein Vor-Leben: nun begann mein Nach-Leben. In jenem wundervollen Augenblicke lebte ich allein. Du weisst, wie ich ihn genoss? Nicht aufbrausend, stürmisch, berauscht, sondern feierlich, tief durchdrungen, mild durchwärmt, frei, wie ewig vor mich hinschauend. – Von der Welt hatte ich mich, schmerzlich, immer bestimmter losgelöst. Alles war zur Verneinung, zur Abwehr in mir geworden.

Hans von Bülow dirigiert «Tristan und Isolde». Karikatur im Münchener «Punsch» 1865.

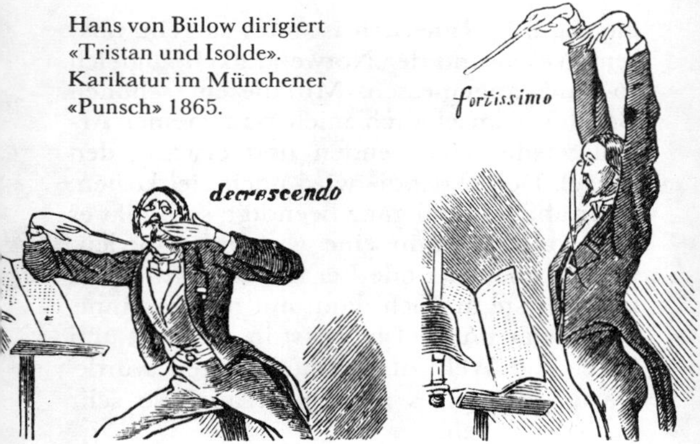

Schmerzlich war selbst mein Kunstschaffen; denn es war Sehnsucht, ungestillte Sehnsucht, für jene Verneinung, jene Abwehr – das Bejahende, Eigene, Sich-mir-Vermählende zu finden. Jener Augenblick gab es mir, mit einer so untrüglichen Bestimmtheit, dass ein heiliger Stillstand sich meiner bemächtigte. Ein holdes Weib, schüchtern und zagend, warf mutig sich mitten in das Meer der Schmerzen und Leiden, um mir diesen herrlichen Augenblick zu schaffen, mir zu sagen: ich liebe dich! – So weihtest Du Dich dem Tode, um mir Leben zu geben; so empfing ich Dein Leben, um mit Dir nun von dieser Welt zu scheiden, um mit Dir zu leiden, mit Dir zu sterben. – Nun war der sehn-

süchtige Zauber gelöst! – Und dies *eine* weisst Du auch, dass ich seitdem nie mehr im Zwiespalt mit mir war. Verwirrung und Qual konnte über uns kommen; selbst Du konntest vom Trug der Leidenschaft hingerissen werden: – ich aber – das weisst Du! –, ich blieb mir nun stets gleich, und meine Liebe zu Dir konnte nie, durch keinen noch so schrecklichen Augenblick, mehr ihren Duft, ja nur ein zartes Stäubchen dieses Duftes verlieren. Alle Bitterkeit war mir geschwunden; ich konnte irren, mich leidend, gequält fühlen, aber immer blieb es mir licht, und klar wusste ich immer, dass Deine Liebe mein Höchstes sei und ohne sie mein Dasein ein Widerspruch mit sich selbst sein müsste.

[Venedig, 6. Oktober 1858] Am 2. Mai, kurz bevor Du auch noch die «Zerstreuungsreise» antreten solltest und ich so recht verlassen sein musste, war draussen schlechtes Wetter, rauh und kalt: ich musste es aufgeben, Dich an diesem Tage auf der Terrasse zu sehen. Noch war der [eben eingetroffene Erard-] Flügel nicht ganz hergerichtet, da – plötzlich – trittst Du aus dem Billardzimmer auf die vordere Zinne, setzest Dich auf den Stuhl und schaust herüber. Nun war alles fertig; ich öffnete das Fenster und schlug die ersten Akkorde an. Du wusstest es noch gar nicht, dass dies der Erard war. – Nun sah ich Dich einen Monat nicht mehr, und mir wurde in dieser Zeit immer klarer und gewisser, dass wir nun getrennt bleiben müssten! Jetzt wäre ich eigentlich doch mit meinem Leben fertiggewesen. – Aber dieses wundervoll weiche, melancholisch süsse Instrument schmeichelte mich völlig wieder zur Musik zurück. Ich nannte es den Schwan, der nun gekommen, den armen Lohengrin wieder heimzuführen! – So begann ich die Komposition des zweiten Aktes des «Tristan». Das Leben webte sich wieder traumartig um mich zum Dasein. – Du kehrtest wieder. Wir sprachen uns nicht, aber mein Schwan sang zu Dir hinüber. – Nun bin ich denn ganz fort von Dir: himmelhoch liegen die Alpen zwischen uns gewälzt. Mir wird es immer klarer, wie alles werden muss, wie alles sein wird, und dass ich nun kein Leben mehr leben werde. – Ach! Kommt nur der Erard erst, – dachte ich oft: – er muss helfen, denn – es *muss* ja sein! Lange musste ich warten. Nun ist er endlich da, dieses kunstvolle Werkzeug mit seinem holden Klange, das ich mir damals gewann, als ich wusste, dass ich Deine Nähe verlieren würde. Wie symbolisch deutlich spricht hier mein Genius, – mein Dämon zu mir! Wie bewusstlos verfiel ich damals auf den Flügel: aber mein tückischer Lebenstrieb wusste, was er wollte! – Der Flügel! – Ja, ein Flügel –: wäre es der Flügel des Todesengels!

[Venedig, 12. Oktober 1858] Ich kehre nun zum «Tristan» zurück, um an ihm die tiefe Kunst des tönenden Schweigens für mich zu Dir sprechen zu lassen. Für jetzt erquickt mich die grosse Einsamkeit und Zurückgezogenheit, in der ich lebe: in ihr sammle ich meine schmerzlich zerstückten Lebenskräfte.

[Venedig, 8. Dezember 1858] Seit gestern beschäftige ich mich wieder mit dem «Tristan». Ich bin immer noch im zweiten Akte. Aber – was wird das für Musik! Ich könnte mein ganzes Leben nur noch an dieser Musik arbeiten. Oh, es wird tief und schön; und die erhabensten Wunder fügen sich so geschmeidig dem Sinn. So etwas habe ich denn doch noch nicht gemacht: aber ich gehe auch ganz in dieser Musik auf; ich will nichts mehr davon hören, wann sie fertig werde. Ich lebe ewig in ihr. Und mit mir –.

[Venedig, 22. Dezember 1858] Das ist ein schöner Morgen, liebes Kind! Seit drei Tagen trug ich mich mit der Stelle: «Wenn du umfangen, wenn du gelacht» – und: «In deinen Armen, dir geweiht» usw. Ich war lange unterbrochen und fand die rechte Erinnerung bei der Ausführung nicht weiter. – Da klopfte Koboldchen: es zeigte sich mir als holde Muse. In einem Augenblick war mir die Stelle klar. Ich setzte mich an den Flügel und schrieb sie so schnell auf, als ob ich sie längst auswendig wüsste. Wer streng ist, wird etwas Reminiszenz darin finden: die «Träume» spuken dabei. Du wirst aber schon vergeben! – Du Liebe! – Nein, bereue es nie, mich zu lieben! Es ist himmlisch!

[Venedig, 19. Januar 1859] Dank für das schöne Märchen, Freundin! Es wäre wohl erklärlich, wie alles, was von Ihnen kommt, mir immer wie mit symbolischer Bedeutsamkeit eintritt. Gerade gestern, zu der Stunde, in dem Augenblick, kam Ihr Gruss wie eine durch Zauber erzwungene Notwendigkeit. Ich sass am Flügel; die alte goldene Feder spann ihr letztes Gewebe über den zweiten Akt des «Tristan» und zeichnete eben mit zögerndem Verweilen die fliehenden Wonnen des ersten Wiedersehens meines liebenden Paares. Wenn ich, wie es eben beim Instrumentieren geschieht, mit letzter Beruhigung mich dem Genuss meiner eigenen Schöpfung hingebe, versinke ich zugleich oft in eine Unendlichkeit von Gedanken, die mir unwillkürlich die durchaus eigentümliche und der Welt ewig unverständliche Natur des Dichters, des Künstlers darstellen. Das Wunderbare, und der gewöhnlichen Lebensanschauung ganz Entgegengesetzte, erkenne ich dann recht deutlich darin, dass, während jene sich immer nur an der Handhabe der Erfahrung hinzieht und zusammensetzt, die dichterische Anschauung vor aller Erfahrung, ganz aus eigener Potenz, das erfasst, was aller Erfahrung erste Bedeutung und Sinn gibt.

[Venedig, 2. März 1859] Schon gegen die Vollendung des «Tristan» merke ich diesmal einen ganz fatalistischen Widerstand; das kann mich aber doch nicht dazu bringen, ihn flüchtiger zu arbeiten. Im Gegenteil komponiere ich so daran, als ob ich mein Leben lang an nichts andrem mehr arbeiten wollte. Dafür wird er aber auch schöner, als was ich je gemacht; die kleinste Phrase hat für mich die Bedeutung eines ganzen Aktes, mit solcher Sorgfalt führ' ich sie aus.

[Venedig, 10. März 1859] Endlich bin ich gestern mit meinem zweiten Akte, dem grossen, allen so bedenklichen (musikalischen) Problemen fertiggeworden und weiss es auf eine Art gelöst wie noch keines. Es ist der Gipfel meiner bisherigen Kunst. Noch habe ich eine Woche auf das Manuskript zu verwenden, dann meine entsetzliche Korrespondenz zu versehen, worauf ich Verona und Mailand mit einigen Tagen zu beehren gedenke, um über Como und Lugano meinen alten Gotthard zu überschreiten.

[Luzern, 10. April 1859] Der dritte Akt ist begonnen. Mir ist dabei recht deutlich, dass ich nie etwas Neues mehr erfinden werde: jene höchste Blütenzeit hat in mir eine solche Fülle von Keimen getrieben, dass ich jetzt nur immer in meinen Vorrat zurückzugreifen habe, um mit leichter Pflege mir die Blumen zu erziehen. – Auch ist mir, als ob dieser scheinbar leidenvollste Akt mich nicht so stark angreifen werde, als es zu denken wäre. Sehr griff mich noch der zweite Akt an. Das höchste Lebensfeuer loderte in ihm mit so unsäglicher Glut hell auf, dass es mich fast unmittelbar brannte und zehrte. Je mehr es sich gegen den Schluss des Aktes hin dämpfte und die sanfte Helle der Todesverklärung aus der Glut brach, wurde ich ruhiger.

[Luzern, ohne Datum] Kind! Dieser «Tristan» wird etwas *Furchtbares!* Dieser letzte Akt!!! – – – – – – – –

Ich fürchte, die Oper wird verboten – falls durch schlechte Aufführung nicht das Ganze parodiert wird –: nur mittelmässige Aufführungen können mich retten! Vollständig *gute* müssen die Leute verrückt machen, – ich kann mir's nicht anders denken.

[Luzern, 30. Mai 1859] Ich bin jetzt mit der Ausarbeitung der ersten Hälfte meines Aktes beschäftigt. Über die leidenden Stellen komme ich immer nur mit grossem Zeitaufwand hinweg; ich kann da im guten Fall in einem Zuge nur sehr wenig fertigbringen. Die frischen, lebhaften, feurigen Partien gehen dann ungleich rascher vonstatten: so lebe ich auch bei der technischen Ausführung «leidvoll und freudvoll» alles mit durch und hange ganz vom Gegenstande ab. Dieser letzte Akt ist nun ein wahres Wechselfieber: – tiefstes, unerhörtestes Leiden und Schmachten, und dann unmittelbar unerhörtester Jubel und Jauchzen. Weiss Gott, so ernst hat's noch keiner mit der Sache genommen, und Semper hat recht. Das hat mich auch allerneuestens wieder gegen den «Parsifal» gestimmt. Es ging mir nämlich kürzlich wieder auf, dass dies wieder eine grundböse Arbeit werden müsse.

[Luzern, 5. Juni 1859] Kind! Kind! Liebstes Kind! Das ist eine furchtbare Geschichte! Der Meister hat's wieder einmal gut gemacht!

Soeben spielte ich mir die nun ausgearbeitete fertige erste Hälfte meines Aktes vor, und ich musste mir sagen, was sich einst der liebe Gott sagte, als er fand, dass alles gut war! Ich habe keinen Menschen, mich zu loben, gerade wie's dem lieben Gott damals – vor zirka 6000 Jahren – ging, und so sagte ich mir denn unter andrem: Richard, du bist ein T–kerl! –

Ja, nun kann ich mir denken, warum mir das Zeug solche hypochondrische Not gemacht! Man hat ja da in einem fort nur Gott weiss woher? es zu holen, um nur die kleinsten Steine zum Bau herbeizuschaffen! Und bei allem Jammer und Elend soll's am Ende noch schön tönen und sich so einschmeicheln, dass die Not ins Herz kriegt, ohne es nur zu merken, was für schlimmes Zeug es ist! Es macht sich alles vortrefflich: ich habe keine Längen und Monotonien gefunden, im Gegenteil leidenschaftliches Leben, bis zum Übermut, ja bis zum Lachen der Laune! Nein, so was hab' ich noch nicht gemacht. Sie werden sich einmal wundern, wenn Sie's hören. – Jetzt Ruhe, Frieden und etwas Lächeln des Geschickes, um die zweite Hälfte noch zu vollenden! Ich muss dann wie neu geboren sein! – Helfen Sie mir! Sonst hilft mir niemand. Sie sind da draussen alle albern, alle, alle!

[Luzern, 9. Juli 1859] Ein zugelassener Laden sperrt mich gegen die Sonne ab, und ich kann mir zur Not einbilden, ich sässe im Zuchthaus. Da sehen Sie aber, dass ich noch nicht so verweichlicht und verzogen bin, wie mich mancher ausschreien möchte. Das alles ertrage ich in guter Stimmung, da sich meine Gefangenen, Tristan und Isolde, nun bald ganz frei fühlen sollen; und so entsage ich denn jetzt *mit* ihnen, um *mit* ihnen frei zu werden. Ich bin meist doch jeden zweiten Tag wenigstens glücklich in der Arbeit: dazwischen habe ich gewöhnlich einen minder guten Tag, weil der gute Tag mich immer übermütig macht und ich mich dann in der Arbeit übernehme. – Das Angstgefühl, als ob ich vor der letzten Note sterben würde, habe ich diesmal nicht: im Gegenteil bin ich der Vollendung so sicher, dass ich vorgestern auf dem Spazierritt sogar schon ein Volkslied drauf machte. Nämlich:

«Im Schweizerhof zu Luzern
Von Heim und Haus weit und fern –
Da starben Tristan und Isolde,
So traurig er und sie so holde:
Sie starben frei, sie starben gern,
Im Schweizerhof zu Luzern –
    Gehalten von Herrn
    Oberst Segessern –»

Das macht sich, auf eine Volksmelodie gesungen, recht gut: der Vreneli habe ich's am Abend vorgesungen.

[Luzern, 24. Juli 1859] Ich bin jetzt sehr leidenschaftlich mit dem Arbeiten und betrachte es immer als einen moralischen Sieg über mich, wenn ich einmal absetze und für den Tag eine Seite aufgebe. Wie mir nur sein wird, wenn ich ganz fertig bin? Noch habe ich etwa fünfunddreissig Seiten Partitur zu machen. Damit denke ich in zwölf Tagen fertig zu sein. Wie mir nur dann sein wird? Ich glaube, zunächst etwas erschöpft. Schon heute schwindelt mir der Kopf. Ach, und wie ich vom Wetter abhänge! Ist die Luft klar und frei, so ist alles mit mir anzufangen, gerade, wie wenn man mich liebt; drückt dagegen die Atmosphäre auf mich, so kann ich höchstens Trotz und Widerstand leisten, aber das Schöne wird schwer.

Mir fehlt's an Raum zur Ausdehnung. Gott, wie schliesst sich mir die Welt immer enger zu! Wieviel leichter könnte mir alles werden. Nun, wir wollen uns trösten; und am Ende kenne ich doch niemand, mit dem ich tauschte.

[Paris, 29. Oktober 1859] Ich erkenne nun, dass das besondere Gewebe meiner Musik (natürlich immer im genauesten Zusammenhang mit der dichterischen Anlage), was meine Freunde jetzt als so neu und bedeutend betrachten, seine Fügung namentlich dem äusserst empfindlichen Gefühle verdankt, welches mich auf Vermittelung und Verbindung aller Momente des Überganges der äussersten Stimmungen ineinander hinweist. Meine feinste und tiefste Kunst möchte ich jetzt die Kunst des Überganges nennen, denn mein ganzes Kunstgewebe besteht aus solchen Übergängen: das Schroffe und Jähe ist mir zuwider geworden; es ist oft unumgänglich und nötig, aber auch dann darf es nicht eintreten, ohne dass die Stimmung auf den plötzlichen Übergang so bestimmt vorbereitet war, dass sie diesen von selbst forderte. Mein grösstes Meisterstück in der Kunst des feinsten allmählichsten Überganges ist gewiss die grosse Szene des zweiten Aktes von «Tristan und Isolde». Der Anfang dieser Szene bietet das überströmendste Leben in seinen allerheftigsten Affekten – der Schluss das weihevollste, innigste Todesverlangen. Das sind die Pfeiler: nun sehen Sie einmal, Kind, wie ich diese Pfeiler verbunden habe, wie sich das vom einen zum andern hinüberleitet! Das ist denn nun auch das Geheimnis meiner musikalischen Form, von der ich kühn behaupte, dass sie in solcher Übereinstimmung und jedes Detail umfassenden klaren Ausdehnung noch nie auch nur geahnt worden ist.

Bülow 1859 über «Tristan und Isolde», Brieffragment an Franz Bendel

Mit dem Erscheinen von «Tristan und Isolde» tritt die äusserliche Situation der neudeutschen Schule in eine ganz neue Phase. Da die «Nibelungen» vorderhand in Wagners Pulte ruhen bleiben, so tritt diese einabendige Oper an die Stelle. Hier ist die Verwirklichung von Wagners Tendenzen, und zwar in ganz ungeahnter Weise. Solche Musik hat niemand von Wagner erwartet. Das knüpft direkt an den letzten Beethoven an, – keine Analogie mehr zu Weber oder Gluck. Zum «Lohengrin» verhält sich «Tristan» wie «Fidelio» zur «Entführung aus dem Serail», wie das cis-moll-Quartett zum ersten in F-dur, op. 18. Ich gestehe, aus einer Überraschung des Entzückens in die andere geraten zu sein. Welcher Musiker hier noch nicht an den Fortschritt glauben will, der hat keine Ohren. Auf jeder Seite schlägt Wagner durch sein gewaltiges, rein musikalisches Wissen. Von dieser Architektonik, dieser musikalischen Detailarbeit können Sie sich keinen zu hohen Begriff machen. An Erfindung ist «Tristan» Wagners potentestes Werk. Nichts ist so erhaben als zum Beispiel dieser zweite Akt. An verschiedenen, speziell nicht zu unserer Partei gehörigen Musikern, denen ich Fragmente mitteilte, habe ich Erfahrungen gemacht. Einer zum Beispiel war sprachlos vor Erstaunen: «Nie hätte ich so etwas von

Wagner erwartet – das ist bei weitem das Schönste, was er geschrieben – er erreicht hier das Höchste im Idealen, was die Gegenwart denken kann.» – Nach «Tristan» gibt es nur noch zwei Parteien – die Leute, die etwas gelernt, und die, welche nichts gelernt haben. Wen diese Oper nicht bekehrt, der hat keine Musik im Leibe. So reiche, klare und originale Polyphonie gibt's in nicht allzu vielen früheren Partituren ... Populär kann «Tristan und Isolde» kaum werden, aber jeder einigermassen poetisch begabte Laie wird gepackt werden müssen von der Erhabenheit und Gewalt des Genies, die sich in diesem Werke offenbaren.

«Tannhäuser»-Parodie in Wien

«Tannhäuser» war in Wien zuerst am 28. August 1857 im Thaliatheater gegeben worden, und am 19. November 1859 folgte die Premiere in der Hofoper, der Nestroy am 31. Oktober desselben Jahres im Carltheater mit seiner Parodie «Tannhäuser, Zukunftsposse mit vergangener Musik (von Karl Binder) und gegenwärtigen Gruppierungen» zuvorkam, wobei Nestroy selbst den Landgrafen Purzel darstellte.

Aus dem zweiten Akt

Landgraf Purzel (spricht zu Tannhäuser):
Mein Sohn, du hast dich schlecht benommen,
Mir ist so was noch gar nicht vorgekommen.
Statt hier heroben eine auszuwählen,

Hast du charmiert mit unterirdschen
Mamsellen!
Fehlt's etwa an Gelegenheit, hier die Cour zu
schneiden? –
Hier stengen s' dutzendweis', die aller-
schönsten Maiden.
Sogar sie, meine leibliche Nièce,
Zusammeng'setzt aus Schönheit und Nobless'.
Du wusstest es, dass sie dich liebet,
Und dennoch hast du sie so tief betrübet.
Sangst einer Hexe deinen Liebeswahnsinn
vor,
Du hast gefrevelt schwer in Liebe und Tenor,
Deshalb verbann' ich dich aus diesem
Liederzirkel,
Wo du ertönen liessest Koloratur-
Geschnirkel.

(Man hört von innen den fortziehenden Männer-gesangverein.)

Hörst du den Männergesangverein,
Den ich verbannt' aus meinen Länderein?
Mit ihm wirst du fortziehen und nicht
wiederkehren,
Solang du einen Ton noch hast, der
anzuhören.
Bei Zukunftsmusik geht wohl ohne Zweifel
Der festeste Tenor gar bald zum Teufel.
Die Heiserkeit kriegt immer mehr Frequenz,
Erkläret endlich sich in Permanenz.
Drum sprech' ich teils in Milde, teils im
Grimme:
Auf Wiedersehn, jedoch nur ohne Stimme! –

Aus dem dritten Akt

Tannhäuser (zu Wolfram):
Des Landgrafen Urteilsspruch war kannibalisch,
Die mir diktierte Strafe musikalisch.
Gemissbraucht hab' ich den mir innewohnenden Tenor,
Drum verbannt' er mich, bis ich den letzten Ton verlor;
So ausgewiesen, sucht' ich Engagement
Bei einer Bühne, wo man Opern gibt allan,
Und zwar, wo man die Zukunftsoper kultiviert,
Weil man bei der am schnellsten seine Stimm' ruiniert.
Man nahm mich freudig an ob meines Atems Länge
Und meiner Lunge Kraft für diese Art Gesänge ...

So ging's und ging es fort, ich schrie im Übermass,
Ich sang drauflos, wusst' selber oft nicht, was.
Und trotzdem hab' ich doch die Stimme nicht verloren,
Doch ward mir endlich bang für meine Ohren.
Posaunen, Bombardons, Trompeten und Tamtam,
Das reisst das stärkste Trommelfell ja endlich z'samm'!

Wagner und Liszt.
Karikatur im «Kladderadatsch» 1856.

Mag zürnen mir der Landgraf hierfür, wie er will,
Ich halt' es nicht mehr aus, was z'viel ist, ist zuviel!
Wenn sich das weiter fortspinnt in die Länge,
So kommt's am Ende noch auf die Volksgesänge!
Wie soll'n die Leut' denn das prestieren mit den Lungen? –
Wenn drausst beim Heurigen nicht mehr wie früher wird gesungen? – …

Fest entschlossen steig' ich wieder
In das Reich der Venus nieder.
Froh ertönen dort Gesänge
Und der Wonne heitre Klänge.
Hier oben ward mir mein Tenor vergällt,
So sing' ich unten in der Feenwelt!

Berlioz

Wagner in einem Brief an Ferdinand Heine

[Paris, 27. März 1841] Das erste, was ich von ihm hörte, war seine «Romeo-und-Julia»-Symphonie, in der mich der Ungeschmack der äussern Ökonomie heftig von dem genialen Musiker zurückstiess. Die Sache ist die: Berlioz steht unter den Franzosen so ganz *allein* da, dass er, alles notwendigen Stützpunktes entbehrend, gezwungen ist, in einer phantastischen Irre herumzutappen, die ihm eine *schöne* Entwicklung seiner enormen Kräfte erschwert, ja vielleicht unmöglich machen wird. Er ist und bleibt eine abgerissene Erscheinung, aber er ist Franzos im vollen Sinne des Worts. Wir Deutschen sind glücklich; denn wir haben unsern Mozart und Beethoven im Blute und wissen, wie wir unsre Pulse schlagen lassen sollen. Berlioz hat aber keinen Vorgänger, und er ist zu einem ewigen Fieber verdammt. Nichtsdestoweniger aber tun wir in Deutschland Berlioz ein himmelschreiendes Unrecht, wenn wir ohne den geringsten Grund ihn uns als einen Charlatan vorstellen. Im Gegenteil steht seine äussere Erscheinung in einem seltenen Einklange mit seinem innern Genius. – Was er gibt, gibt er aus seinem innersten Innern, er verzehrt sich und ist der einzige französische Komponist, der nach seinem Succès nicht fett wird. Er ist eine hochpoetische Natur, und dies ist um so wunderbarer, da er im übrigen so ganz Franzos ist und sich nur in den äussersten Extremen ausdrücken kann. Es ist nicht lange her, dass ich meine Ansicht über Berlioz begründete, eigentlich erst, seit ich vor ungefähr drei Monaten seine «Symphonie Fantastique» hörte. Zugleich aber habe ich dabei auch gefunden, dass eine grosse Rechtfertigung für die exzentrischen Mittel, sich äusserlich auszusprechen, in den verführerischen Kräften des Orchesters liegt, für das er komponiert; unwillkürlich hat er sich verleitet gefühlt, die instrumentale Musik in die Virtuosität hinüberzuführen.

Berlioz 1842 in einem Brief aus Dresden an H. W. Ernst (aufgenommen in die «Mémoires» von Berlioz)

Was den jungen Kapellmeister Richard Wagner anbelangt, der lange in Paris lebte, ohne sich anders als durch einige Artikel in der «Gazette musicale» bemerkbar machen zu können, sollte er zum ersten Mal sein Amt ausüben, indem er mich bei meinen Proben unterstützte, was er dann auch mit Eifer und in bester Laune tat. Seine feierliche Einführung in die Kapelle mit Eidesleistung hatte am Tag nach meiner Ankunft stattgefunden, und ich traf ihn in entsprechend gehobener Stimmung. Nachdem er in Frankreich tausend Entbehrungen und all das Ungemach eines nicht Beachteten erduldet hatte, war Wagner in seine sächsische Heimat zurückgekehrt. Er hatte die Kühnheit, eine Oper in fünf Akten [«Rienzi»] mit eigenem Text in Angriff zu nehmen, und das Glück, sie zu vollenden. Das Werk hatte in Dresden einen glänzenden Erfolg. Bald darauf schrieb er den «Fliegenden Holländer», Text wie Musik ebenfalls von ihm. Wie immer man diese Werke einschätzen mag, muss man auf jeden Fall zugeben, dass es eine ungewöhnliche Leistung darstellte, eine solche literarisch-musikalische Doppelarbeit zweimal mit Erfolg durchzuführen, und dass Wagner eine mehr als gültige Talentprobe erbracht hat, um die allgemeine Aufmerksamkeit auf sich zu lenken. Das hat auch der König von Sachsen ganz begriffen, als er seinem ersten Kapellmeister [Reissiger] Richard Wagner beigab ...

Die Oper «Rienzi», deren Dauer das in Deutschland übliche Mass weit überschreitet, wird heute nicht mehr auf einmal gegeben; man spielt an einem Abend die beiden ersten Akte, an einem andern die drei letzten. Ich habe nur diesen zweiten Teil gesehen und konnte mir bei einmaligem Anhören noch keine schlüssige Meinung bilden. Ich erinnere mich an ein schönes Gebet, das Rienzi (Tichatschek) im letzten Akt singt, und an einen Triumphmarsch, der ohne sklavische Nachahmung dem glänzenden Marsch von «Olympia» [Spontini] nachgebildet ist. Die Partitur des «Fliegenden Holländers» schien mir bemerkenswert durch ihr dunkles Kolorit und die dem Stoff entsprechenden Sturmwirkungen, aber ich musste dabei auch ein Übermass im Gebrauch des Tremolo feststellen, um so bedenklicher, als es mir schon in «Rienzi» aufgefallen war, – das weist beim Autor auf ein gewisses Sichgehenlassen hin, vor dem er sich nicht genug hütet... Aber wie immer dem sei, man muss, ich wiederhole es, die königliche Entscheidung ehren, die einen jungen Künstler mit so kostbaren Gaben gewissermassen gerettet hat.

Wagner in seinem Werke «Oper und Drama» von 1851

Hector Berlioz ist der unmittelbare und energischste Ausläufer Beethovens nach *der* Seite hin, von welcher sich dieser abwandte, sobald er von der Skizze zum wirklichen Gemälde vorschritt. War es eine Ahnung davon, dass Beethovens vollendetstes Gemälde, seine letzte Symphonie, auch das letzte Werk dieser Art überhaupt bleiben würde, die Berlioz, der nun auch grosse Werke schaffen wollte, nach eigensüchtigem Ermessen davon abzog, an jenen Gemälden des Meisters eigentlichen Drang zu erforschen, – diesen Drang, der wahrlich ganz woanders hinging als nach Sättigung phantastischer Willkür und Laune? ... In dem Bestreben, die seltsamen Bilder seiner grausam erhitzten Phantasie aufzuzeichnen und der ungläubigen ledernen Welt seiner Pariser Umgebung genau und handgreiflich mitzuteilen, trieb Berlioz seine enorme musikalische Intelligenz bis zu einem vorher ungeahnten technischen Vermögen ... Berlioz selbst reizte beim Beginn seiner künstlerischen Laufbahn gewiss nicht der Ruhm eines bloss mechanischen Erfinders; in ihm lebte wirklich künstlerischer Drang, und dieser Drang war brennender, verzehrender Natur, ... das macht ihn – ausser zum warnenden Beispiel – um so mehr zu einer tief bedauernswürdigen Erscheinung, als er noch heute von wahrhaft künstlerischem Sehnen verzehrt wird, wo er doch bereits rettungslos unter dem Wuste seiner Maschinen begraben liegt.

Aus Wagners Briefen an Mathilde Wesendonck

[Paris, 23. Oktober 1859] Vor einiger Zeit suchte ich Berlioz auf. Ich traf ihn soeben zu sich nach Hause kommend in einem jammervollen Gesundheitszustande; er hatte sich soeben elektrisieren lassen, als letztes Mittel gegen seinen leidenden Nervenzustand. Er schilderte mir seine Qualen, die mit dem Erwachen beginnend immer wachsend sich seiner bemächtigen: ich erkannte ganz meine eigenen Leiden und die Quelle, aus der sie sich endlich bis zum Übermass nähren, worunter ich namentlich die jedem andren Menschen völlig fremden, unglaublichen nervösen Anstrengungen beim Dirigieren oder sonstigem leidenschaftlichen Vortrage rechne.

[Paris, 3. März 1860] Berlioz ist dem Neid verfallen: meine Anstrengungen, mich ihm als Freund erhalten zu können, sind durch die ihm unerträglich glänzende Aufnahme meiner Musik erfolglos geworden. Er findet sich in Wahrheit durch mein Erscheinen in Paris, am Vorabend einer Aufführung seiner «Trojaner», empfindlich gekreuzt; auch hat ihm sein Unstern ein böses Weib gegeben, das sich bestechen lässt, um ihren sehr leidenden und schwachen Mann zu bestimmen. Sein Benehmen gegen mich war ein stetes Schwanken zwischen freundschaftlicher Neigung und Abprall von dem Beneideten.

[Paris, 23. Mai 1860] Zu Haus fand ich die neueste Nummer des «Journal des Débats»: darin ein Artikel von Berlioz über «Fidelio». Ich hatte seit meinen Konzerten Berlioz nicht wiedergesehen: er hatte sich seitdem zu immer grösseren Feindseligkeiten und hämisch versteckten Ausfällen verleiten lassen: ich musste den Unglücklichen um so mehr aufgeben, da alle Versuche im anderen Sinne von ihm eigentlich nur als Beleidigungen empfunden werden mussten. Nun war ich durch diesen Artikel über «Fidelio» sehr erfreut, und aller Möglichkeit, ja Wahrscheinlichkeit eines ähnlichen Missverständnisses seinerseits trotzend, schrieb ich ihm etwa folgendes: «Soeben las ich Ihren Aufsatz über ‹Fidelio›. Seien Sie tausendmal dafür bedankt! Es ist für mich eine ganz besondere Freude, die reinen und edlen Akzente des Ausdruckes einer Seele, einer Intelligenz zu vernehmen, welche die innigen Geheimnisse der Schöpfung eines andren Heros der Kunst vollkommen versteht und sich aneignet. Es gibt Augenblicke, wo mich das Innewerden eines solchen Aktes der Würdigung fast mehr entzücken kann als das gewürdigte Werk selbst, wohl weil hierdurch es sich deutlich bezeugt, dass eine ununterbrochene Kette grosse Geister zusammenfasst, welche einzig durch dieses Band davor geschützt sind, jemals in das Unbegriffensein zu verfallen.» Wie soll mich's freuen, wenn er das gut aufnimmt. Als ich nochmals den Artikel durchlas, bemerkte ich zwar, wie unendlich viel Berlioz selbst in dieser Würdigung Beethovens noch von mir entfernt steht; seinerseits noch viel zuviel Beachtung der äusserlichen Momente des Kunstwerkes und demzufolge noch eine mir ganz unbegreifliche Aufmerksamkeit auf die Beifallsbezeugungen, womit dieses Kunstwerk aufgenommen wird. Immerhin aber sah ich, wie einsam selbst auf dieser Stufe Berlioz noch steht, und wie töricht er ist, sich der einzigen Erquickung in solcher Stellung durch rückhaltloses Erfassen des Verwandten zu berauben. Aber der Neid –: mein Gott!

Berlioz antwortete auf den erwähnten Brief Wagners am 23. Mai 1860 mit einem dreiseitigen freundschaftlichen Brief, in dem es heisst (aus dem Französischen):

Ich weiss, dass Sie noch Illusionen hegen. Was mich anbetrifft, sehe ich die Dinge seit manchen Jahren so, wie sie sind ... Sie sind wenigstens voll Feuer, bereit zum Kampf; ich meinerseits bin nur noch bereit, zu schlafen und zu sterben.

Wagner in einem Gespräch zu Edouard Schuré, München 1865

Er sprach mit Bewunderung von Berlioz, den er in seinem Werke «Oper und Drama» ein wenig zu frei behandelt hatte, vor dem er aber eine grosse Hochachtung hegte und dem er zugestand, dass er von dessen Entdeckungen auf dem Gebiete der Instrumentierung im Grunde viel Nutzen gezogen habe. «Es gibt», sagte er, «in einem einzigen Satz von Berlioz mehr geistige Schöpferkraft als in allen Opern Meyerbeers.»

Baudelaire

Ein klassisches Dokument der Wagner-Begeisterung, die manche Zeitgenossen mit der Gewalt eines Naturereignisses erfasste, ist der Brief, den der französische Dichter am 17. Februar 1860 an Wagner schrieb:

Mein Herr,
Ich habe mir immer vorgestellt, dass ein grosser Künstler, wie sehr er auch des Ruhms gewohnt sein mag, nicht unempfindlich für ein aufrichtiges Kompliment bleiben werde, wenn es sich dabei geradezu um einen Schrei der Dankbarkeit handle, und dass dieser Schrei seinen eigenen Wert haben könnte, wenn er von einem Franzosen kommt, das heisst einem Menschen, der wenig zur Begeisterung neigt und der in einem Land geboren ist, wo man sich auf die Dichtkunst und die Malerei kaum mehr versteht als auf die Musik. Vor allem muss ich Ihnen sagen, dass ich Ihnen den grössten musikalischen Genuss meines Lebens verdanke. Ich bin in dem Alter, wo man kaum mehr Gefallen daran hat, berühmten Leuten zu schreiben, und ich hätte noch lange gezögert, Ihnen schriftlich meine Verehrung zu bezeugen, fiele mein Blick nicht täglich auf unwürdige, lächerliche Artikel, in denen alles Erdenkliche aufgeboten wird, um Ihr Genie zu verleumden. Sie sind ja nicht der erste Mensch, Monsieur, dessentwegen ich gelitten habe und für mein Land errötet bin. Die Empö-

rung hat mich schliesslich dazu getrieben, Ihnen meine Dankbarkeit zu bezeugen. Ich habe mir gesagt: ich muss mich unterscheiden von all diesen Dummköpfen.

Als ich zum ersten Mal ins Théâtre des Italiens ging, um Ihre Werke zu hören, war ich ziemlich schlecht aufgelegt und sogar, wie ich gestehen muss, voll dummer Vorurteile. Aber das lässt sich entschuldigen, ich war schon so oft zum Narren gehalten worden, ich habe schon so viele Musik anmassender Charlatane gehört. Sie aber haben mich im Augenblick bezwungen. Was ich empfand, ist unbeschreiblich, und wenn Sie geruhen, nicht zu lachen, will ich versuchen, es Ihnen zu übersetzen. Zunächst wollte es mir vorkommen, als kenne ich diese Musik, und als ich später darüber nachdachte, begriff ich, woher diese Luftspiegelung kam. Es schien mir, dies sei meine Musik, und ich erkannte sie wieder, wie jeder Mensch die Dinge wiedererkennt, die er zu lieben bestimmt ist. Für jedermann, ausser einen Mann von Geist, könnte dieser Satz unendlich lächerlich klingen, vor allem, wenn ihn einer schreibt, der wie ich nichts von Musik versteht und dessen ganze Erfahrung sich darauf beschränkt, dass er, mit grossem Vergnügen übrigens, einige schöne Stücke von Weber und Beethoven gehört hat.

Was ich sodann vor allem empfand, ist der Eindruck von Grösse. Das stellt Grösse dar, das drängt zum Grossen. Überall in Ihren Werken habe ich die Feierlichkeit der grossen Klangballungen, der grossen Ausblicke in die Natur und die Erhabenheit der grossen menschlichen Leidenschaften gefunden. Man empfindet sich sogleich entrückt und überwältigt. Eines der seltsamsten Stücke und eines von denen, die mir ein ganz neues musikalisches Erlebnis vermittelt haben, ist das, in dem eine religiöse Verzückung dargestellt ist. Der Eindruck, der durch den Einzug der Gäste [in «Tannhäuser»] und durch die Hochzeitsfeier [in «Lohengrin»] hervorgerufen wird, ist ungeheuer. Ich habe die ganze Erhabenheit eines Lebens von grösserer Weite als das unsrige empfunden. Und noch etwas anderes: oft hatte ich ein Gefühl recht ausgefallener Art, nämlich den Stolz und die Genugtuung, zu verstehen, durchdrungen und übermannt zu sein, eine geradezu sinnliche Wollust, so etwa, wie wenn man glaubt, sich in die Lüfte erheben oder über Wellen schreiten zu können. Und gleichzeitig atmete die Musik bisweilen das Hochgefühl des Lebens. Meist schienen mir diese tiefen Harmonien Reizmitteln zu gleichen, die den Puls der Phantasie beschleunigen. Schliesslich habe ich – und ich bitte inständig, nicht zu lachen – Empfindungen gehabt, die mit meinem Geisteszustand und meinen vorwiegenden Beschäftigungen zusammenhängen. Überall hat es etwas Erhabenes und Erhebendes, etwas Massloses und Superlativisches. Zum Beispiel stelle ich mir, um mich eines Beispiels aus der Malerei zu bedienen, eine Weite in dunkelm Rot vor. Wenn dieses Rot die Leidenschaft darstellt, sehe ich es gradweise, durch alle Übergänge von Rot und Rosa, bei der Weissglut des Schmelzofens enden. Es schiene schwierig, wenn nicht unmöglich, eine noch intensivere Glut zu erreichen, und doch zeichnet ein letzter Funke eine noch weissere Spur auf den weissen Grund. Das ist dann, wenn Sie wollen, der Schrei der aufs höchste erregten Seele.

Ich habe versucht, einige meiner Gedanken über die Fragmente aus «Tannhäuser» und «Lohengrin», die wir gehört haben, niederzuschreiben, aber ich musste die Unmöglichkeit einsehen, alles zu sagen.

So könnte ich diesen Brief noch endlos fortsetzen. Wenn es Ihnen gelungen ist, mich zu lesen, danke ich Ihnen. Es bleiben mir nur wenige Worte beizufügen. Seitdem ich Ihre Musik gehört habe, sage ich mir unaufhörlich, besonders aber in schlechten Stunden: wenn ich nur heute abend etwas Wagner hören könnte! Zweifellos gibt es noch andere Menschen, die gemacht sind wie ich. Alles in allem müssen Sie doch zufrieden gewesen sein mit dem Publikum, dessen Instinkt sich dem miserablen Fachwissen der Journalisten so weit überlegen gezeigt hat. Warum geben Sie nicht einige weitere Konzerte, unter Hinzufügung weiterer Stücke? Sie haben uns einen Vorgeschmack der neuen Genüsse gegeben, – haben Sie da das Recht, uns das übrige vorzuenthalten? Einmal mehr, mein Herr, ich danke Ihnen. Sie haben mich zu mir selbst zurückgeführt in meinen trüben Stunden, zu dem, was gross ist.

Ch. Baudelaire

Ich füge meine Adresse nicht bei, sonst könnten Sie vielleicht annehmen, dass ich etwas von Ihnen wolle.

Das französische Original dieses Briefes wurde während der Inflationszeit von Cosima nach Frankreich verkauft und befindet sich jetzt in der Bibliothèque Sainte-Geneviève.

Wagners Besuch bei Rossini, Paris 1860

E. Michotte berichtet in seiner Schrift «La visite de R. Wagner à Rossini» an Hand der von ihm während der Zusammenkunft gemachten Notizen:

Es war im Winter 1860. Wagner wohnte rue Newton No 16 bei der Barrière de l'Etoile in einem kleinen, seither abgerissenen Hotel, das er zum Teil mit den aus Zürich mitgebrachten Möbeln ausgestattet hatte. In diesem Heim führte er ein zurückgezogenes Leben; er ging fast nur aus, um im nahen

Bois de Boulogne seinen täglichen Spaziergang zu machen, begleitet von einem lebhaften Hündchen, das er gern um sich herumspringen sah. Den Rest des Tages sass er zusammen mit Edmond Roche emsig über der Übersetzung des «Tannhäuser». In den Pausen widmete er sich der Tetralogie und legte die letzte Hand an die Instrumentierung dieses gigantischen Werkes. Seine erste Gattin besorgte ihm den Haushalt, eine bürgerlich einfach wirkende Frau, die sich ganz im Hintergrund hielt.

Abends, besonders am Mittwoch, empfing er einige seiner wenigen Freunde – es mögen ihrer etwa ein Dutzend gewesen sein, darunter Gasperini, Edmond Roche, Villot, Hans von Bülow, Champfleury, Gustave Doré, Lacombe, Stephen Heller, Emile Olivier und dessen junge Frau (Tochter von Liszt). Ich hatte das Glück, zu diesen Hausfreunden zu gehören. Wagner, der in Paris wenig Beziehungen hatte und sie auch nicht suchte, fühlte sich entspannt im Kreise dieser paar Getreuen. Kaum zeigte die Hausglocke die Ankunft eines der Freunde an, eilte er ihm auch schon freudig erregt entgegen. In der Unterhaltung konnte er sehr ausgelassen sein. Bald überraschte er uns durch seine von hohem Geistesflug getragenen Gedanken über Ästhetik, Geschichte, Philosophie, dann wieder sprudelte er von witzigen Einfällen, in denen bisweilen ein lausbubenhafter Humor durchbrach. Er drückte sich ziemlich gewandt in französisch aus; wenn sich aber seine Gedanken überstürzten, improvisierte er in der Ungeduld, den passenden Ausdruck zu finden, die merkwürdigsten Wortbildungen.

Wagner machte nicht gern Besuche, aber er hatte sich nicht der Höflichkeitspflicht entziehen können, bei einigen der führenden Persönlichkeiten des musikalischen Paris vorzusprechen. So sah er Auber, Halévy, Ambroise Thomas, etc., und er kannte Gounod. Hier einige seiner Eindrücke, wie er sie im vertrauten Kreise äusserte:

«*Halévys* Opern – Fassadenmusik. Könnt ihr's glauben, dass ich sie in meiner Jugend aufrichtig bewunderte? Der Mann, den ich jetzt sah, schien mir kalt, dünkelhaft, wenig sympathisch.

Auber macht die Musik, die seiner Persönlichkeit entspricht. Er ist durch und durch Pariser, geistreich, voller Höflichkeit und – sehr schillernd, wie man weiss. All dies spiegelt sich in seinen Partituren. Als Menschen mag ich ihn gern, als Musiker schätze ich ihn sehr.

Rossini habe ich noch nicht gesehen. Man karikiert ihn als dicken Epikuräer, gefüllt nicht von Musik – die seit langem erschöpft ist –, sondern von Mortadella.

Gounod: ein beschwingter Künstler, aber dauernd in Ohnmacht. Im Gespräch ein unwiderstehlicher Charmeur. Manierierter Melodiker. Ihm fehlen Tiefe und Weite, bestenfalls streift er sie.» Als daraufhin Champfleury einwarf, in den so melodienreichen Rollen von Faust und Margarete, besonders in der Gartenszene, habe Gounod immerhin einen in der französischen Oper bisher unbekannten ausdrucksvollen Ton angeschlagen, platzte Wagner los: «Haha, ich habe diese Theaterparodie unseres deutschen ‹Faust› gesehen! Faust und sein Kumpan Mephisto machten mir ganz den Eindruck von zwei unternehmungslustigen Studenten des Quartier Latin, die einer Studentin nachsteigen. Und die Musik: oberflächliche Sentimentalität. Dabei hat Gounod wirklich Talent, es fehlt ihm aber der grosse Zug für einen tragischen Stoff, und ich hoffe nur, dass er in Zukunft seine Libretti besser zu wählen versteht!»

Was nun Rossini anbelangt, wusste Wagner um meine engen Beziehungen zu dem italienischen Meister, aber er schreckte vor einer Begegnung zurück, nachdem einige Zeitungen, die den Schöpfer der «Zukunftsmusik» unaufhörlich mit ihrem Sarkasmus verfolgten, allerlei – erfundene – boshafte Aussprüche Rossinis kolportiert hatten. So erzählte man sich etwa, der Schöpfer des «Barbiere» habe seinen Gästen an einem seiner wöchentlichen Diners einen «Turbot à l'allemande» vorgesetzt, der nur aus einer opulenten Sauce ohne Turbot bestand, wozu Rossini, die Sauce mit Gusto schlürfend, bemerkt habe: «Wundern Sie sich nicht. Das ist wie mit der Musik von Wagner – gute Sauce, aber kein Turbot, – keine Melodie!»

Ich konnte Wagner versichern, dass Rossini erhaben sei über solches Geschwätz – in der Tat hat der Maestro den Zeitungen selbst ein Dementi der von ihnen verbreiteten «mauvaises blagues» zugestellt – und dass Rossini ihn sicher sehr gern empfangen würde. Dieser bewohnte damals ein Appartement in der ersten Etage des Eckhauses Boulevard des Italiens / Chaussée-d'Antin, dort, wo vordem das Haus von Grimm stand, in dem Mozart einkehrte. Der Maestro hielt sich fast immer in seinem Eckraum neben dem grossen Esszimmer auf. Dort befanden sich sein Bett, sein Schreibtisch, ein Sekretärmöbel und ein Klavier, und dort pflegte er auch seine Besucher zu empfangen. Da er bei unserer Ankunft gerade sein Frühstück beendete, mussten wir einige Minuten warten, bis uns der Diener zu ihm hineinbat.

Rossini: Ah, Monsieur Wagner, dem neuen Orpheus gleich, fürchten Sie sich nicht, diese Schwelle zu überschreiten? Ich weiss, man hat mich bei Ihnen sehr angeschwärzt, man schreibt mir alle möglichen Sottisen zu, die durch nichts gerechtfertigt sind. Und warum sollte ich so lästern? Ich bin kein Mozart und kein Beethoven. Ich erhebe auch nicht den Anspruch, ein Gelehrter zu sein, aber ich bemühe mich, höflich zu sein, und ich werde mich davor hüten, einen Musiker zu beleidigen, der wie Sie, nach dem, was man mir sagt, bestrebt ist, die Grenzen unserer Kunst zu erweitern. Was nun eine Missachtung Ihrer Musik anbelangt, müsste ich sie dazu erst kennen, und um sie zu kennen, müsste ich sie auch im Theater hören, denn nur im Theater und nicht allein, indem man die Partitur durchsieht, vermag man eine für die Bühne bestimmte Musik angemessen zu beurteilen. Die einzige Ihrer Kompositionen, die ich kenne, ist der Marsch aus «Tannhäuser», ich habe ihn mehrmals in Kissingen gehört, als ich zur Kur dort weilte. Er war sehr wirkungsvoll, und ich kann aufrichtig versichern, dass er mir ausgezeichnet gefallen hat. Aber jetzt, nachdem die Missverständnisse zwischen uns beseitigt sind, müssen Sie mir erzählen, wie es Ihnen in Paris ergeht. Soviel ich weiss, stehen Sie in Verhandlungen über die Aufführung Ihrer Oper «Tannhäuser»?

Wagner (sichtbar beeindruckt von dieser wohlmeinenden Eröffnung, voller Ehrerbietung): Erlauben Sie mir, verehrter Meister, herzlich zu danken für diese wohlwollende Begrüssung. Ich bin höchst beeindruckt von Ihren Worten. Sie bestätigen mir die Grösse und Vornehmheit Ihres Charakters, an denen ich übrigens nie gezweifelt habe. Und seien Sie bitte versichert, dass ich mich auch dann, wenn Sie sich höchst kritisch über mich geäussert haben sollten, keineswegs beleidigt fühlen würde. Ich weiss, dass meine Werke es an sich haben, irrtümliche Auslegungen hervorzurufen. Die Darlegung eines so umfassenden Systems neuer Ideen mag auch bei den gutwilligsten Beurteilern zu Missverständnissen Anlass geben. Deshalb liegt mir auch so ausserordentlich viel daran, meine Absichten durch ungekürzte und möglichst untadelige Vorstellungen meiner Opern zu belegen.

Rossini: Was nur richtig ist. Denn die Taten zählen mehr als die Worte.

Wagner: Mein ganzes Bemühen geht, um einen Anfang zu machen, augenblicklich auf eine Aufführung des «Tannhäuser». Carvalho schien mir recht geneigt, das Abenteuer zu wagen, aber es ist noch nichts entschieden. Unglücklicherweise scheint sich eine Bewegung gegen mich, die sich seit langem in der Presse bemerkbar macht, zu einer wahren Kabale auszuweiten.

Rossini: Welcher Komponist hätte nicht unter ihr zu leiden gehabt, der grosse Gluck selbst nicht ausgenommen? Auch ich bin nicht davon verschont geblieben, das können Sie mir glauben. Am Abend der «Barbiere»-Premiere, an der ich gemäss dem damaligen Brauch in Italien die Rezitative am Clavicembalo begleitete, musste ich mich vor dem ausser Rand und Band geratenen Publikum retten – ich glaubte, man werde mich umbringen. Hier in Paris, wohin man mich 1824 in die Leitung des Théâtre Italien berufen hatte, empfing man mich mit dem Spitznamen Monsieur Vacarmini, und der ist mir geblieben. In gewissen Musiker- und Kritikerkreisen wurde man nicht müde, mich übel herzurichten, darin war man sich wunderbar einig. Und in Wien ging es mir auch nicht anders, als ich dort meine Oper «Zelmira» gab. Weber selbst, der übrigens schon seit langem fulminante Artikel gegen mich publiziert hatte, verfolgte mich anschliessend an die Aufführungen meiner Opern im Théâtre Italien des Hofes unerbittlich weiter.

Wagner: Ich weiss, Weber konnte sehr unduldsam sein. Unverträglich wurde er vor allem dann, wenn es ihm um die Verteidigung der deutschen Kunst ging. Und das ist vielleicht verzeihlich. Was für ein Genie! Und so vorzeitig gestorben!

Rossini: Ja, ein Genie, das war er, dieser Weber. Denn er war schöpferisch und kraftvoll, ganz original, er hat niemand nachgemacht. In Wien habe ich ihn nicht kennengelernt, aber als er sich hier in Paris vor seiner Abreise nach England einige Tage aufhielt, habe ich ihn getroffen. [Es folgt die Schilderung von Webers Besuch bei Rossini. Weber war bereits von der tödlichen Krankheit gezeichnet.] Aber wir wollten uns ja über Kabalen unterhalten. Hier meine Meinung dazu: die einzige Waffe dagegen ist Schweigen und Gleichgültigkeit, das wirkt mehr, glauben Sie mir, als Aufbrausen und Zurückschiessen. Der Übelwollenden ist Legion. Wer sich allein mit diesem Pack einlassen oder gar mit ihm kämpfen will, wird nie den letzten Schlag austeilen. Für meinen Teil pfeife ich auf diese Angriffe... Und wenn Sie mich heute in einer Perücke sehen, kann ich Ihnen versichern, dass meine Widersacher den Ausfall auch nicht eines Haares auf ihr Konto buchen können.

Wagner: Dafür steckt in Ihrem Kopf, Maestro, auch so viel und sind Sie beim Publikum eine solche Macht, dass Sie jene Narren ruhig an Ihrer Gleichgültigkeit abblitzen lassen können. Aber haben Sie nicht eben, als Sie über Weber sprachen, auch angedeutet, dass Sie Beethoven begegnet sind?

Rossini: So ist es. Das war in Wien, zur Zeit, von der ich Ihnen sprach, 1822, als meine Oper «Zelmira» gegeben wurde. In Mailand hatte ich bereits Quartette von Beethoven kennengelernt, und ich brauche Ihnen nicht zu sagen, wie sehr ich sie bewunderte. Ich kannte von ihm auch einige Klavierwerke. In Wien hörte ich zum ersten Mal eine Aufführung der «Eroica». Diese Musik erschütterte mich. Ich hatte nur den einen Wunsch, dieses grosse Genie kennenzulernen, ihn wenn auch nur ein einziges Mal zu sehen. [Rossini schilderte nunmehr, wie er sich zur Vermittlung eines Besuchs an Salieri wandte, von diesem an den Dichter Carpani verwiesen wurde und schliesslich bei Beethoven vorsprach. Er wurde mit den Worten empfangen: «Ah, Rossini, Sie also sind der Autor des ‹Barbiere di Sevilla›? Ich gratuliere Ihnen dazu, das ist eine ausgezeichnete Opera buffa. Versuchen Sie nie etwas anderes zu machen als eine Opera buffa!» Zwischen der Schilderung seines Besuchs kam Rossini auch noch auf die Entstehung seines «Barbiere», auf sein Zusammentreffen mit Mendelssohn in Frankfurt und seine missglückte Hilfsaktion für Beethoven zu sprechen, um sich dann ganz seinem Besucher zuzuwenden:] Aber nun genug von den andern, denen von gestern und vorgestern. Unterhalten wir uns ein wenig über die Gegenwart und, wenn Sie damit einverstanden sind, Monsieur Wagner, vor allem über die *Zukunft,* erscheint doch Ihr Name in der Öffentlichkeit meist untrennbar von diesem Epitheton. Ich sage dies ganz ohne maliziösen Hintergedanken. Aber sagen Sie mir zunächst einmal: haben Sie sich für dauernd in Paris niedergelassen? Was Ihre Oper «Tannhäuser» anbelangt, ich bin sicher, dass Sie die Aufführung durchsetzen werden. Man hat bereits zu viel Lärm um dieses Werk gemacht, als dass die Pariser auf die Befriedigung ihrer Neugier, es nun auch zu hören, verzichten würden. Liegt die Übersetzung bereits vor?

Wagner: Sie ist noch nicht beendet. Ich arbeite noch daran, mit Hilfe eines sehr geschickten und vor allem sehr geduldigen Mitarbeiters. Denn zum Verständnis des musikalischen Ausdrucks muss gewissermassen jedes französische Wort mit dem Sinn des der musikalischen Notierung zugrunde liegenden deutschen Wortes in Übereinstimmung gebracht werden. Das ist eine überaus heikle Aufgabe.

Rossini: Aber warum schreiben Sie nicht gleich eine Oper auf französischen Text, wie es schon Gluck, Spontini und Meyerbeer getan haben? Sie können sich ja hier an Ort und Stelle von dem vorherrschenden Geschmack überzeugen und auf die dem französischen Temperament eigenen Vorlieben im Theater einstellen! So wenigstens habe ich es gemacht, als ich von Italien wegging, meine italienische Laufbahn aufgab und mich in Paris niederliess.

Wagner: Was mich anbelangt, Maestro, glaube ich nicht, dass ich dazu fähig wäre. Nach «Tannhäuser» habe ich «Lohengrin» geschrieben, dann «Tristan und Isolde». Diese drei Opern bringen sowohl in literarischer wie in musikalischer Beziehung eine fortschreitende Verwirklichung meiner Idealvorstellung vom Musikdrama. Meine Art zu schreiben hängt untrennbar mit dieser Entwicklung zusammen. Und wenn ich es mir heute auch durchaus zutraue, noch andere Werke im Stil des «Tristan» zu schreiben, so erkläre ich mich doch gänzlich ausserstande, wieder auf meine Art im «Tannhäuser» zurückzukommen. Auch wenn es nun dazu käme, dass ich für Paris und auf einen französischen Text komponieren müsste, könnte und dürfte ich keinem andern Weg folgen als dem, der mich zu «Tristan» geführt hat. Ein solches Werk aber, das alle eingenistete Opernkonvention über den Haufen wirft, hätte beim heutigen Stand der Dinge bestimmt keine Aussicht, den Beifall der Franzosen zu finden.

Rossini: Erzählen Sie mir, was für Sie der Ausgangspunkt Ihrer Reformen war!

Wagner: Ich bin ganz von selbst darauf gekommen. Meine Zweifel am bisherigen System begannen mit meinen ersten Versuchen, die mich nicht befriedigten, und der Kern der Reformen erschloss sich mir eher aus der poetischen Idee als aus einer musikalischen Konzeption. Meine ersten Arbeiten waren denn auch vor allem literarischer Art. In meinem Bemühen, den poetischen Ausdruck durch die Sprache der Töne zu steigern, bedauerte ich, wie sehr die Freiheit, in der sich mein geistiges Ideal bewegte, durch die herrschende routinemässige Form des Musiktheaters eingeengt wurde. Diese Aria di bravura, diese faden Duette, alle nach dem gleichen Schema fabriziert, und all das übrige Beiwerk, das die szenische Handlung ohne jeden ersichtlichen Grund unterbrach! Dann die Septette! Denn jede Oper, die etwas gelten sollte, musste ja ihr feierliches Septett haben, wo die handelnden Figuren, ihre Rollen im Stich lassend, sich an der Rampe aufreihten, um in einträchtiglicher Übereinstimmung (und oft was für eine Übereinstimmung, mein Gott!) dem Publikum ihre abgeschmackten Schablonen vorzutragen!

Rossini (ihn unterbrechend): Und wissen Sie, wie wir das zu meiner Zeit in Italien nannten? Le rang des artichauts [der Reigen der Artischocken]! Ich muss zugeben, dass mir das Lächerliche der Sache durchaus bewusst war. Ich hatte dabei immer wieder den Eindruck einer Bande von Facchini, die sich ein Trinkgeld ersingen wollen. Aber was liess sich da machen? Es war nun mal so Sitte, eine Konzession, die man dem Publikum schuldig war, wenn man nicht riskieren wollte, mit faulen Äpfeln beworfen zu werden.

Wagner (unbeirrt fortfahrend): Und was das Orchester anbelangt: stets die gleiche Routinebegleitung, farblos, unablässig seine Figuren wiederholend, ohne Rücksicht auf Personen und Situationen, – diese ganze Konzertmusik, ohne Zusammenhang mit der Handlung, verdankte ihr Vorhandensein einzig und allein der *Konvention.* Eine Musik aber, die auch die bedeutendsten Opern immer wieder störend unterbricht, schien mir dem gesunden Menschenverstand zu widersprechen und unvereinbar mit den hohen Aufgaben einer Kunst, die ihres Namens würdig ist...

Rossini: Sie fordern also, wenn ich recht verstehe, die konsequente, rasche und gleichmässig fortschreitende Abwicklung der dramatischen Handlung. Indessen: wie lässt sich diese von der literarischen Unterlage geforderte Freiheit in Verbindung bringen mit der musikalischen Form, die eben doch *Konvention* ist – dies das Wort, das Sie brauchten. Denn wenn man der Logik treubleiben will, muss man doch sagen, dass man nicht redet, wenn man singt: der Zornige, der Verschwörer, der Eifersüchtige singen nicht! Eine Ausnahme liesse sich vielleicht für Liebespaare machen, die man schliesslich gurren lassen kann. Um aber noch deutlicher zu sein: geht man in Wirklichkeit singend in den Tod? Darum: *Konvention* in der Oper, von Anfang bis Ende. Und was die Instrumentation betrifft: wer vermag denn in einem entfesselten Orchester die Charakterisierung eines Sturmes, eines Aufruhrs, einer Feuersbrunst zu unterscheiden? Auch hier: *Konvention!*

Wagner: Es lässt sich nicht bestreiten, Maestro, dass die Konvention sich in einem recht beträchtlichen Mass aufdrängt, wenn man das Musikdrama und selbst die Musikkomödie nicht ganz unterdrücken will. Aber es steht nicht minder fest, dass diese Konvention, zum Rang einer Kunstform erhoben, nur so verstanden werden darf, dass sie Übertreibungen, die absurd und lächerlich wirken, vermeidet. Es ist dieser Missbrauch, gegen den ich mich wehre. Aber man hat meine Ideen verzerrt dargestellt, als die eines vom Ehrgeiz Verzehrten, der selbst Mozart verächtlich mache...

Rossini: Mozart! Angelo della musica! Wer vermöchte das Sakrileg zu begehen, an den da zu rühren!

Wagner: Man hat mir vorgeworfen, die ganze vorhandene Opernliteratur abzulehnen, mit ganz wenigen Ausnahmen wie etwa Gluck und Weber. Man beharrt darauf, nichts von meinen Schriften verstehen zu wollen. Ich bin weit davon entfernt, die Schönheit so mancher Stelle der mit Recht berühmten Opern zu bestreiten und nicht auch selbst aufs höchste zu empfinden – aber eben als *absolute Musik,* und ich wehre mich nur gegen die *Rolle* dieser Musik, wenn sie verurteilt ist, lediglich als genussvolles Hors-d'œuvre serviert zu werden oder ohne jeden Zusammenhang mit der Handlung, der Routine versklavt, als Ohrenschmaus zu dienen. Eine Oper soll nach meiner Überzeugung mit ihrer ganzen komplexen Struktur einen einzigen Organismus bilden, in dem die daran beteiligten Künste eine ideale Vereinigung vollziehen: Dichtkunst, Musik, bildende Künste ... Solange sich nicht die vollständige Durchdringung von Dichtung und Musik durchsetzt, beide einem einzigen Gedanken entspringend, wird auch das echte Musikdrama nicht möglich sein.

Rossini: Das heisst also, wenn ich Sie recht verstehe, dass der Komponist Ihr Ideal eigentlich nur dann verwirklichen könnte, wenn er sein eigener Textverfasser wäre? Das scheint mir denn doch aus verschiedenen Gründen ein quasi unübersteigbares Hindernis zu sein.

Wagner (sehr lebhaft): Und warum? Was gibt es für einen Grund, der den Komponisten, auch wenn er seinen Kontrapunkt zu lernen hat, daran hindern sollte, sich auch literarisch zu bilden, Geschichte zu treiben und sich in Legenden zu versenken? Würde ihn dies nicht instinktiv zu jenem poetischen oder tragischen Vorwurf hinführen, der seinem Temperament entspricht? Sodann: wenn er nicht genügend Geschicklichkeit oder Erfahrung mitbringt, um den dramatischen Knoten zu schürzen, bliebe ihm dann nicht die Möglichkeit, sich mit einem erfahrenen Dramaturgen zusammenzutun zu engster Zusammenarbeit? Übrigens, gibt es unter den Opernkomponisten, wie ich glaube, nur wenige, die nicht bei Gelegenheit sehr wohl einen höchst bemerkenswerten Sinn für literarische und poetische Werte gezeigt hätten, indem sie den Text oder die Szenenfolge nach Belieben umstellten oder neu konzipierten, weil sie es anders empfanden und besser wussten als ihre Librettisten? Um nicht weit zu suchen: Sie selbst, Maestro, denken Sie nur an die Schwurszene in Ihrem «Guillaume Tell»: wollen Sie da behaupten, dass Sie sklavisch Wort für Wort dem von Ihren Mitarbeitern gelieferten Wortlaut gefolgt sind? Ich glaube nicht ...

Rossini: Da haben Sie recht. In der Tat wurde diese Szene nach meinen Anordnungen grundlegend geändert, und dies nicht ohne Schwierigkeit. Ich habe «Guillaume Tell» auf dem Landsitz meines Freundes Aguado, wo ich den Sommer verbrachte, komponiert. Dort hatte ich meine Librettisten nicht zur Hand. Dagegen weilten auch Armand Marrast und Crémieux (nebenbei bemerkt: zwei zukünftige Verschwörer gegen die Regierung von Louis-Philippe) bei Aguado in den Ferien; sie waren es, die mir mit den gewünschten Änderungen und neuen Versen zu Hilfe kamen, so dass dann meine eigene Verschwörung gegen Gessler zustande kam.

Wagner: Damit, Maestro, wäre denn auch ein guter Teil dessen, was ich meinte, bestätigt. Man braucht diesen Gedanken nur etwas weiterzuverfolgen, um festzustellen, dass meine Ideen gar nicht so widerspruchsvoll und auch nicht so schwer realisierbar sind, wie es zuerst scheinen möchte. Ich behaupte als logisch unvermeidlich, dass aus einer ganz natürlichen, wenn auch vielleicht langsamen Evolution zwar nicht jene «Zukunftsmusik» hervorgehen wird, deren Erfindung man durchaus meiner alleinigen Anmassung zuschreiben will, wohl aber die Zukunft des Musikdramas. Die ganze Entwicklung wird davon beeinflusst werden, und die Komponisten wie die Sänger und das Publikum werden an der fruchtbaren Neuorientierung teilnehmen.

Rossini: Das wäre also ein Umsturz auf der ganzen Linie! Und glauben Sie, dass die Sänger, um vorerst nur von ihnen zu reden, bereit sind, die Virtuosität, mit der sie ihr Talent glänzen lassen, durch eine Art von, wenn ich recht verstehe, rezitativischer Deklamation zu ersetzen? Glauben Sie, dass das Publikum, an das – nennen wir's *vieux jeu* gewöhnt, sich einer solchen Verleugnung der ganzen Tradition unterwerfen wird? Ich zweifle sehr.

Wagner: Es wird sich um einen Erziehungsprozess handeln, der Zeit braucht. Das ist sicher. Aber er wird stattfinden. Und was das Publikum angeht: formt das Publikum seine Meister, oder formen sich die Meister ihr Publikum? Auch dafür sind Sie mir ja selbst ein illustres Beispiel. Hat nicht Ihr ganz persönlicher Stil in Italien alle Ihre Vorgänger in den Schatten gestellt? Wer hat Ihnen denn in so unglaublich kurzer Zeit eine so unerhörte Popularität verschafft? Und ist Ihr Einfluss, Maestro, indem er die Grenzen überschritt, nicht universell geworden? Die Sänger ihrerseits, mit deren Widerstand Sie rechnen, werden sich eben fügen müssen; auch sie werden sich auf die neue Situation einstellen, die sie schliesslich nur erhöht. Sie werden erkennen, dass ihnen das Musikdrama in seiner neuen Form zwar keine leichten Erfolge dank ihrer Lungenkraft oder ihres verführerischen Organs verschafft, sie aber dafür zu einer edleren Art von Kunst beruft ...

Rossini: Vom Standpunkt der reinen Kunst aus sind dies sicher grossartige Ansichten voll verlockender Ausblicke. Aber im Hinblick auf die musikalische Form kommt es eben doch fatalerweise auf eine rezitativische Deklamation heraus – das Grablied auf die Melodie! Oder wie vermöchte man die ausdrucksmässige Gestaltung, die gewissermassen jeder Wortsilbe folgt, mit der melodischen Linie, die doch an einen bestimmten Rhythmus und eine gewisse Symmetrie der Anordnung gebunden ist, zu vereinen?

Wagner: Gewiss, Maestro, ein so rücksichtslos durchgeführtes System wäre unerträglich. Aber bitte, verstehen Sie mich recht: es liegt mir fern, die Melodie unterdrücken zu wollen, ganz im Gegenteil, ich fordere sie, und zwar nachdrücklich, bringt doch erst die Melodie jedes musikalische Gebilde zur blühenden Entfaltung. Ohne die Melodie gibt es nichts und wird es nichts geben. Nur denke ich sie mir freilich anders als eingezwängt in die konventionelle Schreibart, unter dem Diktat symmetrischer Zeitmasse, stereotyper Rhythmen, konventioneller harmonischer Wendungen und der üblichen Kadenzen. Die Melodie soll frei sein von all solchen Fesseln, eine Melodie, die nicht nur eine Person unverwechselbar charakterisiert, sondern auch eine ganz bestimmte Situation im Ablauf des Dramas ausdrückt, eine Melodie, die ihre eigene Linie hat, biegsam jeder Wendung des dichterischen Textes folgt, sich aber auch auszuweiten, zurückzuhalten, zu steigern vermag …

Rossini: Eine kämpferische Melodie!

Wagner (unbeirrt fortfahrend): … zu steigern vermag, entsprechend der dem Komponisten vorschwebenden musikalischen Wirkung. Sie selbst, Maestro, haben dafür ein grossartiges Beispiel gegeben in der Szene «Sois immobile» Ihres «Guillaume Tell», wo die sehr frei geführte Stimme, jedes Wort betonend und getragen von den stossweisen Klängen der Violoncelli, die höchste Stufe des dramatischen Ausdrucks erreicht.

Rossini: So dass ich also meinerseits, ohne es zu wissen, Zukunftsmusik gemacht hätte?

Wagner: Sie haben zeitlose Musik gemacht, Maestro, und das ist die beste...

Rossini: Nun aber gestatten Sie mir noch eine Frage, Monsieur Wagner: Wie können Sie es mit Ihrem System vereinbaren, zwei oder mehrere Stimmen zusammen singen zu lassen, zum Beispiel Chöre? Logischerweise müsste man sie doch wohl verbieten?

Wagner: Streng rationell müsste der musikalische Dialog tatsächlich dem gesprochenen Dialog folgen, wo jede Person das Wort an die andere weitergibt. Anderseits wird man aber auch zugeben, dass zwei verschiedene Personen in einem bestimmten Augenblick in ihrer seelischen Verfassung übereinstimmen können, und indem sie ein Gefühl teilen, vereinigen sich auch ihre Stimmen. Eine Vereinigung von mehreren Personen kann auch von der Möglichkeit der gleichzeitigen Äusserung sich widersprechender Empfindungen Gebrauch machen, wobei dann jede Person ihrer eigenen Linie folgt. Unerschöpflich sind die Möglichkeiten, die dem Komponisten ein System bietet, das jeder Person des Dramas, jeder Situation ihre besondere melodische Form [une formule mélodique type] zuteilt, eine Formel, die auf jede Wendung der Handlung anspricht, ohne ihren Grundcharakter zu verlieren. Auf diese Art werden sich auch in solchen Ensembles, wo jede Person ihre Individualität behält, alle Elemente zu einer der

Handlung entsprechenden Polyphonie vereinigen... Und was die Chöre anbetrifft, ist es eine psychologische Tatsache, dass die vereinigte Masse viel leichter einer bestimmten Gefühlswallung folgt als der auf sich allein gestellte Mensch, so beim Entsetzen, beim Zorn, beim Mitleid. Es ist deshalb nur folgerichtig, dass die Menge sich in einem solchen Zustand der Tonsprache der Oper bedient, ohne den gesunden Menschenverstand zu verletzen. Zudem bildet das Dazwischentreten des Chors, wenn es sich derart aus der Konsequenz der Handlung ergibt, eines der wirkungsvollsten Mittel der theatralischen Wirkung. Von hundert Beispielen möchte ich nur erwähnen, welch furchterregenden Eindruck der Chor aus «Idomeneo», «corriamo, fuggiamo!», erweckt, ohne darüber etwa die bewundernswerte Freske aus Ihrem eigenen Moïse «le chœur si désolé, des ténèbres» zu vergessen.

Rossini: Wieder (sich an die Stirn klopfend)! Also hatte tatsächlich auch ich einiges Talent für die Zukunftsmusik! Sie machen mir den Mund wässerig! Wäre ich nicht zu alt dazu, würde ich geradewegs nochmals anfangen, und dann Gnade dem Ancien régime!

Wagner: Ah, Maestro, wenn Sie nicht nach «Guillaume Tell» – mit siebenunddreissig Jahren – die Feder niedergelegt hätten! Was für ein Verbrechen! Sie wissen gar nicht, was dieses Gehirn noch produziert hätte, immer neu beginnend.

Rossini (wieder ernst werdend): Was wollen Sie? Ich hatte keine Kinder. Hätte ich welche gehabt, so wäre ich zweifellos mit der Arbeit fortgefahren. Aber um die Wahrheit zu sagen: nachdem ich mich fünfzehn Jahre lang abgeschunden, vierzig Opern komponiert hatte, empfand ich das Bedürfnis, mich auszuruhen, und zog mich nach Bologna zurück. Im übrigen war damals der Zustand der Theater in Italien, der schon während meiner Laufbahn viel zu wünschen übrig liess, in vollem Niedergang begriffen. Die Kunst des Gesangs degenerierte. Das war vorauszusehen. [Nachdem Rossini noch das Verschwinden der Castrati und den mangelnden Erfolg der Opera seria bedauert hatte, erhob er sich, Wagner herzlich die Hände drückend:] Mein lieber Monsieur Wagner, ich weiss gar nicht, wie ich Ihnen für Ihren Besuch danken soll und besonders für die so klare und aufschlussreiche Darlegung Ihrer Ideen. Ich, der ich nicht mehr komponiere und in einem Alter bin, wo man sich eher «décompose», in Erwartung, dass ich mich bald endgültig werde «redécomposer», fühle ich mich nicht mehr fähig, mich auf neue Horizonte einzustellen, aber Ihre Ideen sollten, was immer Ihre Verleumder dazu sagen mögen, den Jungen zu denken geben. Von allen Künsten ist die Musik dank ihres idealen Charakters am meisten dazu bestimmt, sich ständig zu wandeln, und dafür gibt es keine Grenzen. Nach Mozart – hatte man Beethoven vorausgesehen? Nach Gluck – Weber? Und mit diesen ist gewiss nicht das Ende erreicht. Jeder muss versuchen, wenn nicht weiterzukommen, so doch zum mindesten etwas Neues zu schaffen... Was mich betrifft, war ich von meiner Zeit. Andern, und Ihnen im besondern, den ich so kraftvoll und von so meisterhaftem Streben erfüllt sehe, obliegt es, die neue Zeit zu schaffen und dabei Erfolg zu haben – was ich Ihnen denn auch von ganzem Herzen wünsche.

Der Pariser «Tannhäuser»

Zu den Augenzeugen des Pariser «Tannhäuser»-Skandals von 1861 gehörte auch Malvida von Meysenbug, die in ihren «Memoiren einer Idealistin» schreibt:

Als wir [von London kommend, wieder in Paris] eingerichtet waren, ging ich zuerst zu Wagners. Ich fand sie nicht mehr in dem freundlichen Häuschen vom vergangenen Winter, sondern in einem zweiten Stock, in einem grossen, von vielen Menschen bewohnten Haus, in einer der geräuschvollsten, dunkelsten Strassen von Paris. Dieser Wechsel hatte aus pekuniären Gründen stattfinden müssen. Ich fühlte, wie schrecklich es für

Wagner sein musste, in einer so unsympathischen Wohnung zu weilen. Als ich hinkam, hörte ich schon von aussen, dass musiziert wurde. Ich wurde in den Saal geführt; Frau Wagner kam mir entgegen, hiess mich flüsternd willkommen und bot mir einen Sitz an, auf dem ich mich schweigend niederliess. Wagner selbst war am Flügel mit einer jungen Sängerin beschäftigt, die den Gesang des Hirtenknaben aus dem «Tannhäuser» studierte. Nach beendigter Probe kam Wagner auf mich zu, bewillkommte mich herzlich und sagte: «Wie gut, dass Sie gekommen sind! Eine bessere Aufführung wie die hiesige werden Sie nie hören; sie wird ausgezeichnet.» ...

Inzwischen gingen die Proben des «Tannhäuser» vorwärts, und Wagner forderte mich auf, in die erste vollständige Orchesterprobe zu kommen. Es waren nur wenige Bevorzugte im grossen Opernhause gegenwärtig, von Damen nur Wagners Frau und ich. So hörte ich denn zum ersten Mal vollständig vom Orchester diese Musik, die so lange das Ziel meiner Sehnsucht gewesen war, und ich war davon ergriffen wie von etwas Heiligem, davon berührt wie von dem Hauch der Wahrheit. Es ging auch alles wunderschön, und nach dem herrlichen Sextett, wo die Minnesänger den wiedergefundenen Tannhäuser begrüssen, erhob sich das Orchester wie ein Mann und brachte Wagner ein freudiges

Hoch der Begeisterung aus. Es war ein Uhr in der Nacht, als die Probe zu Ende war. Wagner war freudig erregt, weil alles so Herrliches zu versprechen schien …

Indes, kurz nach dieser Probe trübten sich leider die Aussichten auf ein schönes Gelingen. Die schadenfrohen Kobolde, die so gern einen idealen Moment im Menschenleben vereiteln, waren geschäftig und bliesen von allen Seiten Wolken des Missmuts, des Neids, der Ungunst auf. Politische Grübler waren unzufrieden, dass es die Fürstin Metternich war, welche zunächst die Einführung des dem französischen Temperament so ganz fremden Kunstwerks veranlasst hatte. Die Presse war unzufrieden, weil Wagner nicht, wie Meyerbeer und andere getan, den Rezensenten *diners fins* gab, um ihren Geschmack im voraus zu bestechen. Die Claque, die sonst von jedem Komponisten förmlich engagiert wurde, war von Wagner geradezu verbannt und schäumte natürlich vor Wut. Auch im Orchester entstanden Parteien, besonders war der sehr unfähige Dirigent feindlichen Sinnes geworden. Wir, die Freunde und Anhänger, beklagten es tief, dass Wagner anfangs abgelehnt hatte, selbst zu dirigieren. Endlich aber – und dies war die Hauptsache – waren die jungen Pariser Löwen, die Herren des Jockey-Clubs, empört, dass kein Ballett in der gewöhnlichen Form und zu der gewöhnlichen Zeit, das heisst im zweiten Akt, stattfinde ... Sie hatten die Gemeinheit, sich im voraus kleine Pfeifen zu kaufen, mittels deren sie ihr Kampfurteil abgeben wollten.

So zogen sich die Wolken immer drohender zusammen, und mit Bangen ging ich in die Generalprobe, in die ich auch Olga mitnahm, weil ich wollte, dass sie am Grössten und Schönsten die Kunst lieben lernen sollte.

Die Probe ging ohne äussere Störung vor sich. Das zahlreiche Auditorium bestand zum grössten Teil aus Freunden, unter denen die Fürstin Metternich sich mit lebhaften Beifallsbezeugungen hervortat. Mir war es ein himmlischer Abend, denn mir brachte er das Längstersehnte, und obwohl ich fühlte, dass vieles in der Ausführung zu wünschen übrig blieb und dass sie Wagner nicht befriedigen würde, so war manches doch sehr schön, so die Elisabeth von der Sachs, und ich hatte doch nun einen Eindruck des Ganzen, der meine Ahnung bestätigte... Beim Herausgehn traf ich Wagner, der auf seine Frau wartete. Ich sah es an den Wolken des Unmuts auf seiner Stirn, wie wenig er befriedigt war, wie wenig er von dieser Aufführung den Sieg über die feindlichen Mächte erhoffte.

Ein Tag aufregender Erwartung verstrich, dann kam der Tag der Aufführung. Ich war mit befreundeten Damen und Czermak in einer Loge. Die Ouvertüre und der erste Akt verliefen ohne Störung, und obwohl die Anordnung des gespenstischen Götterreigens im Venusberg weit hinter Wagners Idee zurückblieb und die drei Grazien im rosa Ballettkleid erschienen, so war es doch so, dass ich aufatmete und hoffte, die Befürchtungen würden zuschanden werden. Aber bei der Wandlung der Szene, bei dem hinreissend poetischen Wechsel aus dem wüsten Bacchanal da unten in die reine Morgenstille des Thüringer Waldtals, bei den Klängen der Schalmei und des Hirtenliedes, brach plötzlich der lang vorbereitete Angriff aus, und ein gewaltiges Pfeifen und Lärmen unterbrach die Musik. Natürlich blieb auch die Gegenseite nicht untätig, das heisst die Freunde und der Teil des Publikums, welcher ruhig hören und dann entscheiden wollte. Da sie numerisch doch die stärkere war, behielt sie auch den Sieg, die Aufführung ging weiter, die Sänger blieben unerschrokken und taten ihr Bestes. Allein, es dauerte nicht lange, so fing auch der Lärm wieder an. Ebenso der Protest der Gutgesinnten, die auch schliesslich immer den Sieg behielten, so dass die Aufführung völlig zu Ende kam. Aber freilich, sie war so grausam gestört und zerstückelt, dass auch den Wohlwollendsten nicht die Möglichkeit geworden war, sich eine richtige Vorstellung des Ganzen zu bilden. In welcher Aufregung und Empörung ich war, ist kaum zu sagen. Czermak war so

Karikatur von André Gill in «L'Eclipse», Paris 1869.

wütend, dass er nur mit Mühe zurückgehalten werden konnte, sich an einigen der Hauptanführer tätlich zu vergreifen. Die Herren hielten nämlich gar nicht zurück mit ihren boshaften Machinationen, sondern sassen recht geflissentlich sichtbar, in ihren mit Glacé-Handschuhen bedeckten Händen die kleine Pfeife haltend, die dann auf ein gegebenes Signal die schrillen Töne hervorbrachte.

Am folgenden Tag ging ich zu Wagners. Ich fand ihn männlich gefasst, und so sehr war dies der Fall, dass auch die wütendsten Journale in dem Kampf, der gleichzeitig in der Presse entbrannte, es bekannten, dass er sich am Abend der Aufführung dem Sturm gegenüber auf das würdevollste verhalten habe. Er wollte die Partitur zurückziehen und eine zweite Aufführung verhindern, denn er hatte mit richtigem Blick erkannt, dass mit diesem Publikum der grossen Pariser Oper an keinen wahren Erfolg zu denken sei. Wir alle, die näheren Freunde, die ihn umgaben, stimmten dagegen und für die Wiederholung, da wir bestimmt hofften, dass die Sache durchdringen müsse ...

So kam die zweite Aufführung heran. Die feindliche Partei hatte sich noch entschiedener gerüstet, aber ebenso auch die der Freunde. Der Kampf wurde ein noch viel erbitterterer als das erste Mal. Ich war mit Wagners Frau und einer ungarischen Dame in einer Loge. Neben uns waren Franzosen, die sich besonders durch Pfeifen, Zischen und Schreien hervortaten. Ich war völlig ausser mir vor Empörung und machte nun auch laut, in französischer Sprache, meinem Zorne Luft. «Das ist das Publikum, welches sich anmasst, der Welt vorzuschreiben, was Geschmack, was schön und vortrefflich sei? Ein Haufen von Strassenbuben ist es, der nicht einmal Lebensart genug hat, Leuten, die anders denken, Ruhe und Musse zum Hören zu geben.» In dieser Weise sprach ich ganz laut fort, so dass Frau Wagner mir erschrocken zuflüsterte: «Mein Gott, Sie sind zu kühn, Sie werden sich Unannehmlichkeiten zuziehn.» Ich dachte aber an nichts als an meinen Zorn und meine Verachtung eines solchen Publikums, und endlich wandte ich mich direkt an die Nachbarn und sagte: «Meine Herren, wenn Sie auch auf nichts anderes Rücksicht nehmen, so bedenken Sie wenigstens, dass die Frau des Komponisten hier neben Ihnen sitzt.» Sie wurden einen Augenblick lang stutzig und etwas stiller. Dann aber fingen sie von neuem an. Dennoch gelang es auch diesmal nicht, den Vorhang zum Fallen zu bringen, und die Aufführung wurde bis zum Ende durchgeführt.

Wagner war nun noch mehr geneigt, fernerem Skandal Einhalt zu tun, aber wir andern alle stimmten für die dritte Wiederholung. Sie sollte mit aufgehobenem Abonnement stattfinden, und wir hofften nun gewiss, die Ruhestörer würden fernbleiben, und nur das Publikum, welches wirklich hören wollte, würde kommen. Wagner hatte jedoch beschlossen, diesmal nicht hineinzugehen, um sich die unnütze Aufregung zu ersparen. Das gleiche tat seine Frau. Ich hatte eine Loge genommen, um Olga und die junge bei uns wohnende Marie mitzunehmen. Ich hoffte, sie würden von dieser Vorstellung einen ungestörten Genuss haben. Leider aber kam es anders. Die Ruhestörer hatten sich noch zahlreicher eingefunden, um ihr Werk fortzusetzen, und waren sogar von Anfang an da, was sie ihren Gewohnheiten nach sonst nicht waren. Die Sänger benahmen sich wirklich heldenmütig, sie mussten oft fünfzehn Minuten lang und noch länger anhalten, um den Sturm, der im Publikum tobte, vorüberzulassen. Aber sie standen ruhig, sahen unerschüttert in das Publikum hinein, und sowie es stille wurde, nahmen sie ihren Gesang wieder auf und führten auch diesmal die Vorstellung zu Ende, obgleich das wahnsinnige Toben natürlich jede Freude an den einzelnen guten Leistungen und schönen szenischen Effekten verdarb ...

Es war zwei Uhr in der Nacht, als wir uns im Foyer mit mehreren Freunden zusammenfanden und vereint zu Wagners gingen. Sie sassen gemütlich beim Tee, und Wagner rauchte eine Pfeife. Er empfing die Nachricht des abermaligen, und zwar des erbittertsten Kampfes von allen, mit Lächeln und scherzte mit Olga, indem er ihr sagte, er habe gehört, sie hätte ihn ausgepfiffen. Aber am Zittern seiner Hand, als er mir dieselbe reichte, fühlte ich, dass das unnatürliche, hässliche Begebnis ihn dennoch tief erregt hatte.

Arbeit an den «Meistersingern» in Biebrich

Aus dem Erinnerungsbuch von Wendelin Weissheimer

Zum 31. Januar 1862 hatte Wagner aus Paris sein Wiedererscheinen mit dem fertigen «Meistersinger»-Gedicht im Hause Schott angemeldet. Pünktlich traf er ein und nahm diesmal auch im «Weihergarten» Wohnung. Die Dichtung hatte er innerhalb der wenigen Wochen vollendet und fix und fertig mitgebracht. Gleich zum ersten Abend war deren Vorlesung geplant und von den dazu Eingeladenen mit grösster Spannung erwartet. Wir hatten alle schon Platz genommen, während Wagner noch im Salon auf und ab ging, von Zeit zu Zeit unruhig nach der Türe und dann wieder auf seine Uhr sehend. Endlich erklärte er: «Wir müssen noch ein wenig warten, denn Cornelius ist noch nicht da!» Ich sagte: «Der ist ja jetzt in Wien!», worauf Wagner replizierte: «Nein, in jeder Minute muss er hier zur Tür hineinkommen!» Gleich darauf klopfte es, und Peter Cornelius schritt in den Salon! Mitten im Winter war er von Wien nach Mainz gefahren, um der ersten Vorlesung des «Meistersinger»-Textes beizuwohnen! Er hätte schon vor einer Stunde dasein müssen; da jedoch der Rhein heftig mit Eis ging und die Schiffbrücke abgefahren war, musste er in Castel so lange warten, bis der Dampfer kam, welcher den Verkehr zwischen den beiden Ufern vermittelte. «Das nenn' ich Treue!» rief Wagner, Cornelius freudestrahlend in die Arme schliessend... Als Cornelius die lange Reihe grüssend und meist küssend abgeschritten und sich dann zu uns setzte, begann endlich Wagner seine Vorlesung, die sicherlich keiner der Anwesenden während seines Lebens vergessen haben wird. Die Modulationsfähigkeit seiner Stimme war so gross, dass er bald nicht mehr nötig hatte, die Namen der handelnden Personen einzeln zu nennen. Jeder wusste gleich: das ist Eva, Stolzing, Sachs oder Pogner, die da reden, und gar erst bei David und Beckmesser war in seinem Stimmklang jede Verwechslung ausgeschlossen. Selbst in dem lebhaften Durcheinandergerede der Meistersinger hob sich jeder von dem andern so deutlich ab, dass man schön ein förmliches Ensemble zu hören glaubte, das die Zuhörer mit sich fortriss und sie zu stürmischen Kundgebungen veranlasste. Mehrmals musste er warten, bis diese sich wieder gelegt hatten, eh' er in seiner rhetorischen Virtuosenleistung wieder fortfahren konnte...

Die nächsten Tage galten nun der Suche nach einem passenden Unterkommen, wo Wagner, von der Aussenwelt ungestört, die Komposition der «Meistersinger» beginnen konnte. Von dem geräuschvollen Mainz wurde Abstand genommen und auch von Wiesbaden, das ihm wegen seiner Bade-Hautevolée nicht sympathisch war. Dafür gefiel ihm eine kleine Wohnung in Biebrich, welche unterhalb des herzoglichen Schlosses dicht am Rhein lag. Hier mietete er sich ein, liess von einem Tapezier die Fenster mit Vorhängen und die Türen mit Portieren versehen und erwartete von Paris die Ankunft seiner Möbel... Solange seine Möbel, seine Bücher und sein Erardflügel noch nicht angelangt waren, fühlte sich Wagner in der neuen Wohnung nicht heimisch. Er wohnte und speiste so lange im «Europäischen Hof». Nachmittags kam er gewöhnlich nach Mainz, wo ich ihn im «Café Paris» traf.

Während dieser Februartage gärte und summte es gewaltig in seinem Kopfe, und zu seinem grössten Leidwesen war er immer noch am Niederschreiben dessen verhindert, was ihn so sehr bewegte. Als ich wieder mit ihm abends über die Rheinbrücke ging, summte er mehrmals ein Motiv vor sich hin, das sich dann als Anfangstakt der «Meistersinger» entpuppte...

Am folgenden Tag fand ich ihn im «Europäischen Hof» bereits bei Tisch ... Seufzend wies er vor das Fenster, wo eine ganze Wagenburg aufgefahren stand. Erstaunt rief ich: «Das sind doch nicht alles *Ihre* Sachen?» Er: «Sie sind es, und mit dieser Masse Zeug muss ich in der Welt herumfahren!» Ich: «Das geht aber nicht zur Hälfte in Ihre Wohnung.» Er: «Was nicht hineingeht, muss draussen bleiben und sonstwo untergebracht werden.» Ich ging zum Wirt, um zu beratschlagen, was da zu tun sei. Leider war im Hotel kein Platz für die überflüssigen Kisten und Kasten; in der Nähe sei aber vor einem Keller ein geräumiges Kelterhaus, so meinte der Wirt, bei dessen Besitzer er die Erlaubnis zur Unterbringung der Sachen einholen wolle. Er ging und kam bald mit guter Nachricht zurück. Nun wurde die Wagenreihe nach jenem Kelterhaus in Bewegung gesetzt und dorthin alles abgeladen. Mit den Arbeitern zurückgekehrt, liess nun Wagner diejenigen Kisten aufmachen, in welchen er dies oder jenes zu seinen Arbeiten Unentbehrliche eingeschlossen wähnte. Es gab dann ein recht langes und recht unerquickliches Suchen, bei dem ich soviel als möglich behilflich war ...

Die nächsten Tage gingen noch darauf, bis Wagners Häuslichkeit so weit in Ordnung war, dass er daran denken konnte, ernstlich die Feder anzusetzen. Am Flügel

Wagner dirigiert eine Probe der «Meistersinger».
Wiener Karikatur von 1870.

sitzend, schrieb er vor allem nun die Einleitung der «Meistersinger» in Form einer genauen Skizze auf, welche wie ein Klavierauszug aussah, aber schon alle Verdoppelungen und Füllstimmen enthielt, wie er sie für das Orchester auszuführen beabsichtigte. Er sagte: «Je genauer die Skizze, desto leichter und sicherer die Instrumentation.» «Die Jugend begeht sehr häufig den Fehler, dass sie zu flüchtig arbeitet.» «Eigentlich sollte man, um recht genau zu sein, jedem der Blasinstrumente ein eigenes System geben.» «Das Zusammenschreiben von je zwei Holzblasinstrumenten auf *ein* System ist für die freie Entfaltung der Stimmenführung oft sehr nachteilig.» – Um nun eine möglichst genaue Skizze zu erhalten, zog er bei der Anfertigung derselben stets das Klavier zu Rate: der wirkliche Klang war einzig für ihn ausschlaggebend, nicht der gedachte. Drum brachte er keine Akkordverdoppelung oder Modulation zu Papier, als bis er sie gehörig geprüft und sich von ihrem Wohlklang überzeugt hatte. Er musste also beim Entwurf in nächster Nähe des Instrumentes sein. Um dies am bequemsten zu erreichen, liess er den Deckel seines Flügels bis vorn über die Tasten hinaus zugeklappt, so dass er bequem auf ihm schreiben konnte, während er darunter mit der linken Hand einzelne Akkorde anschlug oder auch mit beiden Händen so lange probierte, bis er mit der fraglichen

Wendung im reinen war, die er dann sofort zu Papier brachte, ohne erst aufstehen und sich an einen Tisch setzen zu müssen. Infolge dieser bedächtigen Art des Entwerfens rückte er naturgemäss nicht allzu schnell von der Stelle. Was aber einmal aufgeschrieben stand, stand fest, sogar so fest, dass er selten mehr eine Änderung vorzunehmen hatte. Und kam er dann zum Instrumentieren, so ging ihm dies um so leichter und schneller von der Hand. Wie er mir sagte, brachte er da ohne sonderliche Anstrengung täglich etwa sechs Partiturseiten fertig.

Nach der Einleitung, welche er trotz ihrer kontrapunktlichen und polyphonen Kompliziertheiten in fünf Tagen aufs Papier zwingen konnte, ging er wieder streng der Reihe nach an den ersten Akt. Die kurze Unterredung der Eva, Magdalenas und des Ritters war ihm schnell (und wie reizend!) aus der Feder geflossen, während ihm David dann schon mehr zu tun gab. Die Aufzählung und Erledigung der vielen Weisen war keine leichte Sache. Sein sprudelnder Humor half ihm aber auch darüber weg. Königlich amüsierte er sich über die herumtanzenden Lehrbuben, und höchst ergötzlich war es, ihn den lustigen Reigen mit grotesken Sprüngen in seinem Zimmer ausführen zu sehen, wobei er im flottesten Falsett den Gesang der Lehrbuben intonierte.

Während der Produktion war er, so ruhig

er auch äusserlich schien, innerlich furchtbar erregt. Befand er sich gerade bei der Ausarbeitung des schon Skizzierten, so genierte ihn meine Anwesenheit nicht im mindesten; war er aber dabei, Neues zu erfinden, da musste man ihn durchaus allein lassen. Zweimal kam ich ihm durch sein eigenes Verschulden in solchen schaffensfreudigen Momenten dazwischen, da er mich zu einer gewissen Stunde schriftlich von Mainz zu sich gerufen hatte. Als ich kam und an seiner verschlossenen Türe klopfte, öffnete er nicht, so dass ich glaubte, er sei schon zum Essen ins Hotel gegangen. Da ich schon im Begriff war, ihn dort aufzusuchen, hörte ich drinnen ein Geräusch. Nun klopfte ich nochmals. Endlich öffnete er, mit gänzlich veränderten, fast verstörten Gesichtszügen. «Ich bin mitten drin», rief er und lief scheu davon, indem er bis ins Schlafzimmer retirierte, wo er sich so lang verbarg, bis er völlig ruhig war... War er dann wieder ganz bei sich, so sah er es sogar gern, wenn man gerade dazukam; denn da schob er den Flügeldeckel zurück, um das eben Niedergeschriebene zu spielen und zu sehen, welchen Eindruck es auf einen andern mache. So reizend und verlockend ein solches Hinzukommen auch war, so beschloss ich, künftighin darin doch vorsichtiger zu sein. Als er mir bald wieder einmal schrieb, zu angegebener Stunde bei ihm zu sein, und mir beim Klopfen nicht gleich geöffnet wurde, kehrte ich sofort um, ihn am andern Ort zu erwarten. Kaum war ich wieder unten auf der Chaussee, als er oben die Balkontür aufriss und mir in voller Ekstase zurief: «Stören Sie mich jetzt nicht – ich bin in Brunst!» Nach einer Stunde kam er dann in den «Europäischen Hof». Seine Erregung mochte noch nicht ganz gewichen sein, denn er verschluckte die Speisen fast ungekaut, trotzdem er sich gerade vor so hastigem Essen besonders hüten musste. Nach der Mahlzeit, die gewöhnlich zwischen zwei und vier Uhr stattfand, arbeitete er nichts mehr. Es wurden dann Spaziergänge gemacht, bei welchen er äusserst gesprächig war.

Wagner in Mariafeld

Aus den «Erinnerungen» von Eliza Wille-Sloman

Es war an einem Sonntag im Mai des Jahres 1852, dass Wagner zum ersten Male zu uns kam, und zwar in Gesellschaft von Georg Herwegh, dessen «Gedichte eines Lebendigen» eine Zeit, welcher wir doch alle mehr oder minder angehörten, erschüttert hatte.

Die Herren waren bald im lebhaftesten Gespräch: Vergangenes und Gegenwärtiges gaben Stoff genug. Das Auflehnen eines künstlerisch-revolutionären Geistes, welcher der Musik neue Bahnen eröffnen wollte, hatte unter dem Titel «Oper und Drama» den

Namen des Komponisten auch als Schriftsteller berühmt gemacht. Ohne seine letzten fertigen Werke in der Ausführung hören zu können, strebte Wagner in Zürich seinem Ziele zu. Jetzt hatte er sich in das Studium der «Edda» vertieft, so sagte er, – über den Stabreim wurde von ihm hin- und hergeredet. Er sprach anerkennend von seinem Züricher «Asyl» und von dem «Wohlgefühl, endlich frei von den Verhältnissen zu leben», die ihm in tiefster Seele zuwider gewesen waren.

Seit diesem Tage kam er oft nach Mariafeld, von seiner Frau oder Herwegh begleitet, nicht selten auf ganze Tage. Oft auch blieben sie über Nacht.

Herwegh war ein durchaus liebenswürdiger Gesellschafter, etwas blasiert, von Feinheit der Formen. Seine Stimme hatte einen weichen, sanften Klang... Herwegh war nicht musikalisch, aber Wagner liebte seinen Umgang; dasselbe galt für [François] Wille. «Sie haben keine Musik; Sie sagen, Sie schaffen nichts! Was tut's? Sie haben das Leben. Wenn *Sie* dabei sind, kommt man zu eigenen Gedanken!» – Dieses sagte er zu Wille.

So hatte sich eine heitere Geselligkeit in Mariafeld gestaltet. Was unter den Herren besprochen wurde, konnte mich nur zum Teil interessieren: Herwegh hörte physiologische Vorlesungen bei Professor Ludwig; Wille sprach über Carlyle und Stuart Mill –

Literatur, Kunst und Philosophie waren ein reiches Thema für alle.

Gewöhnlich blieben die Herren für sich allein am Vormittage in meines Mannes Zimmer. Wenn ich zugegen war, sass ich mit meiner Handarbeit beschäftigt, alles hörend, selten mitredend. Die Sitte der Zeit, welcher ich Erziehung und Bildung dankte, hielt es für vermessen, dass eine Frau mitredet über Dinge, die sie oberflächlich kennt, ohne je auf den Grund gegangen zu sein …

Herwegh hatte die Werke Schopenhauers nach Mariafeld gebracht. Diese waren sowohl meinem Mann wie Wagner noch ganz neu, und sie machten den tiefsten Eindruck auf beide. Wille liebt es, auf den Grund zu gehen bei jeder Gedankenarbeit – der Philosoph wurde ihm so bedeutend, dass er seine persönliche Bekanntschaft machen wollte und alljährlich nach Frankfurt reiste, um mit ihm zusammenzukommen. Wagner, mit unerhörter Schnelligkeit der Auffassung, hatte bald die Werke Schopenhauers durchflogen. Er und Herwegh staunten über das gelöste Welträtsel. Weltentsagung und Askese – dahin sollte die Menschheit gelangen! Weltentsagung, Tugenden der Heiligen konnten doch nur ein leerer Schall für Männer sein, die die Welt brauchten zu ihrem Schaffen und Bestehen, während sie Genüsse des Lebens weder zu verschmähen noch zu verachten gesonnen waren.

Vieles wurde mir jetzt mitgeteilt über die uralte Weltweisheit Indiens und die Reinheit des Buddhismus. Meine Lehrmeister hatten Geist und redeten mit sybaritischem Wohlgefallen über Kunst und Poesie; aber dass der Mensch keinen sittlich freien Willen habe und nicht der Täter seiner Taten sei, dass ihm also das gute Ritterschwert, das ich Beherztheit und Edelsinn nenne, gar nicht zukommt - das nahm ich als eine Fabel auf, an die sie selbst nicht glaubten.

Es wollte mir auch nicht gefallen, dass uns Wagner einmal in seiner feurigen Lebendigkeit ausmalte, wie der «Prophet von Nazareth», von der sündigen Magdalena in irdischer Liebe geliebt, in ergreifender Schönheit auf der Bühne darzustellen sei. - Ich sah ihn staunend an und verliess das Zimmer ...

Im Herbst des Jahres 1852 hatten wir die Freude, dass Wagner Erholung suchte nach angestrengter Arbeit. Herwegh kam dann öfter mit ihm ... Herwegh rühmte die russische Sprache und Dichtung, Gogol und Puschkin kannte er aus dem Grunde. Unter den englischen Dichtern wurde Shelley bevorzugt und über Byron gestellt. Calderón sollte bedeutsamer sein als Schiller, denn Schopenhauers Gedanke lebte in seinem Drama «Das Leben, ein Traum». - Das Suchen nach den Sprachwurzeln musste interessant sein, denn hierbei waren die Herren unermüdlich! ...

Es gab Tage, wo die Stimmung mehr auf

Sturm als auf gutes Wetter angelegt war und verschiedene politische Meinungen das Trio fast auseinandergesprengt hätten. Einmal ging der Zorn gegen Deutschland so weit, dass es hiess, alles dort sei wert, dass es zugrunde gehe. In Kunst und Bildung, in Sitte und Leben sei alles von Grund aus schlecht und unverbesserlich. Die zwei revolutionären Geister hatten sich so in Zorn hineingeredet, dass sie der Meinung waren, Schlösser und Paläste müsse das Volk niederbrennen, damit seine Tyrannen nicht die sichere Behausung haben. Wille meinte: «In Braunschweig ist's nach eurem Willen geschehen, und der Steuerzahler hat mit grossen Kosten das Schloss wieder aufgebaut.»...

Es war um Weihnachten 1852, als die Riesenarbeit einer Dichtung, welche ihrer grossartigen Anlage gemäss als «Nibelungen»-Trilogie entstanden war, zuerst in Mariafeld vorgelesen wurde. Wagner las sie an drei Abenden, und das dauerte bis in die Nacht hinein. Später hat er das Werk mit dem Zusatze des Vorspieles «Rheingold» in dem grossen Saale des Hotel Baur in Zürich einem bewundernden Zuhörerkreise zum Genuss gegeben.

Ich hatte Wagner am letzten Abend der Vorlesung in unserm Hause die Laune verdorben, indem ich, während er las, hinausging. Mein kleiner Junge fieberte und verlangte nach mir. Als ich am andern Morgen erschien, meinte Wager: es sei ja keine Krankheit zum Tode gewesen. Es sei eine schlimme Kritik für den Autor, wenn man so davongehe, und er nannte mich «Fricka». Dabei blieb es; ich protestierte nicht gegen den Namen. –

Im Jahre 1853 hat Wagner in Zürich im Zeltwege gewohnt, wo Frau Minna, die gerne gesellig lebte, in einer angenehmen Häuslichkeit die freundliche Wirtin machte. Liszt war nach Zürich gekommen, um den Freund zu besuchen ... Von der damaligen Begegnung mit Liszt in Wagners Hause erzählte mir mein Mann, er habe ihm vorgestellt, ob es ihm bei seinem Einflusse in Weimar nicht gelingen könnte, für Wagner die Rückkehr nach Deutschland zu ermöglichen, worauf Liszt entgegnete: er wisse keine Stellung und keine Bühne, die für Wagner tauglich sei. Er brauche eine Bühne, Sänger, Orchester, kurzum alles, nach seinem eigenen Sinn. Da meinte Wille: «Das dürfte wohl über eine Million kosten?» Worauf Liszt plötzlich auf französisch, wie es seine Art bei besonderer Erregung war, rief: «Il l'aura! Le million se trouvera!»

Frau Willes Antwort auf Wagners Brief aus Wien vom März 1864, in dem er sie gebeten hatte, sich zu erkundigen, ob er bei Wesendoncks «ein schnell anzutretendes Asyl für die Fortsetzung meiner Arbeit» finden könne:

Es war zurzeit nicht einzurichten, wie Wagner es gewünscht hätte, und er schrieb an meinen Mann, dass er in Freundschaft nach Mariafeld kommen wolle zu kurzem Aufenthalte, um von dort aus weitere Pläne und Wege zu bestimmen. Er folgte, ohne Antwort abzuwarten, dem Rechte alter Kameradschaft vertrauend, seinem Briefe so bald nach, dass ich kaum Zeit gehabt hatte, die durch Winterkälte und Unbenutztheit unwohnlichen Gastzimmer unseres Hauses für ihn behaglich zu machen. Mein Mann war nicht zu Hause (er hatte sich einer Reise nach Konstantinopel angeschlossen). Meine Söhne waren bei mir; der eine hatte die Akademie von Hohenheim hinter sich, der andere [Ulrich Wille, der spätere General] besuchte die Hochschule von Zürich als Student der Jurisprudenz im ersten Semester. Ihretwegen war ich gern und froh zu Hause geblieben. –

Das Wetter war stürmisch und kalt trotz des nahen Frühlings; es tat mir leid, dass Wagner ohne den belebenden Umgang des Hausherrn in dem einsamen Mariafeld aushalten sollte. Er wollte arbeiten, völlig ungeniert sein, und ich hatte ihm sogar eigene Bedienung gegeben. Mancher Besuch aus Zürich, den Neugier und Interesse hergeführt, als vernommen worden, der berühmte Mann weile in Mariafeld, wurde von mir abgewiesen; Wagner war nicht in der Stimmung, sich solchen Störungen anzubequemen. Er schrieb und empfing viele Briefe, er bat mich, keine Rücksicht auf ihn zu nehmen, ihn nicht weiter zu beachten, ihn in seinem Zimmer allein essen zu lassen, wenn mich dies nicht zu sehr in der Haushaltung störe. Nach Zürich wollte er nicht; die Arbeit behagte ihm nicht, er ging aber viel spazieren. Ich sehe ihn noch auf der Terrasse unsers Gartens in seinem braunen Sammettalar mit dem schwarzen Barett als Kopfbedekkung, als wäre er ein Patrizier aus den Bildern Albrecht Dürers, hin- und herschreiten ...

Was soll ich von all den Stunden sagen, in welchen der sonst so energisch wollende Richard Wagner, unlustig zur Arbeit, sich gehenliess und mir erzählte von Erlebnissen vergangener Tage, von Schicksalen und Menschen, die ihn öfter gehemmt als gefördert hatten! Er erzählte von seiner Kindheit und seiner ersten Jugend, als wolle er von dem Nachhalle peinlicher Eindrücke weg unter heitern Bildern sich erholen. Er hatte immer Vertrauen zu mir gehabt; er wusste, dass ich herzlich gern helfen wollte, aber nur so, wie es *mir* recht und gut vorkam ...

Die Söhne neben der Mutter wurden freundlichst beachtet. Hübsch konnte Wagner necken und erzählen. Es hatte ihm in Wien gefallen, er nannte Wien die einzige musikalische Stadt Deutschlands.

Die gute Stimmung war aber bald wieder vorüber. Es kamen Briefe, die ihn verstimmten. Er zog sich in die Einsamkeit seines Zimmers zurück, und wenn er mich allein traf, strömte er sich aus in Worten, die im Hinblick auf die Zukunft selten heiter klangen…

An einem Tage, wo ich den werten Mann so verstimmt fand, dass ich nicht wusste, ob ich reden oder schweigen solle – und dieser war doch zu mir gekommen und wartete, dass ich anfange und ihn etwas frage –, dachte ich, es sei doch tieftraurig, dass die festen, sichern Bande des Lebens – Familie, Geschwister, Jugendfreunde, auch die Frau, die er jahrelang gehabt – aus dem Dasein dieses wunderbaren Menschen eben jetzt gleichsam ausgelöscht schienen!…

Er zog jetzt, weil ich schwieg, einen Brief hervor und sagte: «Hiermit ist, was ich Ihnen gestern klagte, überwunden. In Paris ist man so anständig, von Konzerten, die im Freien gegeben werden, dem Komponisten, dessen Kompositionen man spielt, eine Tantieme zukommen zu lassen!»

Dann fing er – plötzlich auflodernd – an: «Unter meiner Frau und mir hätte alles gut gehen können! Ich hatte sie nur heillos verwöhnt und ihr in allem nachgegeben. *Sie fühlte* nicht, dass ein Mann wie ich nicht mit gebundenen Flügeln leben kann! Was wusste *sie* von dem göttlichen Rechte der Leidenschaft, welches ich in dem Flammentode der aus der Götterhuld verstossenen Walküre verkünde! Mit dem Todesopfer der Liebe tritt die Götterdämmerung ein!» – – –

Ich sehe ihn noch in dem Sessel sitzen, der an meinem Fenster steht, wie damals, und ungeduldig zuhören, als ich ihm eines Abends von der Herrlichkeit einer Zukunft sprach, die doch ganz gewiss vor ihm liege. Die Sonne war eben in Glorie untergegangen, Erde und Himmel leuchteten und strahlten.

Wagner sagte: «Was reden Sie von der Zukunft, wenn meine Manuskripte im Schrein verschlossen liegen! Wer soll das Kunstwerk aufführen, das ich, nur *ich* unter Mitwirkung glücklicher Dämonen zur Erscheinung bringen kann, dass alle Welt wisse, so ist es, *so* hat der Meister sein Werk geschaut und gewollt?» –

In Erregung ging er in der Stube auf und ab. Plötzlich vor mir stille stehend, sagte er: «Ich bin anders organisiert, habe reizbare Nerven; Schönheit, Glanz und Licht muss ich haben! Die Welt ist mir schuldig, was ich brauche! Ich kann nicht leben auf einer elenden Organistenstelle wie Ihr Meister Bach! – Ist es denn eine unerhörte Forderung, wenn ich meine, das bisschen Luxus, das ich leiden mag, komme mir zu? Ich, der ich der Welt und Tausenden Genuss bereite!»

So redend hob er wie im Trotze das Haupt. Dann sass er wieder im Sessel am

Fenster und sah vor sich hin. Was ging die Herrlichkeit der Aussicht ihn an und der Frieden der Natur? Es war nicht alles Freude, während Wagner in Mariafeld weilte.

Der Ruf des Königs

Wendelin Weissheimer schildert in seinem Erinnerungsbuch, wie der Ruf König Ludwigs II. von Bayern Wagner erreichte und wie er ihm folgte:

Auf Dienstag, den 3. Mai [1864], war unsre Abreise [von Stuttgart] in die Rauhe Alp festgesetzt; Wagner machte daher montags noch einige Besuche in der Stadt ... Auf seinem Zimmer in der ersten Etage [des Hotels] angelangt, wurde mit dem Packen seines grossen Koffers begonnen – seine Gemütsstimmung sank während dieser Arbeit wieder weiter unter Null –: da brachte der Kellner gegen Abend eine Visitenkarte herein, die die Inschrift trug: «v. Pfistermeister, Secrétaire aulique de S. M. le roi de Bavière.» Da Wagner derartig entmutigt war und sich von nichts, was es auch sei, noch etwas Gutes versprach, stand er erst unschlüssig da, ob er Herrn von Pfistermeister empfangen wolle, und nur als dieser betonen liess, er käme im Allerhöchsten Auftrag des Königs Ludwig II. und bäte dringend um Gehör, liess er ihn eintreten. Um bei dieser zweifellos hochwichtigen Unterredung nicht zu stören, entfernte ich mich während derselben. Sie dauerte lang und immer länger – ein gutes Zeichen! Als der genannte Herr sich endlich empfahl und ich wieder eintreten konnte, zeigte mir der von seiner plötzlichen Glückswende geradezu überwältigte Wagner einen kostbaren Brillantring des Königs und dessen in wunderbarem Glanz leuchtende Photographie auf dem Tisch, und mit den Worten: «Das ist mir passiert – und gerade *jetzt* passiert!» fiel er mir, vor Freude ausser sich, laut weinend um den Hals.

König Ludwig II. hatte erst vor wenigen Wochen den bayerischen Thron bestiegen, nachdem sein noch in den besten Mannesjahren stehender Vater Maximilian im März nach ganz kurzem Krankenlager verschieden war. So gelangte der achtzehneinhalbjährige Ludwig II. zur Regierung, der noch als Kronprinz vor wenigen Monaten nach Anhörung des «Lohengrin» ausgerufen hatte: «Wenn ich einst den Purpur trage, so will ich der Welt zeigen, wie hoch ich das Genie Wagners zu stellen wissen werde.» Und schon im März 1864 *trug* er den Purpur, und bereits im April betraute er seinen Privatsekretär, den nachmaligen Staatsrat von Pfistermeister, mit der Mission, Wagners Aufenthalt zu erforschen und nur mit ihm selbst wieder nach München zu kommen! Die vielen Kreuz- und Querfahrten, die Pfistermeister anstellen musste, um endlich den so heiss Begehrten aufzufinden, sind bekannt. Er hatte dabei noch ein ausserordentliches Glück; denn wäre er nur einen Tag später in Stuttgart angelangt, so wäre Wagner fort, und niemand hätte ihm seinen Aufenthaltsort angeben können.

Noch spät eilte ich in die nahegelegene Wohnung Kapellmeister Eckerts, von dem überraschenden Ereignis Mitteilung zu machen, und kehrte mit der Einladung Frau Eckerts «zum gemeinschaftlichen Frühstück am folgenden Morgen vor der Abreise» zu Wagner zurück. Diesem Abschiedsschmause wohnte auch Herr Kapellmeister Abert bei. Während des Essens kam noch als weitere Überraschung die Nachricht von dem Tode Meyerbeers hinzu, welcher an demselben Tage in Paris erfolgt war, an welchem Herr von Pfistermeister in Stuttgart eintraf.

In Berichtigung eines Gerüchtes, Eckert habe Wagner bei dieser Gelegenheit Geld vorgestreckt, bemerkt Weissheimer noch in einer Zuschrift an die «Allgemeine Zeitung»:

Im Hotel brauchte Wagner für die paar Tage kein Geld und – hatte auch keins, wie sich beim Verlassen des Hotels und beim Billettkauf herausstellte, denn er bezahlte seine Hotelrechnung nicht in bar, sondern gab an Zahlungs Statt dem Oberkellner eine reiche russische Dose, welche er in St. Petersburg von einer hochstehenden Persönlichkeit zum Geschenk erhalten. Natürlich hatte sie einen vielfach höheren Wert, als der Betrag der Rechnung erforderte; denn der Oberkellner, die Dose nur flüchtig besehend und ihren hohen Wert sofort erkennend, machte eine tiefe Verbeugung und begleitete uns unter tausend Bücklingen bis vor den Ausgang. Schnell fragte ich Wagner, weshalb er mir die Dose nicht vor einer Stunde zum Versilbern übergeben habe, worauf er meinte, nun sei er doch sowieso aller Geldsorgen überhoben. Dass er darin irrte, zeigte sich sogleich im Bahnhof. Der königliche Abgesandte hatte bereits in einem Coupé erster Klasse Platz genommen und sah mit sichtlicher Ungeduld dem Kommen Wagners entgegen, der sich etwas verspätet hatte. Schnell stieg er zu ihm ein, und ich verabschiedete mich von beiden Herren, da ich an den Rhein zurückzukehren gedachte. Kaum war ich einige Schritte entfernt, so kam Wagner im Fluge hinter mir her, rufend: «Um Gottes willen, Pfistermeister hat mir ja kein Billett gelöst; springen Sie schnell, eins zu holen.» Im Galopp eilte ich zur Kasse und vermochte auch noch glücklich, dem bereits im Gang befindlichen Zug nachspringend, das Billett Wagner in das Coupé zu werfen.

König Ludwig II. von Bayern

Der umfangreiche Briefwechsel Wagners mit dem König begann mit den beiden Briefen:

Teurer huldvoller König!
Diese Tränen himmlischester Rührung sende ich Ihnen, um Ihnen zu sagen, dass nun die Wunder der Poesie wie eine göttliche Wirklichkeit in mein armes, liebebedürftiges Leben getreten sind! – Und dieses Leben, sein letztes Dichten und Tönen gehört nun Ihnen, mein gnadenreicher junger König: verfügen Sie darüber als über Ihr Eigentum!

Im höchsten Entzücken, treu und wahr

Ihr
Untertan
Richard Wagner

Stuttgart, 3. Mai 1864

Verehrter Herr!
Ich beauftragte Hofrat Pfistermeister, mit Ihnen eine entsprechende Wohnung zu besprechen. – Seien Sie überzeugt, ich will *alles* tun, was irgend in meinen Kräften steht, um Sie für vergangene Leiden zu entschädigen. – Die niedern Sorgen des Alltagslebens will ich von Ihrem Haupte auf *immer* verscheuchen, die ersehnte Ruhe will ich Ihnen bereiten, damit Sie im reinen Äther Ihrer wonnevollen Kunst die mächtigen Schwingen Ihres Genius ungestört entfalten können! –

Unbewusst waren Sie der *einzige Quell meiner Freuden* von meinem zarten Jünglingsalter an, mein Freund, der mir wie *keiner* zum Herzen sprach, mein bester Lehrer und Erzieher. –

Ich will Ihnen *alles* nach Kräften vergelten! – O wie habe ich mich auf die Zeit gefreut, dies tun zu können! – Ich wagte kaum die Hoffnung zu nähren, schon so bald imstande sein zu können, Ihnen meine Liebe zu beweisen. –

Mit den herzlichsten Grüssen

Ihr
Freund Ludwig
König von Bayern

5. Mai 1864

Ludwig II. an Cosima von Bülow

Hochverehrte Frau!
Unmöglich ist es mir, diese Wonne allein zu tragen; ich muss sie einem Herzen gegenüber ausschütten, das mich kennt und versteht. – Er, der grosse Freund, der innig, bis in den Tod Geliebte, und Sie, teure, hochverehrte Frau, sind die einzigen auf Erden, die mich verstehen; dies ist sicher, wahr, so wahr, als ein Gott lebt. –

Ich bin im Himmel! – Ach, welche schönen, herrlichen Tage! – Und Er nannte sich glücklich, – o Übermass der Seligkeit! – Geloben Wir Uns Beide feierlich, Alles, was nur in menschlichen Kräften steht, zu tun, um Ihm die gewonnene Ruhe zu erhalten, jede Sorge von Ihm zu scheuchen, jeden Schmerz, wenn möglich, lieber auf Uns zu lenken, Ihn zu lieben, zu lieben mit allen Kräften, die Gott der Seele gab! – O ich weiss, Unsre Liebe zu Ihm ist ewig, ewig; und doch ist mir der Gedanke so lieb und wert, eine Ihm treue Freundesseele, wie die Ihrige, hochverehrte Frau, gebeten zu haben, mit mir vereint Ihm zu sein, was dem Menschen möglich, für einen Angebeteten, Heil'gen. –

O Er ist göttlich, göttlich! – Mein Beruf ist, für Ihn zu leben, zu kämpfen, zu leiden, wenn Er es zu Seiner völligen Erlösung bedarf. – Wie freut es mich, dass der Teure an dem Felsenschlosse und seinen Umgebungen so viel Gefallen findet! – Hier ja war es, wo ich noch als Knabe jubelnd durch Wald und Wiesen schritt, stets Sein Bild in Geist und Herzen tragend. – Auf dem Spiegel des Alpsees las ich den «Ring des Nibelungen». Und nun den Ersehnten bei mir zu sehen, mit Ihm den Tag verleben zu können, o unverdientes Glück für mich! – Nun muss doch endlich die profane Welt die Augen öffnen, Unser Verhältnis verstehen, trotz allen schändlichen Intrigenspiels. –

Es freut mich zu hören, dass Sie von Ihrem verehrten Gemahl gute Nachrichten erhielten; ich bitte, grüssen Sie ihn von mir, wenn Sie ihm schreiben werden; der Herr segne Ihre Kinder! – Mit den besten, innigsten Wünschen für Ihr Wohl bleibe ich stets

Ihr
sehr geneigter
Ludwig

14. November 1865

Wagner in München

Der französische Schriftsteller Edouard Schuré kam 1865 als Student nach München und wohnte hier der Uraufführung von «Tristan und Isolde» bei. In seinen «Erinnerungen an Richard Wagner» (deutsch von Fritz Ehrenberg) schreibt er:

Damals kam mir der Gedanke, an Richard Wagner zu schreiben. Ich führte ihn um so lieber aus, als die deutsche Kritik den Meister und sein Werk mit Grobheiten und Gemeinheiten bewarf ...

Gross war meine Überraschung und meine Freude, als ich ein paar Tage später einen Brief von Richard Wagner empfing, in dem er mich bat, zu ihm zu kommen. Mich dem grossen Komponisten unmittelbar gegenüber zu befinden, erschien mir als eine sehr achtbare Sache, und mein Herz schlug ein wenig, als ich bei den Propyläen in die Briennerstrasse einbog. Wagner bewohnte dort eine fein eingerichtete Villa, die halb in einem Baumdickicht verborgen und von einem Garten umgeben war. Ich öffnete das Gitter und zog an einer Glocke; ein als Diener verkleideter Mulatte führte mich in einen kleinen Salon, ausgestattet mit schattigen Vorhängen, verschwenderischen Teppichen, mit Gemälden und Statuen, die in dem geheimnisvollen Halbdunkel kaum sichtbar waren. In demselben Augenblicke hob sich ein Vorhang, und der Meister erschien. Seine kräftige Hand schüttelte die meinige ... Er schien ermüdet zu sein und lächelte nur, indem er die Lippen leicht zusammenzog. Sein Wort war überstürzt, und er drückte sich ruckweise aus. Nach Austausch der üblichen Höflichkeiten war sein erstes Wort: «Ihr Brief hat mir ausserordentliches Vergnügen bereitet. Ich habe ihn dem Könige gezeigt und dabei gesagt: Sie sehen, dass nicht alles verloren ist.»

«Wie!» rief ich, «alles sollte nach dem Wunder dieser Aufführung verloren sein? Sie haben die Presse gegen sich, aber das Publikum folgt Ihnen ...»

Er unterbrach mich lebhaft: «Glauben Sie das nicht, es versteht gar nichts davon. Wenn ein *Franzose* sich begeistert, nun gut, dann ist's abgemacht. Aber bei den *Deutschen,* da ist es nicht so. Wenn diese durch Zufall in Erregung geraten, so fragen sie sich zunächst, ob ihre Erregung übereinstimmt mit ihrer Philosophie. Sie befragen die Hegelsche Logik oder Kants ‹Kritik der reinen Vernunft›, oder schreiben mindestens zehn Bände, um zu beweisen, dass sie *nicht* erregt gewesen sind und dass sie es nicht sein konnten. Ha! Dieses Publikum, diese Presse, diese Kritik! Alles ist so erbärmlich wie nur möglich. Es ist rein gar nichts.»

«Also sind Sie nicht befriedigt?»

«Befriedigt?» Wie mit der Sprungkraft einer Feder schnellte er in die Höhe, funkelnden Auges. «Befriedigt! Ja, wenn ich *mein* Theater haben werde, dann wird man mich vielleicht begreifen. Für den Augenblick bin ich geschwächt, und Sie finden mich in einer furchtbaren Zerrüttung.»

Er warf sich auf das Ruhebett, den Kopf nach hinten. Er schien wirklich zu leiden; seine Gesichtsfarbe war gelblich, ein Ausdruck von Ermattung war auf seinen Zügen ausgebreitet. Aber die zitternden Lippen, die fieberhafte Flüchtigkeit des Wortes liessen die Tatkraft erkennen, die sich nicht unterkriegen lässt, diesen Willen, immer bereit, wieder aufzuspringen. Das Fensterlicht fiel voll auf sein Haupt. Ich konnte dies bis ins einzelne prüfen.

Wagner zählte damals zweiundfünfzig Jahre. Es war unmöglich, den Kopf dieses Zauberers, dieses Beschwörers und Bändigers der Seelen einmal zu sehen, ohne davon einen unvergesslichen Eindruck zu gewinnen. Welch ein Leben voll rauher Kämpfe

Nur ein vorübergehender Besuch.

Karikatur im Münchener «Punsch» 1867, mit dem bei den Karikaturisten beliebten Motiv, den berühmten Antisemiten mit typisch semitischen Zügen darzustellen.

und stürmischer Empfindungen offenbarte sich auf diesem gequälten und von tatkräftigen Zügen durchfurchten Angesicht, in diesem zu feinen Lippen sich verlaufenden Munde, den zugleich ein sinnlicher Zug und ein hartes Lächeln umspielte, und in diesem gespitzten Kinn, dem Merkmal eines unbezähmbaren Willens. Und über diesem Gesichtsbild von einer dämonischen Kraft diese gewaltige überhängende Stirn voller Macht und Kühnheit! Ja, dieses verheerte Gesicht trug die Spur von Leidenschaften und Leiden, die nur zu fähig sind, Menschenleben schnell aufzubrauchen. In diesem blauen Auge, verhüllt von Schmachten oder blitzend vor Sehnen, in diesem Auge, welches unabwendbar auf ein festes Ziel gerichtet schien, beherrschte ein ständiges Traumgesicht alle anderen und lieh ihm so etwas wie eine ewige Keuschheit... Wagners Kopf betrachten, das hiess, abwechselnd in einem Gesicht das Antlitz eines Faust und das Profil eines Mephistopheles zu sehen. Mitunter schien er auch einem gefallenen Engel zu gleichen, der über den Himmel nachdenkt und sagt: «Er ist nicht da, aber ich werde ihn zu schaffen wissen.»

Seine Art, sich zu geben, überraschte nicht weniger als sein Gesicht. Sein Wesen schwankte zwischen einer Zurückhaltung, einer ausgesprochenen Kühle, und einer Vertraulichkeit, einem vollständigen Sichgehenlassen. Nicht der Schatten einer modellartigen Stellung oder feierlichen Aufstellung, niemals eine gewollte oder berechnete Haltung. Sobald er sich einmal zeigte, brach er mit voller Gewalt los, wie ein Bergstrom, der seine Dämme durchbricht, übertreibend in allem und doch wunderbar im Gleichgewicht gehalten durch die Vorherrschaft eines durchdringenden Verstandes.

Seine Unterhaltung war ein ununterbrochenes Schauspiel, denn bei ihm musste jeder Gedanke zur Tat werden. Auf dieser mächtigen Stirn folgten sich die Gedanken und Empfindungen wie Blitze und glichen sich nicht. Er trug in sich seine grossen Helden. In wenigen Minuten konnte man in seinem Gesichtsausdrucke wiederfinden die schwarze Traurigkeit des Holländers, das zügellose Sehnen Tannhäusers, den unnahbaren Stolz Lohengrins, den offenen Hohn Hagens und die Wut Alberichs. Und alle diese Gestalten beherrschend, erschienen immer wieder zwei, die sich fast immer abwechselnd zeigten, wie die beiden Pole seiner Natur: Wotan und Siegfried! ...

Richard Wagner war damals am wichtigsten Punkte seines Lebens, seiner Laufbahn angelangt. Feindliche Mächte und günstiggesinnte Leute vereinigten sich gewissermassen in einem Brennpunkt, wie zu einem letzten Kampfe ... Der Höhepunkt dieser Zeit der Kühnheit und unbegrenzten Hoffnung war das dem König Ludwig gegebene Konzert. Denn es folgte ihm fast unmittelbar ein ergreifender Todesfall, dann eine Art Palastrevolution, welche die Verbannung des Komponisten und den vorläufigen Zusammenbruch seines kühnen Unternehmens zur Folge haben sollte.

Wie ich schon bemerkte, wollte sich der Opernsänger Ludwig Schnorr von Carolsfeld vollständig der Reformation der Oper widmen. Notgedrungen hatte er noch eine Verpflichtung an der Dresdener Hofbühne angenommen, von der er aber sich zu befreien hoffte, um sich rückhaltlos dem Meister seiner Wahl widmen zu können. Nun war er gezwungen, nach den vier «Tristan»-Aufführungen abzureisen. Der König befahl indessen, vorher noch ein Reservatkonzert für ihn abzuhalten, das zusammengesetzt sein sollte aus Bruchstücken von bekannten und noch nicht herausgegebenen Werken Wagners, unter Leitung des Meisters selbst und unter Mitwirkung seines bevorzugten Sängers.

Eine der Eigenheiten Ludwigs II. war sein ausgesprochener Hang zur Einsamkeit. Der Glanz und das Geräusch eines dicht gefüllten Saales störten seine Einbildungen. Er liebte die Aufführungen, in denen er sich als alleiniger Zuschauer in aller Sicherheit seinen Träumen hingeben konnte. Das Konzert wurde demgemäss in dem kleinen Residenztheater [Cuvilliés-Theater] abgehalten, in dem dunkeln und fast leeren Saale. Ausser dem König, der in seiner düsteren Loge unsichtbar war, befanden sich nur noch zehn Zuhörer im Saale, die sämtlich von Wagner geladen waren. Ich hatte das Glück, mich unter diesen Bevorzugten zu befinden. Mit Mühe entdeckte man im Hintergrunde der unter-

Wagner 1862/63 in Wien. Aufnahme von Ludwig Angerer

sten Loge einige Damen, die sich ganz zusammengeduckt hatten, und unter dem Balkon verbarg sich eine Gruppe von Herren, die nur mit halber Stimme flüsterten. Nur wenige Lampen erhellten das Orchester, das auf der Bühne aufgestellt war.

Aufrecht auf einem hohen Aufbau, wie auf einem Felsen, stand Richard Wagner und dirigierte auswendig. Erst unergründliche Tiefen; dann beschwor seine stolze Gebärde die prickelnden Lockungen des Venusberges, dann die ätherischen Klänge von Monsalvat und das schmetternde Heldenmotiv Lohengrins herauf. Er entfesselte den Sturm über den Göttern von Walhall und beschwichtigte ihn durch den süssen Gesang der Rheintöchter. Der Saal des Residenztheaters mit seinen wunderbaren Holzschnitzereien in Rokoko, völlig leer und getaucht in sein grünliches Halbdunkel, nahm unter diesen fremdartigen Klängen einen ganz phantastischen Anblick an und schien bald eine unterseeische Grotte, bald ein verzauberter Wald zu sein, aus welchem heraus die tausend Stimmen der Natur und der Sage erklangen. Die Ehren dieses vertraulichen Festes galten dem wunderbaren Tenor, dem erwählten Darsteller der Zukunftsbühne, Ludwig von Schnorr. Er sang nacheinander die Morgentraumdeutweise Walters von Stolzing, Siegmunds Frühlingslied und den Heldengesang Siegfrieds beim Schwertschmieden. Seine silberhelle Stimme, angenehm weich und voll wie eine Glocke, vermittelte die mächtigen Schwingungen der Jugend und alles Feuer des Lebens. Ein einfacher Sänger ist nicht eines solchen Ausdruckes fähig; es war in ihm etwas von einem Helden und einem Gottbegeisterten. Er lebte in seinem Traum, er strahlte vor Hoffnung. Ach! Er wusste es nicht, und niemand von uns dachte auch nur im geringsten daran, dass er seinen Schwanengesang sänge!

Einen eigentümlichen Eindruck hat dieses Konzert in meiner Erinnerung hinterlassen! Sie waren da alle drei zum letzten Male vereinigt, der grosse Zauberer, der begeisterte Darsteller und der völlig bezauberte König. Der Zauberer sollte in sieghafter Weise seine Laufbahn fortsetzen und vollenden. Der Sänger hatte nicht mehr acht Tage zu leben. Und der König? Er sollte seinen Schützling nur überleben, um einer unerwarteten Geisteskrankheit zu verfallen und tief beklagenswert mit einem geheimnisvollen Selbstmord zu enden, in demselben Schlosse, an dem Ufer desselben Sees, wo seine ideale Freundschaft mit dem Tondichter, dem Auserwählten seines Königreiches, begonnen hatte.

Der Politiker

Aus den Aufzeichnungen während der Freundschaft mit Ludwig II., die dem einstigen Revolutionär die Möglichkeit der Einflussnahme auf die politischen Geschikke Deutschlands eröffnete

Eine Tagebuchaufzeichnung Wagners

[11. September 1865] Die «Illustrierte Zeitung» brachte einen Bericht über das Burschenschaftsjubiläum in Jena, und dazu Zeichnungen. Unter den drei Nestoren der noch lebenden Gründer ist ein Pastor Riemann: sein Kopf hat mich tief, tief angesprochen. Ich möchte diesen Mann kennenlernen. Das Fest, die altdeutsche Tracht, vieles und manches dabei hat mich – sonderbarerweise! – sehr anregend berührt, ja – gerührt. Ich brach in sanfte Tränen aus, – Himmel! Etwas wie – *Hoffnung* überkam mich! Sollte es möglich sein? – Sollte aus diesem deutschen Volke noch etwas werden können? Sollten die Keime wirklich vorhanden sein? Mein Herz sagte mir, welch Edles, ganz unvergleichlich Schönes daraus werden müsste, wenn es das einzig Rechte würde. Sieh diesen Kopf Riemanns. Das ist *deutsche* Idealität. Ganz unbeschreiblich! Wenig Bewegung, keine ungarische, polnische oder französische Gelenkigkeit, etwas schwer, unzierlich: aber dies sinnende Gemüt! Der naive Blick, der wunderbare Glaube drin, die

Schwärmerei! Diese Burschenschaft! Gibt es etwas Sonderbareres? Mit was irgend in der Welt nur zu vergleichen? Durchaus einzig. Alles streift so hart an das Lächerliche: und nun – da gibt es ruhige, fast philisterhafte Männer, – die glauben daran! Und wir dürfen sie nicht verspotten. Hinter dem Enthusiasmus des französischen Volkes, als es 1793 in das Heerlager, an den Grenzen sich anwerben liess, stand am häuslichen Herde der Schrecken, das Schafott, das Elend. Der Franzose ist blutdürstig: er blieb, nachdem das Vaterland gerettet, de gaité de cœur Soldat, machte sich einen Soldatenkaiser und prahlte in der Welt herum. Das war anno 1813 in Deutschland anders: da liefen die vierzehnjährigen Knaben und die sechzigjährigen Männer auch in die Heerlager! Das war eine Hoffnung! Ein Deutschland sollte werden. Was das sein sollte, das zeigte sich, als gesiegt und verraten worden war. Da kam die Burschenschaft dran. Da ward der Tugendbund gestiftet. Alles so phantastisch, dass kein Mensch es begreifen konnte. Aber ich hab' es begriffen. Jetzt begreift *mich* kein Mensch: ich bin der deutscheste Mensch, ich bin der deutsche Geist. Fragt den unvergleichlichen Zauber *meiner* Werke, haltet sie mit allem übrigen zusammen: ihr könnt für jetzt nichts anderes sagen, als – es ist *deutsch.* Aber was ist dieses *Deutsche?* Es muss doch etwas Wunderbares sein, denn es ist menschlich schöner als alles übrige! – O Himmel! Sollte dieses «Deutsche» einen Boden haben? Sollte ich mein Volk finden können? Welch herrliches Volk müsste das werden! Nur diesem Volke könnte ich aber angehören. – Geht mir mit Rom – und Ungarn! – Das ist alles Galimathias!

Aus Wagners Entwurf «Ein politisches Programm» von Anfang Juni 1866

Preussen und Österreich stehen bundesbrüchig in Waffen: bricht der Krieg zwischen ihnen aus, so kann sein Ausgang nur die Teilung Deutschlands sein. Kommt es zum Kongress, so steht dagegen eine teilweise Erhaltung deutscher Mittelstaaten unter französischer Garantie, das heisst mit Abhängigkeit von Frankreich, in Aussicht.

Wie ist beides zu verhindern?

In Bayerns Hand allein ist es gegeben, das Schicksal Deutschlands zu bestimmen und der europäischen Staatenpolitik eine neue Wendung zu geben.

Der von Preussen und Österreich tatsächlich verlassene Deutsche Bund hat sofort zu seiner Erhaltung seine eigene, selbständige Politik zu führen. Dazu gelangt er einzig durch Bekundung seiner Macht. Diese Macht heisst zunächst: Waffenmacht, und diese liegt verfassungsmässig in den Händen der deutschen Fürsten. Nur mit den deutschen Fürsten ist der Deutsche Bund zu einer politischen Macht zu erheben: nur durch die Fürsten kann daher Deutschland herzustellen sein.

Der Angriff des Rettungswerkes muss von Bayern ausgehen: es ist das einzige mächtig erhaltene alte deutsche Stammland und verfügt über die bedeutendste Militärmacht im engeren Bunde. Sein König, als jüngster deutscher Fürst, ist schon deshalb fähiger als irgendein anderer, die vom Zeitpunkte gebotene neue Aufgabe zu fassen, weil er noch nicht, wie jene, durch die Übung der älteren Routine beengt, für die freie Anschauung der Gegenwart durch lähmende Vorurteile gebunden ist. Niemand kennt ihn für jetzt als aus den Verleumdungen der Jesuiten und Bürokraten: der ruhig Erwägende begründet auf diesen seine ernstliche Hoffnung. Der König von Bayern, gestützt auf den kräftigen Willen und die äusserste Machtanstrengung des bayerischen Volkes, möge sofort sämtliche deutsche Bundesfürsten, mit Ausnahme der wegen Bundesbrüchigkeit zu richtenden Souveräne Preussens und Österreichs, nach Bamberg oder Nürnberg berufen, um dort persönlich den augenblicklich zur Selbstrettung jedes einzelnen derselben gebotenen engeren deutschen Bundesvertrag zu schliessen, welcher die einfache Grundlage aller späteren Erweiterung dieses Bundes zu bilden hat. Die Fürsten haben sich zu nichts anderem zu verbinden als zur gegenseitigen Gewährleistung des ungeschmälerten Bestandes ihrer Staaten. Zu diesem Zwecke bestellen die Fürsten aus ihrer Mitte sofort ein Bundesdirektorium und wählen ebenso den Bundesherrn zur Leitung und Ausführung ihrer Beschlüsse, welche, dem Bündnisse entsprechend, für jetzt und in alle Zukunft nichts anderes bezwecken als Garantie des ungeschmälerten Bestandes der im Bunde begriffenen Staaten. Hierzu äusserstes Aufgebot der Streitmacht jedes Bundesstaates, Vereinigung derselben zu einem Bundesheere, Bestellung eines obersten Befehlshabers desselben.

Auf dieses Heer gestützt, hat der engere Deutsche Bund mit Österreich und Preussen zu verhandeln und jedem von beiden das Gesetz für ein Bündnis mit ihm vorzuschreiben ...

Jedoch nur der Vorteil des Deutschen Bundes selbst kann in Zukunft für seine Beziehungen zu Österreich und Preussen massgebend sein, nie aber mehr wird, wie jetzt, der Vorteil eines dieser Staaten auf die Beschlüsse des Deutschen Bundes zu wirken haben. Und hierin liegt die grosse Veränderung, welche zum Heil Deutschlands unerlässlich ist, weshalb es denn auch zum Verrat an jedem einzelnen deutschen Bundesstaate führt, wenn dieser gegebene Stand nicht auf das energischste benutzt wird.

In diesem Bunde liegt zugleich aber auch die einzige Gewähr für die Entwicklung der innern deutschen Freiheit. Frei ist an sich nur, wer Macht hat...

Nur die begeisterte Beteiligung des Volkes kann den Fürsten die ihnen nötige Macht geben: die notwendige Wechselwirkung dieser Beziehungen ist es, in welcher die Gewähr der deutschen Freiheit auch nach innen liegt. Nur in der Machtlosigkeit der deutschen Fürsten, in ihrer Abhängigkeit von Rücksichten auf Österreich und Preussen war bisher die Niederhaltung der deutschen Volksfreiheit begründet. Auch im weiteren Bunde mit Österreich und Preussen wird der Deutsche Bund von nun an selbst diese Rücksichten nicht mehr zu nehmen nötig haben, weil beide Staaten selbst in ihrem neuen Verhältnisse zu dem gekräftigten Deutschen Bunde die früheren Nötigungen zu ihrer bisherigen inneren Politik überwunden haben und zu einer gründlichen Veränderung derselben sich aufgefordert sehen werden. Preussen wird der eigenen demütigenden Rücksichten auf Russland, dessen Freundschaft ihm für die Aufrechterhaltung seiner auf schmaler Grundlage beruhenden politischen Macht nötig war, ferner enthoben sein: denn es ist nun Glied eines gegen ganz Europa mächtigen Bundes, dem die Schweiz, Belgien, Holland, Dänemark, ganz wie jene zum Schutze ihrer Selbständigkeit mit grösserer Sicherheit als durch die bisherigen Neutralitätsverträge aufgenommen, notwendig bald ebenfalls angehören werden. Ebenso wird Österreich, mit dem gesicherten Deutschen Bunde im Rücken, ohne Argwohn und Trug mit deutscher Redlichkeit seine wichtige Aufgabe, dem Südosten Europas zugekehrt, erfüllen können. Frankreichs Einfluss auf Deutschland ist durch diesen Bund aber gebrochen, und somit auch die Furcht der Fürsten vor dem Einfluss der Französischen Revolution, welche bisher einzig, zu ihrem eigenen Verderben, sie für ihr Verhalten gegen ihre eigenen Völker zu beherrschen schien.

Was so ganz von selbst ungehindert aufblühen wird, diese edle, besonnene deutsche Freiheit, darf von vornherein kein dem undeutschen Staatsleben entnommenes Verfassungssystem mit irgendwelchem Zwang aufgebürdet erhalten: die deutsche Verfassung wird sich ganz so eigentümlich und selbständig gestalten, wie der Deutsche Bund, diese einzige Gewähr der deutschen Macht, sich nach seinen ganz besonderen, nur ihm eigentümlichen Gesetzen gebildet, ja einzig ermöglicht hat. Da, wo die erste Gewähr der Macht nach aussen in einem Bunde freier Fürsten zur Mehrung ihrer Selbständigkeit beruht, kann unmöglich das Volk etwas anderes als ein stets lebensvoller Bund freier Männer unter sich sein; denn in diesem

Bunde ist alles Freiheit, da er selbst nur ein Bündnis gegen den Zwang ist...

Deshalb voran, bayerisches Volk! Du bist vom Schutzgeiste Deutschlands als letztes grosses Stammland aufgespart, um nun mit Deiner ganzen Macht, Deiner Kraft voranzugehen. Blick zurück auf Deinen höchsten Ruhm: er leuchtet Dir als Ludwig der Bayer! Blicke vorwärts und vertrau dem gleichen Stern, der Dir Ludwig den Deutschen zeigt!

Wagner in einem Brief an August Röckel

[Luzern, 23. Juni 1866] Um Gottes willen, lassen wir beide die Politik. Seit Du gefangen wurdest in Dresden, haben sie drei Menschen verstanden – Cavour – à la tête – dann: L.N. [Louis Napoleon] und Bismarck. Von denen lernt! – Und Zündnadeln dazu, – so kommt was heraus. Über den Deutschen Bund hat Gott gesprochen: elender als er kann nichts zugrunde gehen. Und an des jungen Königs Beispiel hab' ich Dir gezeigt, dass nicht eigentlich die Fürsten es sind, welche die Schuld daran tragen: so ein verrückter Kerl wie der Kurhesse ist mir noch der respektabelste vom ganzen deutschen Volk!

Freund! Willst und musst Du noch Politik treiben, so – halte Dich an Bismarck und Preussen. Hilf Gott, ich weiss nichts andres. Hier heisst's Zeit, Geduld und – etwas Glaube an reine geschichtliche Notwendigkeiten. Deutschland *kann* kein zentralisierter Staat werden: gerade die Preussen werden es erfahren, dass nur Föderalismus in Deutschland möglich ist. – ...

Und endlich – wollen wir doch noch einmal sehen, was aus meinem jungen König wird. Jagen die Preussen die Jesuiten fort, zertrümmern sie Österreich und damit Rom und die Kirche, so segnet, segnet sie! Hier liegt alles Elend! Sehet das ein! Mengt nicht alles durcheinander! Pfaffen fort!! Nichts weiter! Seid ihr damit zu Ende, so wollen wir – anfangen!

Wagner in seinen Briefen an König Ludwig II.

[Luzern, 25. Oktober 1866] Die «Meistersinger» wachsen und gedeihen! Mit diesem Werke schreibe ich *mein* Meisterwerk!

Wer ein Herz hat, begreift heute, was es mit diesen «Meistersingern von Nürnberg» für ein Bewenden hatte, die ihr Schöpfer in schlimmsten Zeiten deutschen Verrats entwarf und mit denen er nun den einzigen deutschen Fürsten begrüsst, der ihn und in ihm den deutschen Geist begreift. Glauben Sie, das wird ein harter Tag für Graf Bismarck und den Norddeutschen Bund, aber ein hoher, schöner für Ludwig den Deutschen und seinen Richard werden!

[Bayreuth, 15. Juli 1878] Dem Deutschen war es beschieden, durch die Erhaltung seiner angestammten Fürsten sich in einer recht natürlichen Ausübung der Ehrfurcht, ohne welche es keine Religion gibt, zu erhalten. Nun hat er im Jahre 1866 erleben müssen, dass drei seiner alten Fürstenhäuser vertrieben wurden, und zwar nicht durch einen ausländischen Eroberer, sondern wiederum durch einen deutschen Fürsten, der sein Recht doch eben auch auf die Abstammung stützt, welche dort von einem waghalsigen Staatsmann für nichts erachtet wurde. Weit entfernt bin ich davon, zu glauben, dass die beiden Strolche, welche die letzten Attentate begingen, in einem Bewusstsein von dem grossen Unrechte handelten, welches 1866 begangen wurde; doch ist es schwer, sich zu erklären, wie die unsinnigen Ideen der sogenannten Sozial-Demokratie gerade zu dieser Frivolität geführt haben sollten, mit welcher sogleich der mächtigste deutsche Fürst als Schussziel genommen wird, während es dem Sozialismus, also dem Antagonismus zwischen Arbeit und Kapital, doch viel näher läge, sich die über Nacht zu übermütigen Millionären gewordenen jüdischen Bankiers für ihren Hass auszulesen. – Ich kann es meinem Einblicke nicht verwehren, hier in ein dunkles Gewebe des Schicksals zu schauen. Die Ehrfurcht ist dahin! Hohn und grinsenden Spott gewahre ich, wohin ich blicke, und alles Edle wird rücksichtslos von ihm betroffen! – Wehe dem Schuldigen! – Und so ekelt mich dieses neue Deutschland an! Das soll ein Kaiserreich sein? Ein «Berlin» als Reichshauptstadt! Es ist ein reiner Spott von oben herab, der nun von unten herauf erwidert wird. Wo bleiben unsere Fürsten, die zum Rat zusammentreten? Gibt es nur noch vom Büro auf gediente Minister, die sich in Berlin um den grünen Tisch setzen, um sich von einem pommerschen Junker Beschlüsse diktieren zu lassen? – In wessen Händen ist die deutsche Ehre? Der deutsche Genius, wer pflegt ihn? Etwa der Pariser «Figaro», welchem Bismarck gelegentlich zu seinen Witzen gratuliert?

Cosima

Seit ihrem Eintreffen in Tribschen, 1868, führte Cosima ein für ihre Kinder bestimmtes Tagebuch, aus dem Richard Graf du Moulin-Eckart in seinem Lebens- und Charakterbild «Cosima Wagner» unter anderem die folgenden Stellen zitiert:

1868 ist der äussere Wendepunkt meines Lebens: in diesem Jahre wurde es mir vergönnt, das zu betätigen, was seit fünf Jahren mich beseelt. Diese Betätigung ist nicht nachgesucht, nicht herbeigeführt, das Schicksal hat sie mir auferlegt. Damit Ihr mich versteht, muss ich bis zur Stunde zurückgreifen, wo ich meinen wahren, innersten Beruf erkannte, wo mein Leben ein wüster, unschöner Traum war, von welchem ich

Euch nichts zu erzählen vermag. Denn ich begreife ihn selbst nicht und verwerfe ihn mit der ganzen Kraft meiner jetzt geläuterten Seele. Der Anschein war und blieb ruhig, das Innere war verödet, verwüstet, als das Wesen sich mir offenbarte, durch welches sich mir rasch erhellte, dass ich noch gar nicht gelebt. Eine Wiedergeburt, eine Erlösung, ein Ersterben alles Nichtigen und Schlechten in mir ward mir meine Liebe, und ich schwor mir, sie durch den Tod, durch heiligste Entsagung oder durch gänzliche Hingebung zu besiegen, das Werk der Liebe zu verdienen, das an mir geschehen ist, wenn ich es jemals entgelten kann. Als die Sterne es fügten, die Ereignisse, die ich anderweitig erfahren musste, den einzigen Freund, den Schutzgeist meiner Seele, den Offenbarer alles Edlen und Wahren einsam, verlassen, freudlos, freundlos in die Einsamkeit getrieben, rief ich ihm zu: «Ich komme zu dir und will mein höchstes, heiligstes Glück darin finden, dir das Leben tragen zu helfen.» Da trennte ich mich auch von meinen zwei ältesten teuren Kindern. Ich habe es getan und würde es noch jeden Augenblick tun, und doch entbehre ich Euch und denke Eurer Tag und Nacht. Ich liebe Euch alle gleich, in Euren Herzen suche ich das Asyl für mein irdisches Andenken, wenn ich dahin bin, und *alles* hätte ich Euch aufgeopfert – nur das Leben des *einen* nicht. Die Trennung wird vorübergehend sein, und Ihr seid noch so klein, dass Ihr sie nicht empfindet wie die Mutter. Dies meine Hoffnung.

[8. Januar 1869, am Geburtstag von Hans von Bülow:] Ich wünsche, dass er denselben in friedlicher, versöhnter Stimmung begehe, kann ich auch nichts dazu beitragen. Es war ein grosses Missverständnis, das uns ehelich verband, das Gefühl, das ich damals für ihn vor zwölf Jahren empfand, ich empfinde es noch: grosse Teilnahme für sein Schicksal, Freude an seinen Geistes- und Herzensgaben, wirkliche Achtung für seinen Charakter, bei vollständigem Auseinandergehen der Anlagen. Gleich die ersten Jahre meiner Ehe war ich so verzweifelt über die Konfusion, dass ich sterben wollte. Viele Irrtümer entstanden aus meiner Not, doch ermannte ich mich stets wieder, und Euer Vater hat nichts geahnt von meinem Leiden, und er wird mir, glaube ich, das Zeugnis nicht versagen, dass ich ihm in Leid und Freud beigestanden und dass ich ihm nach Kräften geholfen habe. Niemals würde er mich verloren haben, wenn das Schicksal mir nicht denjenigen zugeführt hätte, für welchen zu leben und zu sterben ich als meinen Beruf erkennen musste.

Heute ist der Tag des heiligen Richard. In früheren Zeiten hatte ich ihn nicht vorübergehen lassen, ohne den Geliebten am Tage seines vermeintlichen Schutzpatrons durch eine kleine Gabe scherzhaft zu erinnern. Jetzt kann ich es nicht, denn die geringen Mittel überliess ich alle dem Münchener Haus, und die Freude muss entbehrt werden. Ach, ich will gerne entbehren. Mir scheint es recht eigentlich die Naturbestimmung gewesen zu sein, von allem zu lassen, nichts zu wollen. Ich könnte es mir recht gut denken, dass eine andere Zeit mich als eine religiöse Schwärmerin gesehen hätte – nun hat die Liebe mich erfasst und sich erfüllt und weiss ich nichts anderes und will gerne darin und darum leiden.

[Nach einem Vorspiel Wagners aus der «Walküre»:] Ich muss förmlich vergehen. Gott, dieses Werk! Wem ein tiefer Glaube zu eigen, dem wird auch als Lohn dieses Glaubens eine schöne Hoffnung. Als ich heute so tief inne wurde, wie ich an Richard glaube, an seine Sendung, an seinen Genius, an seine Güte, an seine Liebe, da stieg allmählich aus dem glühenden und durch das unsägliche Leiden verdüsterten, aber doch unerschütterlichen Empfinden ein leises Gefühl auf, so blass und zart wie eine Mondsichel bei glühendem Sonnenuntergang. Nicht von Glück, nicht von Erfolg, auch nicht von Ruhe und Freude. Unbestimmt und schweigsam zeigt sich als holdester Lohn meinem höchsten Gefühl die lieblichste Hoffnung.

Ich kann gewisse Empfindungen, von seiner Stimme ausgedrückt, nicht hören, ohne dass mein Inneres erbebt, und ich muss ihn dann ansehen, muss in meiner Seele erkennen, wie unwert ich seiner bin, und ihm Treue schwören, die mit Jubel alle Leiden trägt und nie schwanken kann… In den Kot werden sie uns ziehen. Gerne will ich alles leiden, nur um an seiner Seite zu stehen. Bis in die späteste Nachwelt sollen sie mich verunglimpfen, habe ich nur ihm geholfen, habe ich nur ihm die Hand reichen dürfen und ihm sagen, ich folge dir bis in den Tod. Mein einziges Gebet ist, mit Richard dereinst in derselben Stunde zu sterben. Mein höchster Stolz, alles von mir gewiesen zu haben, um ihm zu leben, mein schönstes Glück seine Freude. Ohne ihn ist mir die Welt ein Stall, wie Cleopatra sagt.

[Am 13. Juni 1869, nach der Geburt ihres Sohnes Siegfried:] O Heil dem Tag, der uns leuchtet, Heil der Sonne, die uns bescheint. Wie soll ich Ärmste die Gefühle niederschreiben, mit welchen ich dieses Buch wieder zur Hand nehme. Als die Frau mir sagte: «Ich gratuliere, es ist ein Knäblein», musste ich weinen und lachen und beten. Erhalte ihn mir die Gottheit, die ihn mir gab, er sei die Stütze seiner Schwestern, der Erbe seines angebeteten Vaters. Nun mein Glück mir so süss greifbar vor Augen liegt, erscheint es mir immer duftiger, körperloser. Ich sehe es schweben, sich erheben hoch über alle Nöten und kann nur der Weltseele danken, die uns durch solches Zeichen verkündet, dass sie uns freundlich ist... Richard arbeitet, ich höre es. Wie er zu mir heraufkommt, teilt er mir mit, wie wunderbar es sich fügt, dass seine Jubelthemen sich selbst zum Motiv: «Heil der Mutter, die mich gebar» als Begleitung vortrefflich anschmiegen, so dass dieser Jubel im Orchester ununterbrochen bis dahin, wo Siegfried selbst darin einstimmt, erklingt. Morgen wird er wahrscheinlich mit der Skizze fertig. Wie er heraufkommt, nennt er mich die grosse Zenobia. Der Name sei ihm während der Arbeit eingefallen. Als ich ihn frage, sagt er, ich sei gross, wahrhaft gross. Gross aber kann an mir nur die Widerspiegelung seines Wesens sein.

[Nach Ausbruch des Deutsch-Französischen Kriegs:] Ich sage zu Richard: «Der Krieg ist die Beethovenfeier. Am 17. Juli ist die Kriegserklärung abgegangen, am 17. Dezember 1770 ist Beethoven geboren. Gott gebe, dass eine gute Sieben hier ihr Spiel hat.» Richard sagt, er beginne zu hoffen. Der Krieg ist erhaben, zeigt die Nichtigkeit des Individuums. Es ist ein förmlicher Tanz, der aufgeführt wird mit dem furchtbarsten, wie Beethovenschen Finale, wo alle Dämonen entfesselt zu einem grossartigen Tanz.

[Vor der Trauung, am 21. August 1870:] Alle Vorbereitungen wurden getroffen: Richards herrlicher Brief an die Mutter, ich an Frau Wesendonck. Ich frug ihn, ob er mit diesem Brief zufrieden; er meint, es sei zu viel, er habe auch poetisch dieses Verhältnis verschleiert, um dessen Trivialität nicht zu stark hervortreten zu lassen. Doch sei ihm selbst das Poetische erstorben, und er würde nicht gerne daran erinnert. Er meint, ich würde eine unschöne Antwort bekommen.

[25. August 1870] Um acht Uhr fand unsere Trauung statt. Möge ich würdig sein, Richards Namen zu tragen. Meine Andacht hat sich auf zwei Punkte gesammelt: Richards Wohl, dass ich es stets befördern könnte, Hansens Glück, dass es ihm fern von mir beschieden sei, ein heiteres Leben zu führen.

[Oktober 1870] Richard wollte trotz meines Zuredens mich nicht [zu Mathilde Wesendonck] begleiten. Ihre Gedichte «Aufruf an das deutsche Volk» haben ihm sehr missfallen. Auch behauptet er, sie habe sich zuletzt ganz schlecht gegen ihn benommen. Zum ersten Mal seit elf Jahren betrat ich nun die Räume, in denen ich eine Art von Vermittler- und Vertrautenrolle gespielt. Die freundliche Frau fand ich brünett geworden, während ich sie vor vier Jahren in München noch blond gesehen habe. Das machte mich wirr. Ich freute mich über den freundlichen Empfang, besichtigte die Bilder und sann auf dem Heimwege über das seltsam Traumartige des Lebens nach. Als ich vor elf Jahren sie zur milden Stimmung gegen Richard zu bringen versuchte, wer mir da gesagt hätte, ich würde selbst mit Richard in ein grosses Schicksal verwoben werden, dann hätte ich es wohl geglaubt, doch hätte es mich furchtbar erschreckt.

[Zum 33. Geburtstag Cosima Wagners am 25. Dezember 1870:] Von diesem Tage, meine Kinder, kann ich Euch nichts sagen, nichts von meinen Empfindungen, nichts von meiner Stimmung, nichts, nichts. Dürr und trocken will ich Euch nur sagen, was geschah: wie ich aufwache, vernimmt mein Ohr einen Klang, immer voller schwoll er an, nicht mehr im Traum durfte ich mich wähnen, Musik erscholl, und welche Musik! Als sie verklungen, trat Richard mit den fünf Kindern bei mir ein und überreichte mir die Partitur des symphonischen Geburtstagsgedichtes – in Tränen war ich, aber auch das ganze Haus. Auf der Treppe hatte Richard sein Orchester gestellt, und so wurde unser Tribschen auf ewig geweiht.

Am Nachmittag kam Sulzer, der bedeutete wohl für Richard eine Freude. Nach dem Frühstück kam das Orchester in die untere Wohnung, und nun ertönte die Idylle wieder zu unserer aller Erschütterung. Darauf Lohengrins Brautzug, das Sextett von Beethoven und zum Schluss noch einmal die nie gehörte Symphonie. Nun begriff ich Richards heimliche Arbeit und nun auch des guten Richters Trompete; er schmetterte das «Siegfried»-Thema prachtvoll und hatte eigens dazu Trompetenblasen gelernt, das ihm viele Ermahnungen von mir zugezogen hatte. «Lass mich sterben», rief ich Richard zu. «Es war leichter für dich, zu sterben, als für mich, zu leben», erwiderte er mir.

[In einem Brief an Marie von Schleinitz über den bevorstehenden Auszug aus Tribschen:] Wagner ist sehr angegriffen, und somit ist auch mir der Lebensnerv erreicht. Das Aufgeben unserer idyllischen Existenz fällt uns schwerer, als mancher ahnen mag, und mit einem unaussprechlichen Gefühl – von welchem der Himmel abwenden möge, dass es Ahnung sei – ertrage ich die Last der davoneilenden Tage. Am Ende ist es nicht gut, alles nur auf *eines* gesetzt zu haben, nur im Herzen zu leben, denn die äussere Welt, welche nichts bringt, tritt dazwischen und nimmt. Verzeihen Sie die Wehmut, Geliebte, als ich hierher flüchtete, habe ich nicht geglaubt, jemals für etwas anderes dasein zu müssen als für Wagner und die Kinder, und dies in tiefster Abgeschiedenheit. Die Veränderung – nicht der Aufgabe, sondern der

Verhältnisse, unter welchen sie zu erfüllen ist – trifft mich schwerer, als ich geahnt habe, und so ist mein Wort wehmütig wie mein Sinn.

[Cosimas Tagebuch über ihre Aufnahme in die protestantische Kirche am 31. Oktober 1872:] Es war ein erschütternder Akt, meine ganze Seele bebte, unser Dekan sprach aus vollster Seele. Richard innigst gerührt. Wie schön ist doch die Religion! Welche Macht könnte sie in uns hervorbringen. Wir sind alle in gehobener feierlicher Andacht. Gott ist die Liebe, sagt der Dekan. Ich möchte in solcher Stimmung sterben. Könnte man darin beharren bis an des Lebens Ende. Als wir uns umarmten, Richard und ich, war es mir, als ob jetzt erst unser Bund beschlossen und jetzt erst wir vereinigt würden in Christus. Möchte ich wie ein neuer Mensch aus diesem feierlichen Akt erstanden sein! O möchte ich das Leiden lieben, für mich suchen, die Freuden spenden! Ich bin glücklich, denn ich verlange es, der christlichen Gemeinde anzugehören, mich als Christin zu fühlen und zu betätigen.

[Beim Jahreswechsel 1872/73:] Schwer endet dieses Jahr, schwer liegt 1873 vor uns. Richard lebensmüde, und ich kann ihm nur folgen, mit ihm leiden, nicht helfen. Nur Glauben habe ich, Hoffnung aber keine! Die

Welt ist nicht unser, sie gehört anderen Mächten. Gerne aber will ich leiden bis ans Lebensende, und ich bin lieber traurig als froh – könnte ich es nur für mich allein sein.

[Zum Einzug in Wahnfried, 1874:] Endlich – Einzug im Haus. Es ist noch nicht fertig, allein wir erzwingen es. Hübsches Mittagessen bei Feustels. Um vier Uhr Einweihung der Speisestube durch die Konferenz zwischen den Herren Hoffmann, Brand, Brückwald und dem Verwaltungsrat und Herrn Brückner aus Coburg. Richard berichtet von der schönen Stimmung, welche geherrscht habe, wie alle nur von einem Geiste der Ergebenheit für die Sache erfüllt gewesen seien. Schöner hätte das Haus nicht eingeweiht werden können. Die drei Kinder, Eva als Anführerin, danken dafür, dass sie so schön eingerichtet sind. Fidi hat seine eigene Stube. Mondschein. Auf den Balkon mit Richard tretend, erblicken wir das Grab, und er nennt das Haus «Zum letzten Glück».

[Am 21. November 1874, zu der Vollendung der «Götterdämmerung»:] Dreifach heiliger, denkwürdiger Tag! Gegen die Mittagsstunde ruft mich Richard hinauf, ich möchte ihm die Zeitung bringen. Da er mir gestern geklagt, wie angestrengt er sei, und versicherte, er würde erst Sonntag fertig, vermeinte ich, er könne vor Müdigkeit nicht mehr arbeiten.

Scheu wich ich der Frage aus. Um ihn zu zerstreuen, warf ich ihm den eben erhaltenen Brief des Vaters zu, vermeinend, er sei freundlich in bezug auf unsere Reise nach Pest. Es läutet zu Mittag, ich treffe ihn, den Brief lesend: er verlangt Erklärungen, ich sage ihm, was ich darauf zu antworten gedenke, vermeide mit Absicht, auf das Partiturblatt zu blicken, um ihn nicht zu kränken. Gekränkt erklärt er, es sei vollendet, und sagt bitter zu mir: wenn ein Brief des Vaters käme, sei alle Teilnahme für ihn weg – ich unterdrücke den Schmerz zu Mittag, doch wie Richard nachher die bittere Klage wiederholt, so muss ich in bittere Tränen ausbrechen und weine noch jetzt, indem ich dies schreibe. So ist mir denn diese höchste Freude geraubt worden, und nicht durch die schlimmsten Regungen in mir. Dass ich unter Schmerzen mein Leben diesem Werke geweiht, erwarb mir nicht das Recht, seine Vollendung in Freude zu feiern. So feiere ich sie mit Schmerzen, segne das hohe, wundervolle Werk mit meinen Tränen und danke es dem ewigen Gott, welcher es mir auferlegt, diese Vollendung zuerst durch meinen Schmerz zu sühnen. Wem ihn sagen, wem ihn klagen, diesen Schmerz! Gegen Richard kann ich nur schweigen. Diesen Blättern vertraue ich es an, sie mögen meinen Siegfried lehren, keinen Groll, keinen Hass, grenzenloses Mitleid mit dem armseligen Geschöpf, dem Menschen, zu hegen ... Die Kinder sahen mich weinen, weinen mit, sind bald getröstet. Richard geht zur Ruhe mit einem letzten bitteren Wort, ich suche nach Tristanschen Klängen auf dem Klavier; jedes Thema ist aber zu herbe für meine Stimmung, ich kann nur in mich versinken, beten, anbeten!

Tribschener Idyll, 1871

In ihrem Buch «Wagner und Nietzsche zur Zeit ihrer Freundschaft» berichtet Elisabeth Förster-Nietzsche:

Nach ihrer [Cosimas] Rückkehr wurden wir beide sehr dringend eingeladen, die Pfingstferien in Tribschen zu verleben, und diese Tage sind mir in schönster Erinnerung geblieben. Ich erinnere mich noch des letzten Abends, den ich dort verlebte: die Sonne war am Untergehen, aber schon stand der Mond voll und klar über dem leuchtenden Schneefeld des Titlis; wie nun allmählich die Sonnenbeleuchtung in das bleiche Licht des Mondes überging, wie der See und die so malerisch geformten, scharf umrissenen Berge immer zarter, duftiger und durchsichtiger wurden, sich gleichsam immer mehr vergeistigten, da stockte unser lebhaftes Gespräch, und wir versanken alle in ein träumerisches Schweigen.

Wir vier (eigentlich fünf) wandelten auf

dem sogenannten Räuberweg, dicht am See, voran Frau Cosima und mein Bruder, Cosima in einem rosa Kaschmirgewand mit breiten echten Spitzenaufschlägen, die bis zum Saum des Kleides hinabgingen, am Arm hing ihr ein grosser Florentinerhut mit einem Kranz von rosa Rosen, hinter ihr schritt würdig und schwerfällig der riesige kohlschwarze Neufundländer Russ, dann folgten Wagner und ich, Wagner in niederländischem Malerkostüm: schwarzer Samtrock, schwarze Atlaskniehosen, schwarzseidene Strümpfe, eine lichtblaue Atlaskrawatte reich gefältelt, mit feinem Leinen und Spitzen dazwischen, das Künstlerbarett auf den damals noch üppigen braunen Haaren. Ich sehe noch deutlich, wie das Licht durch die Bäume auf die verschiedenen Gestalten fiel, wie wir schweigend dahinwandelten und über den silberglänzenden See hinausschauten; wir lauschten dem sanften Rauschen der anschlagenden Wellen, und jedem klang wohl aus dieser süssen eintönigen Melodie, wie aus dem Schall des Zauberhorns, das Lied seiner eigenen Gedanken entgegen.

Das Ziel unserer Wanderung war die Einsiedelei, ein Rindenhäuschen, das auf dem höchsten Punkt des Besitztums lag und in dem fast taghellen Mondlicht einen köstlichen Blick weit über den See hinweg und die ihn umgebende Gebirgskette bot. – Allmählich wurde der Bann des Schweigens gebrochen; Wagner, Cosima und mein Bruder begannen zu reden von der Tragödie des menschlichen Lebens, von den Griechen, den Deutschen, von Plänen und Wünschen. Niemals, weder vorher noch nachher, habe ich in der Unterhaltung drei so verschiedener Menschen einen gleichen wundervollen Zusammenklang gefunden; jeder hatte seine eigene Note, sein eigenes Thema und betonte es mit aller Kraft, und doch, welch prachtvolle Harmonie!

Zwischen Kritik und Bewunderung

Aus den Briefen von Kapellmeister Heinrich Esser an den Verleger Franz Schott

Wagner an Esser

[Paris, November 1859] Herrn Franz Schotts Entgegenkommen ist mir sehr wertvoll. Ich sehe es wirklich nicht ungern, wenn ich einmal mit einem anderen Verleger als den Herren Härtel mich vernehmen könnte, die zwar sehr vorzüglich und sauber im Geschäft, aber dabei von einer eigentümlichen, oft mich abstossenden Kleinheit und Zähigkeit sind. Ist es Herrn Schott Ernst, ein bedeutendes dramatisches Musikwerk von mir in Verlag zu nehmen, so habe ich Stoff genug, mit ihm in einen prompten Verkehr zu treten. Wollen Sie daher die Güte haben,

Herrn Schott zu veranlassen, mir seine Wünsche und Absichten zu eröffnen.

Dazu Esser an Schott

[26. November 1859] Ich habe Ihnen die ganze Stelle aus dem Briefe abgeschrieben, in der Voraussetzung, dass Sie die die Herren Härtel betreffende Stelle, welche wohl als vertrauliche Mitteilung an mich anzusehen ist, nicht lautwerden lassen, besonders da ich vermute, dass eine gewisse Zähigkeit Wagner gegenüber wohl ganz an ihrem Platze sein mag; denn darauf können Sie sich gefasst machen, dass er in seinen Ansprüchen nicht sehr genügsam und bescheiden ist. Übrigens gereicht eine Oper von ihm jeder Verlagshandlung zur Ehre, und ich wünsche deshalb recht sehr, dass aus der durch mich vermittelten Verbindung ein beide Teile zufriedenstellendes Resultat entspringt.

[Wien, 28. März 1863] Wagner scheint mir nach dem, was Sie mir von ihm schreiben, seines Verstandes nicht mehr recht mächtig zu sein. Wenn er in jeder Stadt, wo er sich gerade aufhält, eine Liebschaft anfängt, so ist dies seine Privatsache, die mich nichts angeht. Vielleicht ist es seinem empfindsamen Herzen nicht möglich, die exzentrischen, enthusiastischen Damen, welche sich ihm an den Hals werfen, zurückzustossen, und ich gönne ihm von Herzen die Wonne, von so vielen zarten Armen sanft umfangen zu werden. Dass er aber, nachdem er bei seinen hiesigen Konzerten ein Defizit erzielte, welches ihm ein hiesiger Freund gedeckt haben soll, die 1000 Gulden, welche er – wie er mir sagte – in Prag verdient hat, dazu verwendet, sich einen Bauplatz in Biebrich zu kaufen, und ganz grossartig anfangen will, von seinem in Petersburg gewonnenen Gelde ein Haus zu bauen, während er nichts zum Leben hat, dies scheint mir doch bereits an die Grenze der Unbesonnenheit – um mich eines zarten Ausdruckes zu bedienen – zu grenzen.

Vollständig lächerlich scheint es mir, wenn er über Sie deshalb beleidigt sein sollte, weil Sie auch andere Sachen stechen als Wagnerische Werke. Auch kann ich mir nicht denken, dass dies wirklich der wahre Grund sein sollte, weshalb er gegen Sie den Beleidigten spielt. Da scheint es mir schon wahrscheinlicher, dass er Sie deshalb vernachlässigte, weil er einsieht, dass sich aus Ihnen weiter kein Geld herauspressen lässt. Wagner hat die sehr fatale Eigenschaft, dass er die Leute, solange er glaubt, dass sie ihm nützlich sein können, mit seiner Freundschaft beehrt, die aber nur so lange andauert, bis die Zitrone ausgepresst ist.

[10. Mai 1863] Vor acht Tagen erhielt ich eine schriftliche Einladung zu einem Diner bei Richard Wagner, welches auch wirklich stattfand. Natürlich erzählte Wagner sehr viel von seinen russischen Erfolgen ... Dass Wagner eine Summe von 25 000 Francs von Petersburg mit zurückgebracht habe, wie eine hiesige Zeitung meldete, scheint mir eine Übertreibung zu sein, doch mag er jetzt wohl über eine Summe von 7000 bis 8000 Gulden zu disponieren haben, und ich will wünschen, dass dies hinreichend sein möge, um ihn zwei Jahre lang ausser Sorgen zu setzen und ihm die Musse zu verschaffen, seinen «Hans Sachs» zu vollenden. Übrigens ist Wagner, wenn er Geld in der Tasche hat, wie ein kleines Kind und scheint gar nicht daran zu denken, dass dies alles einmal ein Ende haben könne. Hierzu kommt, dass er behauptet, er könne gar nicht arbeiten, wenn er sich nicht in behaglichen Räumen bewege, wenn er nicht einen grossen Garten zu seiner eigenen, alleinigen Benutzung zur Verfügung habe, kurz, wenn er nicht als Grandseigneur lebe.

[17. Januar 1870] Ich muss gestehen, dass es mir fatal gewesen wäre, noch einmal mit diesem «Rheingold» zu tun zu haben, denn es enthält ausser einigen schönen Partien nur wenig Herzerfreuendes für den Musiker und sehr viel Langweiliges. Wenn ich nun auch nicht für das «Rheingold» schwärmen kann, so bin ich doch in der Lage, Sie, wenn Sie dessen bedürfen, durch den Trost zu entschädigen, dass die «Walküre» ganz ohne allen Vergleich besser ist, ja dass ich geneigt bin, dieses Werk mit den «Meistersingern» zu dem Besten zu rechnen, was aus Wagners Feder gekommen ist.

Ich habe langsam mit dem Arrangieren [des Klavierauszuges] begonnen und wollte mir dazu gehörige Zeit lassen, allein die genauere Bekanntschaft mit dem Werke liess mich so grosse Schönheiten entdecken und fesselte mich so sehr, dass ich beinahe den ganzen Tag an der Arbeit sitze und mich förmlich darin festgebissen habe. Der «Walküre» prophezeie ich einen sehr brillanten Erfolg, wenn nur eine einigermassen gute Aufführung erfolgt.

[Salzburg, 7. August 1871] Dass Sie Wagner und seine Frau, die übrigens ihre Jugend tragen kann, besucht haben, hat mich sehr interessiert. Die berüchtigte Cosima ist ein sehr geistreiches, aber entsetzlich exzentrisches, überschwengliches Weib und dabei gleich ihrem Herrn Papa eine Betschwester. Ich bin begierig, wie lange sie bei Wagner, in welchen sie übrigens schwärmerisch verliebt scheint, aushält oder wie lange er es bei ihr aushält.

[Salzburg, 13. August 1871] Hiermit erhalten Sie den ersten Akt des Ungeheuers «Siegfried» für Piano zweihändig. Ich kann Sie versichern, dass es in dieser Oper Partien gibt, wo ich den ersten Verfertiger des Klavierauszuges mit Singstimme bedaure, dass er sich in diesem Chaos von Tönen zurechtfinden muss, und wo ich wieder mich selbst bedaure, dass ich aus dem Chaos, welcher noch im Klavierauszuge steckt, den leitenden Faden und die harmonische Grundlage herausfischen muss.

[Salzburg, 29. August 1871] Die letztere Hälfte des zweiten Aktes «Siegfried» enthält sehr grosse musikalische Schönheiten und wird vielleicht vermögend sein, den teilweise trostlosen Eindruck des vorhergehenden wieder gutzumachen.

[3. Oktober 1871] Was die Herausgabe der Partituren der Wagnerischen «Nibelungen» betrifft, so tritt dadurch der Chef der Musikalien-Verlagshandlung Schott weit aus dem Kreise der gewöhnlichen Verleger hervor, indem er sich als ein Mann erweist, der seine Zeit und die neueste Wendung der Kunst begreift und dieser Periode durch ein pekuniäres Opfer, welches das Geschäft bringt, ein dauerndes künstlerisches Denkmal setzt. Mögen die Musik und die Oper Wege einschlagen, welche sie wollen, immer werden die Wagnerischen Werke als Studium gesucht werden, wenn sie sich auch der Schwierigkeit ihrer Ausführung wegen nicht auf den Repertoiren der elend herabgekommenen deutschen Opernbühnen erhalten können.

Wagner über Brahms

Einer Einladung des gemeinsamen Freundes Herrn Dr. Standhardtner folgend, fand sich Johannes Brahms zusammen mit Tausig und Cornelius am 6. Februar 1864 in der damals von Wagner bewohnten Villa des Barons von Rochow in Penzing bei Wien ein. Über das Treffen berichtet Gustav Schönaich, der Stiefsohn Standhardtners:

Wagner zeichnete den jüngeren Kunstgenossen besonders aus. Er forderte Brahms sogleich auf, zu musizieren, und dieser spielte zunächst einige Stücke von Seb. Bach, unter diesen die damals von ihm gern produzierte Orgeltokkata in F-dur. Dann spielte er über ausdrücklichen Wunsch Wagners seine Variationen über ein Thema von Händel, deren Lob jener bereits von uns vernommen hatte. Sein Spiel trug an jenem Abend jenen genialen, grossartig plastischen Charakter, der am meisten dann hervortrat, wenn Brahms unter Musikern oder in einem ihm sympathischen Privatzirkel spielte, und der sich vor der grossen Öffentlichkeit nur abgeschwächt zeigte. Es ist mir noch in frischester Erinnerung, mit welch ungeheuchelter Wärme Wagner, dem das Lob eines Werkes, das ihm nicht zusagte, zu jener Zeit unmöglich war, den jungen Komponisten mit Anerkennung überschüttete und wie überzeugend er über alle Details der Komposition sprach. «Man sieht», sagte er zum Schlusse, «was sich in den alten Formen noch leisten lässt, wenn einer kommt, der versteht, sie zu behandeln.»

In seiner Schrift «Über das Dirigieren» von 1869 kommt Wagner auch auf dieses Treffen zurück:

Wo bleibt nun aber unsere grosse, unsäglich herrliche deutsche Musik? – Was aus unserer Musik wird, darauf kann es uns hierbei am Ende einzig ankommen. Denn dass andererseits in einer gewissen Periode einmal nichts Besonderes geleistet wird, das könnten wir nach einer hundertjährigen glorreichen Periode wundervollster Produktivität stolz genügsam zu verschmerzen wissen. Aber gerade dass diese Leute, mit denen wir hier zu tun haben, sich als die Behüter und Bewahrer des echten «deutschen» Geistes, dieses unseres herrlichen Erbes, gebaren und als solche sich zur Geltung zu bringen bemüht sind, das lässt sie uns gefährlich erscheinen.

Ganz für sich betrachtet, ist an diesen Musikern nicht viel auszusetzen; die meisten unter ihnen komponieren ganz gut. Herr *Johannes Brahms* war so freundlich, mir einmal ein Stück mit ernsten Variationen von sich vorzuspielen, aus dem ich ersah, dass er keinen Spass versteht, und welches mich ganz vortrefflich dünkte. Ich hörte ihn auch in einem Konzerte anderweitige Kompositionen auf dem Klavier spielen, was mich nun allerdings weniger erfreute; sogar musste es mir impertinent erscheinen, dass von der Umgebung dieses Herrn aus Liszt und seiner Schule «allerdings eine ausserordentliche Technik», aber auch nichts weiter, zugesprochen wurde, während ich die Technik des Herrn Brahms, dessen Vortrag mich seiner Sprödigkeit und Hölzernheit wegen sehr peinlich berührte, so gern etwas mit dem Öle jener Schule befeuchtet gewünscht hätte, welches denn doch nicht der Tastatur selbst zu entfliessen scheint, sondern jedenfalls auf einem ätherischeren Gebiete als dem der blossen «Technik» gewonnen wird. Alles zusammen konstatierte ich jedoch eine ganz respektable Erscheinung, von der man nur einzig auf natürlichem Wege nicht zu begreifen vermag, wie sie, wenn nicht zu der des Heilands, doch wenigstens zu der des geliebtesten Jüngers desselben gemacht werden konnte; es müsste denn sein, dass ein affektierter Enthusiasmus für mittelalterliche Schnitzereien in jenen steifen Holzfiguren das Ideal der Kirchenheiligkeit zu erkennen uns verleitet hätte. Jedenfalls müssen wir uns dann wenigstens dagegen verwahren, unseren grossen lebendigen Beethoven in das Gewand dieser Heiligkeit verkleidet und vorgeführt zu bekommen, um etwa ihn, den Unverstandenen, in dieser Verunstaltung neben den aus den natürlichsten Gründen unverständlichen Schumann stellen zu können, gleichsam als ob da, wo *sie* keinen Unterschied merklich zu machen verstehen, auch wirklich gar kein Unterschied stattfinde. –

Vor einiger Zeit warf ein süddeutscher Zeitungsredakteur meinen Kunsttheorien «muckerische» Tendenzen vor: der Mann wusste offenbar nicht, was er damit sagte; es war ihm einfach um ein böses Wort zu tun. Was ich dagegen von dem Wesen der Mukkerei in Erfahrung gebracht habe, bezeichnet die sonderbare Tendenz dieser widerlichen Sekte damit, dass hier dem Anreizenden und Verführerischen auf das angelegentlichste nachgetrachtet wird, um in der schliesslichen Abwehr desselben seine Widerstandskraft gegen den Reiz und die Verführung zu üben. Der eigentliche Skandal der Sache ging nun aber aus der Aufdekkung des Geheimnisses der Höchsteingeweihten dieser Sekte hervor, bei denen sich die angekündigte Tendenz dahin umkehrte, dass der Widerstand gegen den Reiz nur den schliesslich einzig erzielten Genuss zu steigern hatte. –

Man würde demnach, auf die Kunst angewendet, etwas nicht Sinnloses sagen, wenn man der eigentümlichen Enthaltsamkeitsschule des von uns besprochenen musikalischen Mässigkeitsvereins muckerhaftes Wesen zuspräche. Treiben sich nämlich die unteren Grade dieser Schule in dem Kreislaufe des Reizes, wie ihn der Charakter gerade der musikalischen Kunst darbietet, und der Enthaltsamkeit, welche eine dogmatisch gewordene Maxime ihnen auferlegt, herum, so kann man den höheren Graden wohl ohne grosse Mühe nachweisen, dass hier, im Grunde genommen, nur der Genuss des den unteren Graden Verbotenen ersehnt wird. Die «Liebeslieder-Walzer» des heiligen Johannes, so albern sich schon der Titel ausnimmt, könnten noch in die Kategorie der Übungen der unteren Grade gesetzt werden: die inbrünstige Sehnsucht nach der «Oper» jedoch, in welcher schliesslich alle religiöse Andacht der Enthaltsamen sich verliert, zeichnet unverkennbar die höheren und höchsten Grade aus.

Auf Brahms gemünzt ist schliesslich auch ein Abschnitt in dem 1879 erschienenen Aufsatz Wagners «Über das Dichten und Komponieren»:

Aber der amüsementbedürftige Journalkavalier sitzt da; seine Sehkraft bleibt eine ganz reale: er gewahrt nichts, gar nichts: die Zeit wird ihm lang, während uns die Zeit der Entrücktheit aus allem dem, was jener einzig sieht, zu kurz, zu flüchtig war. So schafft ihm denn Amüsement! Macht Witz, auch ihr

Musiker; verkleidet euch und steckt eine Maske vor! Komponiert, komponiert, wenn euch auch eben gar nichts einfällt! Wozu heisst es «komponieren» – zusammenstellen –, wenn auch noch Erfindung dazu nötig sein sollte? Aber je langweiliger ihr seid, desto abstechender wählt die Maske: das amüsiert wieder! Ich kenne berühmte Komponisten, die ihr bei Konzertmaskeraden heute in der Larve des Bänkelsängers («An allen meinen Leiden»!), morgen in der Hallelujaperücke Händels, ein anderes Mal als jüdischen Csardasaufspieler und dann wieder als grundgediegenen Symphonisten in einer Numero Zehn verkleidet antreffen könnt.

Cosima in ihrem Tagebuch, nachdem auf Veranlassung von Nietzsche das «Triumphlied» von Brahms durchgespielt worden war:

Grosser Schrecken über die Dürftigkeit dieser uns selbst von Friedrich Nietzsche gerühmten Komposition. Händel, Mendelssohn und Schumann in Leder gewickelt. Richard wird sehr böse ...

Als Brahms und Wagner vom König von Bayern gleichzeitig mit demselben hohen Orden ausgezeichnet wurden, empfand dies Wagner als unerhörte Kränkung, und nur das gute Zureden Cosimas hinderte ihn daran, den Orden zurückzuschicken.

Brahms über Wagner

Brahms 1862 in einem Brief an Joseph Joachim

Wagner ist hier [in Wien], und ich werde wohl Wagnerianer heissen, hauptsächlich natürlich durch den Widerspruch, zu dem ein vernünftiger Mensch gebracht wird gegenüber der leichtsinnigen Art, wie die Musiker hier gegen ihn sprechen.

Joachim in seiner Antwort: «Du ein Wagnerianer? Der Kasus macht mich lachen!»

Kalbeck zitiert in seiner Brahms-Biographie die von Henschel aufgezeichneten Gespräche mit Brahms:

Auf dem Heimwege sprachen wir von Wagners «Nibelungen». Ich hatte die schönen Stellen im ersten Akt der «Walküre» und das frische Lied in «Siegfried»: «Aus dem Wald fort in die Welt ziehn» gerühmt. «Gewiss», sagte er, «sind das schöne Stellen; aber ich kann mir nicht helfen, mich interessiert das nicht. Die Stelle, die Sie da eben singen: ‹Heiligster Minne höchste Not, sehnender Liebe sehrende Not› ist ja wunderschön, und wenn Siegmund das Schwert aus dem Stamme zieht, so ist das ja auch sehr schön; aber es wäre ergreifend, wenn das der junge Bonaparte, will ich mal sagen, oder sonst ein Held wäre, der uns nahesteht. Und die endlosen Duette in der ‹Walküre›! ... Und dann diese gespreizte Sprache! ... ‹So – werf' ich den Brand – in – Walhalls – prangende –

Burg› – *ich* versteh' das nicht. Was eigentlich mit dem Ringe geschieht, wissen Sie's?» …

Gestern [15. Juli] früh hatte ich ihm die Partitur der «Götterdämmerung» gebracht. Am Nachmittag sagte er mir: «Warum haben Sie mir das gegeben?» – er hatte es aber selbst gewünscht –, «das Ding interessiert und fesselt einen und ist doch eigentlich nicht immer erquicklich. Mit der ‹Tristan›-Partitur ist es anders. Wenn ich die am Morgen angesehen habe, bin ich den ganzen Tag verstimmt.»

Brahms in einem Brief an Clara Schumann

[Wien, 28. März 1870] Die «Meistersinger» mussten fünfmal an- und abgesetzt werden. Jetzt aber machen die Wiederholungen ebensoviel Umstände. Schon das natürlich hindert das Publikum, in Enthusiasmus zu kommen, denn dazu gehört ein gewisser Trab. Ich finde das Publikum viel teilnahmsloser, als ich irgend erwartete. Ich schwärme nicht – weder für dies Werk noch sonst für Wagner. Doch höre ich mir's so aufmerksam wie möglich an, das heisst, sooft – ich's aushalten kann. Ich freue mich jedoch, dass ich nicht nötig habe, alles deutlich und laut zu sagen, etc. etc.

Zu Richard Specht äusserte sich Brahms in seinem Todesjahr (1897):

Glauben Sie denn, dass ein Mensch unter dieser unreifen Masse [der unentwegten

Wagnerianer] auch nur das Geringste von diesen symphonischen Riesenschlangen begreift, und glauben Sie nicht auch, dass *ich* der Musiker bin, der heute Wagners Werke am besten versteht, und jedenfalls besser als irgendeiner seiner sogenannten Anhänger, die mich am liebsten vergiften möchten? Ich habe es einmal Wagner selbst gesagt, dass ich heute der beste Wagnerianer bin. Halten Sie mich für so beschränkt, dass ich von der Heiterkeit und Grösse der «Meistersinger» nicht auch entzückt werden konnte? Oder für so unehrlich, meine Ansicht zu verschweigen, dass ich ein paar Takte dieses Werkes für wertvoller halte als alle Opern, die nachher komponiert wurden? Und ich ein Gegenpapst? Es ist ja zu dumm.

Besuch in Wahnfried

Nachdem der kaum zweiundzwanzigjährige Ludwig Strecker die Nachfolge des verstorbenen Franz Schott als Leiter des Verlags Schott in Mainz angetreten hatte, machte er am 17. Januar 1876 in Bayreuth seinen Antrittsbesuch, über den er berichtet (mitgeteilt von seinem Sohn Ludwig Strecker in dem Buch «Richard Wagner als Verlagsgefährte»):

Die Zeit für meine Vorstellung bei dem Meister war nunmehr gekommen. Von den alten Geschäftsführern, die sich der ersten persönlichen Zusammenkünfte mit Franz Schott erinnerten, mit der Pflicht geimpft, etwaigen Pumpversuchen gegenüber standhaft zu bleiben, und bewaffnet mit einem Zettel voll hunderterlei Besprechungsgegenständen machte ich mich auf den Weg...

Die Pforte wurde durch einen befrackten Diener geöffnet, der mich höflich nach meinem Begehr fragte. Der Meister, hiess es, und die gnädige Frau arbeiteten eben und seien für niemand zu sprechen, doch sei eine Bestellung für mich im Hotel abgegeben worden. Ich zog also ab und fand auf meinem Zimmer eine Visitenkarte von Wagner und Nachricht, dass ich um fünf Uhr angenehm sei.

Als ich um fünf Uhr zum zweiten Mal das Gitter durchschritt, fand ich den Meister, mit zwei grossen Neufundländerhunden und einer Zigarre beschäftigt, bei seinem Verdauungsbummel im Garten. Wir begrüssten und musterten uns gegenseitig ziemlich neugierig. Wagner schloss nach dem Geschäftszirkular, das ihm zugeschickt wurde, und aus dem Umstande, dass nicht ich als Chef, sondern Prokurist Mazière die Korrespondenz mit ihm besorgte, ich sei nur kapitalistischer Teilhaber; infolgedessen hatte er sich in mir, wie er mir später sagte, einen griesgrämigen alten Advokaten vorgestellt.

Ich meinerseits fand in ihm einen nicht grossen alten Herrn mit freundlichem Gesicht, aus dem ein Paar sehr klarer blauer Augen hinter einer Brille prüfend hervorsahen; als er den Hut abnahm, sah ich die bekannte schöne Stirn und sein graues, volles Haar. Seine Stimme war wohlklingend und tief. Gekleidet war er wie andere Sterbliche.

Wir gingen langsam dem Hause zu, und Wagner entschuldigte sich, dass ich ihn noch bei seiner gewöhnlichen Promenade treffe, aber: «Sehen Sie», sagte er, «ich suche soviel als möglich in der freien Luft zu sein und habe deshalb mein Mittagessen auf drei Uhr verlegt, weil ich es auf diese Weise am besten einrichten kann, ohne mich zu ermüden; jetzt, wo die Tage so kurz sind, muss man seine Zeit doppelt sorgfältig einteilen, und so gehe ich, nachdem ich bis ein Uhr gearbeitet habe, bis zum Essen spazieren und nachher wieder ein Stündchen ...»

An der äusseren Türe des Hauses ist in gemaltem Glase ein Wappen angebracht, das Wagner sich selbst erfunden hat: in einem Schild das Sternbild der Waage und darüber ein Helm, als Zeichen des Herren, also eigentlich: Waagenherr. (Die Erklärung verdanke ich Joseph Rubinstein, dem nahezu krankhaft anhänglichen Verehrer und damaligen Adlatus Wagners.) An der Büste Wagners vorbei kommt man in das Studierzimmer des Meisters – einen der schönsten Räume, die ich kenne –, das die Höhe des ganzen Hauses einnimmt. Es ist ein grosser,

Richard und Cosima Wagner, Wien 1872.

Aufnahme von
Fritz Luckhardt

hoher Saal, der nur nach einer Seite Licht hat.

Wir nahmen Platz und begannen die Unterhaltung mit geschäftlichen Dingen, das heisst, nachdem ein paar allgemeine Sachen erledigt waren, fragte ich wegen einigem um Wagners Meinung, und nun fing er an, zu sprechen und zu erzählen, kam von einem Punkt zu tausend anderen, so dass ich von nun an nur still zuzuhören brauchte. Mit einem Lob der Generosität und des kulanten Wesens des Hauses Schott begann er und kam bald auf ein Thema, das ihn eben sehr beschäftigt: den Prozess, den er mit Fürstner über das Aufführungsrecht der neu komponierten Szenen zu «Tannhäuser» hat. Dann kam er auf die Erzählung der Geschichte seiner ersten drei Opern, die er selbst in Dresden - bei Meser - herausgab, mit dem Gelde, das er sich von Freunden zusammengebettelt hatte. Auf diese Opern, die, nach dem Tode des Nachfolgers von Meser, Fürstner im Jahre 1872 kaufte, schuldete er [Wagner] noch 5000 Taler an mehrere Freunde, von den Zinsen gar nicht zu reden. «Ja, ich muss sehr alt werden, wenn ich nur einen Teil meiner Schulden zahlen will.» Bei dem Wort Schulden lächelte ich und sah erst nach ihm und dann nach den im Zimmer aufgestellten Kostbarkeiten; er verstand mich, lachte und sagte: «Sie finden mein Haus schön? Gott, wenn Sie wüssten! Die

20 000 Gulden vom Hause Schott sind nicht meine einzigen Schulden; ausser den 25 000 Mark, die mir der junge Herr [König Ludwig II.], dessen neuestes Bild er mir heute schickte, für mein Haus geschenkt hat, ist noch nichts darauf bezahlt.» Ziemlich bitter setzte er dann noch hinzu: «Ja, er hat sein Wort nicht gehalten, er hat mich sitzenlassen, und statt mein Unternehmen zu fördern, wie er sollte, hängt er seinen Marotten nach. Nun es geht auch so; kürzlich forderte man mich von Amerika aus auf, einen Marsch zur Feier des Zentenariums zu komponieren; ich schrieb zurück, die Herren Amerikaner sollten erst einmal etwas für mich tun und ordentlich Geld schicken für mein Theater, vielleicht bekäme ich dann Gedanken!»

Das Geld ist überhaupt ein beliebtes Thema von ihm. Ein andermal äusserte er: «Es ist eine Schande, dass in ganz Deutschland kein reicher Mann aufzutreiben ist, der sagte, da hast du Kredit, tue, wie du es für gut hältst, ich stehe dir ganz zu Gebot – was hätte das einem Rothschild oder Bleichröder gemacht? – So müssen meine Freunde und ich, hauptsächlich aber meine Freundinnen, das Geld zusammenbetteln, und wenn ich nicht ein paar wirklich treue Menschen hätte, meine ganze Lebensaufgabe wäre nie erfüllt worden.»

Über eine Stunde sprach er so, dann verabschiedete er mich und bat, ich möchte um acht Uhr wiederkommen, er wolle es Rubinstein sagen lassen, dass er den Abend auch bei ihm zubrächte – «Sie werden dann meine Frau kennenlernen».

Als ich wiederkam, fand ich ausser Rubinstein auch Frau Cosima, die zur Schonung ihrer Augen einen grossen grünen Schirm vorhatte, den sie jedoch abnahm – ich vermute ein bisschen aus Eitelkeit, denn ihre Augen sind sehr schön. Ein interessantes, schmales Gesicht, grosse Nase, ebensolchen Mund mit prächtigen Zähnen, blonde, einfach geknotete Haare, sehr schöne, aristokratische Hände und eine sehr magere Figur. Wenn sie lebhaft wird, ist ihre Stimme angenehm tief, gewöhnlich aber ist der Ton etwas blasiert. In jedem Fall ist sie eine kluge, interessante Frau, die sehr charmant sein kann, wie sie im Lauf des Abends und folgenden Tages bewies. –

Ihren «Vater» erwähnte sie oft und, wie es schien, mit grosser Liebe, ihre Mutter nur ein einziges Mal. Den Meister verehrt sie abgöttisch; sie verfolgt ihn fortwährend in all seinen Bewegungen und nimmt ihm fast mit den Augen das Wort von den Lippen – er lohnt ihr dafür durch ausgesuchte und, wie es scheint, von Herzen kommende Galanterie und Aufmerksamkeit. Diesmal war er auch in dem bekannten altdeutschen Kostüm, das ihn nicht gerade verschönt, jedenfalls aber an ihm nicht auffallend wirkt und entschieden bequem sein muss: schwarze, weiche Tuchjacke, schwarze Kniehosen, ebensolche Strümpfe und Tuchschuhe. Das von seinen Bildern bekannte Barett trug er in der Hand und legte es neben sich auf einen Stuhl. Bei Tisch fiel mir auf, dass er von Zeit zu Zeit mit dem auf der Gabel stekkenden Bissen in ein für ihn besonders dastehendes Salzfass fuhr. Nach dem Essen, bei der Zigarre, forderte er Rubinstein auf, mir eines seiner Tonbilder zu spielen, was dieser meisterhaft ausführte. Als er aufhörte, sprang Wagner auf ihn zu und machte ihm Elogen über das glückliche Arrangement dieses Bildes aus «Walküre», das er noch nicht gehört hatte. Dann wandte er sich zu mir und sagte: «Sehen Sie, das ist die einzige Art, in der ich wünschte, meine Werke in einer Bearbeitung für Klavier allein veröffentlicht zu sehen. Es gibt den Leuten das Wesentliche des Dramas, und zwar *alles,* soweit es ohne Worte nicht allein interessant, sondern auch verständlich ist. Was tun Sie mit den schändlichen Machwerken, den Klavierauszügen ohne Worte, die von Leuten arrangiert sind, denen nie ein Licht über die Art aufgehen wird, wie man ein Werk im Auszug geben kann, indem die nur mit Beihilfe der Bühne und des Dramas verständlichen Stellen ganz wegbleiben? Diese langweilen das Publikum nur, und Sie verdrukken eine Unmasse Papier ganz unnütz. Eine solche schulmeisterlich pedantische Bearbeitung der Partitur von Note zu Note entstellt nur das Werk, denn der Spieler hat die Mühe, sich in dem Auszug die Sachen selbst herauszusuchen, die ihm einen Begriff des Ganzen geben ...»

Unter diesen und vielen anderen Gesprächen, die wir bei Bier weiterführten, wurde es elf Uhr und allmählich Zeit zum Aufbruch. Frau Cosima bat mich für den folgenden Tag zum Essen, was ich dankend akzeptierte und worauf ich mich herzlich verabschiedete.

Als ich mich am anderen Tag um drei Uhr einfand, empfingen mich Hausherr und Hausfrau in «Toilette», das heisst, sie hochelegant und er in bürgerlicher Kleidung. Den philiströsen Eindruck seines altmodischen braunen Rocks und seiner sonstigen Aufmachung machte der geniale Kopf vergessen.

Es war ein äusserst feines Diner, von dem Diener in weissen Handschuhen serviert. Ich führte Frau Cosima, neben mir auf der anderen Seite sass jung Siegfried, der Meister mir vis-à-vis, ausser zwei anderen Herren, davon der eine Rubinstein, noch die drei Bülow-Töchter, reizende kleine Mädchen, und deren Gouvernante. Wagner machte verschiedentlich Spässe mit den Kindern und war sehr guter Laune, wie überhaupt während der ganzen Zeit, beneidete mich, den jungen

Verleger, der in der Wolle sässe, während er fortwährend in Schulden stecke. Ich schlug ihm eine Assoziierung vor, worauf er sein Glas erhob und sagte, die bestünde ja bereits, er wolle sie aber mit mir erneuern und tränke auf das Wohl von B. Schott's Söhne ...

Gegen sechs Uhr machte ich den Aufbruch, und Wagner, der noch etwas frische Luft schöpfen wollte, ging mit, nachdem ich mich von Frau Cosima verabschiedet hatte. Er führte mich in seiner ganzen Besitzung herum und hatte noch das Malheur, als er mich gerade auf eine glatte Stelle – es hatte geschneit und gefroren – aufmerksam machte, auszugleiten und langenwegs hinzufallen. Ich sprang hinzu, um ihn zu stützen, da war er aber auch schon wieder auf den Beinen und lachte über seine Ungeschicklichkeit. Dann pfiff er seinen Hunden Marke und Brange und begleitete mich bis zum Hotel, wo er mich mit der Versicherung entliess, dass es ihn ganz besonders gefreut habe. Anschliessend ging er zu seinem gewohnten Schoppen in der Hauptkneipe [«Angermann»] von Bayreuth.

Bruckner in Bayreuth

Gustav Adolf Kietz aus Bayreuth an seine Frau.

Als ich gestern nachmittag bei meiner Arbeit (an der Büste Cosimas) noch allein war, brachte der Diener Wagners ein Fässchen Bier herein und stellte es auf. Ich frug: «Was soll das?» – «Es kommt Besuch», antwortete er. Nicht lange darauf kamen Wagner, dessen Frau und ein kleiner Herr, den mir Wagner als Herrn Anton Bruckner, Komponist aus Wien, vorstellte. Obgleich die nun folgende Unterhaltung sehr lebhaft wurde, achtete ich nicht viel darauf, da ich mit meiner Büste, zu der Frau Cosima stand, beschäftigt war. Ich hörte nur, dass von Musik gesprochen wurde, der fremde Herr von der Begeisterung der Wiener über den «Lohengrin» erzählen wollte und Wagner immer abwehrend sagte: «Ach, lassen Sie das, ich kenne das, da kommt ein Schwan mit einem Ritter, das ist einmal etwas Neues und anderes – hier, trinken Sie lieber, das ist ein herrlicher Trank, Weihen-Stephan», und dabei hielt ihm Wagner ein grosses, volles Glas hin: «Auf Ihr Wohl!» – «Um Gottes willen, Meister, das kann ich ja nicht, es wäre mein Tod, ich komme ja soeben aus Karlsbad!» – «Ach was», rief Wagner, «das macht Sie gesund, trinken Sie!» Und er schenkte von neuem das Glas voll, und der gute Bruckner trank und trank, trotz Jammer und Gegenwehr, die seine musikalischen Gespräche immer von neuem in komischer Weise unterbrachen. Frau Cosima sagte lächelnd zu mir: «Das ist ein echtes Wiener Kind.» – Als ich früh am andern Morgen in meinem Hotel im Gastzimmer beim Frühstück sass, trat Anton Bruckner herein. Sowie er mich erblickte, stürzte er auf mich zu mit den Worten: «Ach, Herr Hofrat, welches Glück, dass ich Sie sehe – ich bin der unglücklichste Mensch! Sie haben doch gestern gehört, dass ich dem Meister mehrere Symphonien zur Auswahl für eine Widmung geschickt habe, und nun bin ich in der fürchterlichen Lage, dass ich mich durchaus nicht besinnen kann, welche davon der Meister gewählt hat. Oh, das Bier, das schreckliche Bier!» – «Ich entsinne mich nur», antwortete ich, «dass ich von einer Symphonie in d-moll sprechen hörte, und dann wurde auch einmal von einer Trompete gesprochen.» Da kam wieder das echte Wiener Kind heraus. Bruckner umarmte mich stürmisch, küsste mich und rief dazwischen: «Ach, Herr Hofrat, lieber Hofrat (wie ich zu diesem Titel kam, weiss ich heute noch nicht), wie danke ich Ihnen! Jawohl, die d-moll hat der Meister angenommen. Ach, wenn Sie wüssten, was für ein höchstes Aufsehen es in Wien machen wird, wenn die Herren dort erfahren, dass der Meister eine Symphonie von mir zur Widmung angenommen hat!»

Aus einem Brief Bruckners an Hans von Bülow

[Linz, 20. Juni 1868] Erlaube mir gnädigst die geheime Bitte und Frage: Wenn ich in meinem Vaterlande übergangen werden sollte, da ich nicht ewig in Linz bleiben kann, könnte ich nicht durch Ihre und P.T. H. v. Wagners Empfehlung Audienz beim König bekommen und die Orgel spielen Sr. Majestät, um auf solche Weise vielleicht eine Stelle als Hoforganist oder Vize-Hofkapellmeister zu bekommen, sei es in der Kirche oder im k. Theater, gegen einen bessern und sicheren Gehalt? Wäre dies möglich? oder ganz und gar unmöglich für jetzt? H. v. Wagner, der mir unlängst erst so liebevoll geschrieben hat, würde, wenn es überhaupt jetzt möglich ist, gewiss alles für mich gern tun. Ich bitte Hochselben H. v. Wagner dies zu sagen und gnädigst fragen zu wollen, und dann bitte ich untertänigst, H. Baron wollen mir gnädigst Ihre eigene Antwort und die H. v. Wagners sobald als möglich mitteilen.

Bruckner an Moritz von Mayfeld

[Wien, 12. Januar 1875] Die Wagner-Symphonie [d-moll] habe ich noch bedeutend verbessert. Wagners Dirigent Hans Richter war in Wien und erzählte in mehreren Kreisen, wie glänzend Wagner sich darüber ausspricht. Aufgeführt wird selbe nicht.

Aus einer Rede Bruckners, 1886 in Linz

Es war im Jahre 1882 bei der ersten Aufführung des «Parsifal», als unser Hochseliger, unvergesslicher Meister Wagner mich bei der Hand nahm und sagte: «Verlassen Sie sich auf mich, ich werde Ihre Werke aufführen, ich selbst.» Nun, nachdem der gute Meister abberufen worden ist, scheint es, als hätte er in seiner letzten Herzensgüte mir Vormünder bestellt. Mein erster Vormund war Herr Nikisch in Leipzig, der zweite der Dirigent Levi in München... Dann trat als dritter Herr Hans Richter in Wien auf.

Bruckner an Fräulein Elisabeth Bolle

[Steyr, 5. September 1893] Ein Urteil Wagners über mich erfuhr ich neulich erst, worin er sagte: ich sei der einzige, dessen Gedanken bis zu Beethoven hinaufreichten. Gross!

Proben zum «Ring» in Bayreuth

Aus dem Tagebuch von Ballettmeister Richard Fricke, der von Wagner als Hilfsregisseur herangezogen wurde und nebenbei den Kindern im Hause Wagners Tanzstunden gab

[9. Mai 1876] Abends um 8 Uhr stellten wir uns bei Wagner ein, Unger, die genannten Musiker, Joseph Rubinstein, ein Herr Pringsheim aus Berlin und Fräulein Scheffski aus München. Der Empfang war ein herzlicher. Wagner reichte mir beide Hände entgegen und schien nicht Worte zu finden für das, was er mir nun alles aufpacken wollte. Wiederholung der Briefstellen: «Sie müssen mir alles sein, Sie müssen mir helfen, und Sie sind der Tausendsappermenter, der das auch alles kann.» Die Sängerin nahm zunächst sein ganzes Interesse ein. Frau Vogl, welche die Sieglinde bereits studiert hatte, ist verhindert, und für sie springt Fräulein Scheffski ein. Es ist sehr schwer, Wagner, wenn er spricht, zu verstehen, und es bedarf wieder einiger Tage meinerseits, mich hineinzufinden. Er spricht ungefähr so wie einer, der für sich und mit sich spricht. Dann braust er wieder derartig heraus, dass man sich den Zusammenhang nur annähernd zusammenreimen kann. Er lacht auf, ist gereizt, um schnell wieder mit Sarkasmus das, was ihn ärgert, lachend zu geisseln ... Fräulein Scheffski sang auswendig, von Professor Hey in München zurechtgemacht, prachtvoll, so dass Wagner ausser sich geriet; mit Unger sang sie vom Blatt das Duett Siegfrieds mit Brünhilde. Was aus Unger geworden, ist geradezu erstaunlich, ein Sänger, der 6000 Taler jetzt wert ist.

[10. Mai, Mittwoch] Um 11 Uhr zu Wagner. Ich traf ihn beim Ordnen der Statuetten und Büsten in der Vorhalle und war noch eine

Viertelstunde mit ihm allein. Er klagte mir seine Not über all die Unannehmlichkeiten, mit welchen er zu kämpfen habe und wie sie ihn drücken. Fast sämtliche Intendanten, Direktoren machen ihm die grössten Schwierigkeiten und zögern, die ver- und besprochenen Urlaube zu bewilligen.

Unger und die Musiker traten ein, es ging an die Zurechtmachung Ungers. Mit einer schweren Szene aus «Götterdämmerung», wo Siegfried dem vermählten Gunther mit Brünhilden vorauseilt, um Hagen und Gutrune die Vereinigung beider mitzuteilen, wurde angefangen. Wagner hatte Unger mit seinen in der Tat herzlich schlecht vorgemachten Gesten und Handbewegungen ganz missmutig gemacht. Ich war alsbald genötigt, ein Machtwort einzulegen: «Meister, wir haben uns vor nichtssagender Passivität und unbegründeter Hand- und Armbewegung zu hüten, aber viel schlimmer ist es, wenn wir zu viel tun.» Es war geradezu komisch, wie Wagner bei seiner Lebendigkeit, seinem fortwährenden Agieren mit den Händen jedes Wort betont und ausgedrückt haben wollte. Ich bekomme allmählich Oberwasser, hatte die Szene richtig erfasst und änderte ziemlich alles, sagte ihm, dass, wenn erst die Mitwirkenden in der Szene stehen, die Sache nicht allzu schwer sei. Der Schwerpunkt beruhe zunächst auf der Unbeholfenheit des linken Armes bei Unger. Er ist gar nicht so ungelenk und ein vernünftiger Kerl, mit dem sich ein Wort reden lässt, der vor allem weiss, dass er noch viel zu lernen hat. Es ist schwer, mit Wagner zu arbeiten, weil er nicht lange Stich hält. Er springt von einem zum andern, ist nicht lange festzuhalten bei *einer* Sache, welche alsbald ihre Erledigung finden könnte. Er will sein eigener Regisseur sein, aber für diese Kleinarbeit fehlt ihm sozusagen alles, da sein stets auf das Grosse gerichteter Sinn ihn die Einzelheiten wieder aus den Augen verlieren lässt und er morgen vergessen haben wird, was er heute arrangierte und angeordnet hat. Was dann? ...

Die heutige Konferenz (8 bis 10½ Uhr), in welcher ausser den Musikern Herr Dr. Pringsheim und Kapellmeister Riemenschneider (Lübeck) – Unger war ohne Grund ferngeblieben (etwas launenhafte Natur) –, war für mich höchst interessant. Ich muss mir die grösste Mühe geben, wenn ich einer genauen Darlegung gerecht werden will. Wagner spricht leise, undeutlich, gestikuliert viel mit den Händen und Armen; die letzten Worte eines Satzes geben annähernd zu verstehen, was er will, und man muss höllisch aufpassen; ich denke, dass ich mich bald daran gewöhnen werde ...

[Später am Abend sagte Wagner:] «Nun lasst uns ein bisschen Musik machen. Rubinstein, spielen Sie uns meine Lieblingssonate

Wagner bei einer Bühnenprobe für die erste Gesamtaufführung des «Ring des Nibelungen» im Festspielhaus Bayreuth. Zeichnung von Adolph von Menzel 1875.

von Beethoven, op. 54, Menuettempo.» Wagner korrigierte sofort das Tempo: «Fragen Sie unsern Ballettmeister, wie es genommen wird.» Ich gab es an. «So ist es richtig!» Und nun bewegte er sich nach den Rhythmen in gravitätischen Schritten durch das Zimmer in der komischsten Art, gestikulierend, taktschlagend mit Beinen und Armen. Er sprach dann viel über Beethoven und über die Art, wie die Musikstücke entstanden, usw.

[12. Mai] 11 Uhr zu Wagner. Mit Unger Szenenprobe «Götterdämmerung». Erzählung bis zur Sterbeszene Siegfrieds. Die Szenen sind unstreitig das Grossartigste, was man sich denken kann. – Wagner teilte uns mit, dass er von Amerika ein Telegramm erhalten habe, sein «Festmarsch» habe einen ungeheuren Erfolg gehabt. Ebenso sprach er von den Erfolgen seines «Tannhäuser» in London. – Briefe und Nachrichten mit Unannehmlichkeiten stören, wenn auch nur vorübergehend, seinen Humor und veranlassen die ausgezeichnetsten Sarkasmen.

[13. Mai] Um 8 Uhr abends gingen wir, Rubinstein und ich, zu Wagner ... Rubinstein musste sich ans Klavier setzen, er spielte den «Festmarsch» für Philadelphia und den «Königsmarsch» (Ludwig von Bayern). Dann kamen wir auf verschiedene Komponisten schöner Ballettmusik zu sprechen, und Wagner spielte nun den Bolero aus der «Stummen», aus dem «Maskenball» und die Allemande und Polonaise sowie Tänze aus «Gott und die Bajadere», welche er einstens als Kapellmeister in Dresden dirigiert hat, Note für Note, ohne Noten.

[15. Mai] 10 Uhr zu Wagner, Unterhaltung im Familienzimmer. Einladung zu heute abend 8 Uhr. Die Delegierten der Wagner-Vereine werden heute hier empfangen. Um 6½ Uhr holte ich den Meister von «Angermann» ab. Wir wollen unsere 23 Nibelungen, Hartläufer, wie sie Wagner nennt, kennenlernen. Er hielt eine Ansprache an die Turner. Er nähme ihre Hilfe in Anspruch, damit sie ein Scherflein beitragen möchten zum grossen Ganzen und damit auch bei den vorliegenden Verhältnissen Ersparnisse an den Kosten erzielt würden, welche bei Heranziehung von Ballettkräften geradezu unberechenbar wären. Er sagte ihnen Dank für ihre Bereitwilligkeit, der allerdings nur darin bestehen könne, dass sie den Vorteil genössen, den Proben und Vorstellungen ungehindert beizuwohnen, wofür viele andre viel geben würden. «Hier mein Ballettmeister wird Sie vorbereiten und Sie in alles einweihen.»

[20. Mai] Ich fand Wagner mit seiner Frau allein bei der Teemaschine: «Freundchen, es wird ernsthaft, Sie müssen morgen eine Stunde, vielleicht 11½ Uhr, zu mir kommen, da wollen wir uns zusammensetzen und beraten. Ich habe heute wieder einen Einblick genommen in das komplizierte Wesen dieser Rheintöchter-Schwimmerei, jetzt müssen Sie 'ran! Das muss choreographisch angeordnet werden; ich habe heute den ganzen Nachmittag den Klavierauszug in der Hand gehabt und mir oberflächlich die Zeichen gemacht, bin aber steckengeblieben. Der leitende Maschinist wird von drei Musikdirektoren, Seidl, Fischer und Mottl – an letzteren habe ich sofort telegraphiert –, kommandiert. Die Bewegungen von rechts nach links, von oben nach unten müssen auf die Note einstudiert werden.» Ich warf dazwischen: «Die drei Musikdirektoren haben einen Pas de trois zu tanzen!» – «Richtig, und das müssen Sie choreographisch in Ihren Klavierauszug zeichnen mit farbigen Stiften.»

[21. Mai, Sonntag] Um 11 Uhr zum Meister. Wir gingen sofort an die Arbeit; ich liess ihm erst freien Lauf, er liebt nicht die Unterbrechung. Mit meinem Klavierauszug verfuhr er, indem er mit Rotstift alle möglichen Zeichen machte, nicht übel. Während er mir erklären wollte, brach der Meister in die Worte aus: «Es ist eine furchtbare Arbeit.» Nachdem er genug Zeichen aller Art gemacht und er scheinbar den Faden verlor, hub ich an:

«Meister, nach reiflicher Überlegung, nach langen Erfahrungen muss, wie ich schon gestern sagte, das Ganze wie ein Tanz arrangiert sein. Die Bewegungen wie auf dem Ballettsaal taktweise aneinandergereiht. Sind diese und das ganze Bewegungsarrangement fertig, ganz fest einstudiert, dann erst kommen die willenlosen Rheintöchter dazu... Dafür choreographische Zeichen vorher aufs Papier zu bringen, ist eine Riesenarbeit, die auch in der Praxis noch nicht einmal etwas helfen wird...» Eine sichtbare Ruhe kam über Wagner, und er war alsbald mit meinem Vorschlag einverstanden.

[29. Mai] Schlosser aus München war gekommen. 11–1 Uhr Szenenprobe «Siegfried» 1. Akt. Ich hatte heute die Freude, Wagners Talent zu bewundern, wie er es versteht, einen Charakter, wie den des Mime, dem Darsteller klarzulegen. Es war meisterhaft, wie er einzelnes darstellte, nuancierte! Schlosser wird ein ausgezeichneter Mime werden, aber nicht, wie Wagner es sein würde.

[30. Mai] Um 7 Uhr begann die Probe. Die erste Dekoration (im Rhein) war gestellt. Sie ist prachtvoll und originell. Die Maschinen leisten das möglichste, eine jede wird von drei Personen dirigiert. Die erste ist der dirigierende Musiker (Seidl – Woglinde, Fischer – Wellgunde, Mottl – Flosshilde), die zweite jemand, der die Maschine mit einer Art Steuerrad führt, die dritte Person sitzt auf der Maschine und lässt auf Kommando die Schwimmende steigen oder fallen. Wir kamen nach meiner Anordnung der sich (auf die Note) anreihenden Bewegungen (zwei Stunden ungefähr) bis zum Auftritt des Alberich. Als Rheintöchter figurierten drei leichte, nicht allzu grosse Turner. Jeder hatte im Schweisse seines Angesichts gearbeitet.

[1. Juni] Szenenprobe mit Siegfried und Mime, 6 Uhr Probe im Wagner-Theater. Kapellmeister Levi begrüsst. Schwimmprobe. Heute versuchte Hill (Alberich) den Sturz in die Tiefe. Welches Herzklopfen, welche Angst er ausgestanden hat, ist nicht zu beschreiben. Der Zauber, den Wagner auf ihn ausübte, ist mächtig. Er hat es fertigbekommen, dass sich dieser ängstliche Mann zu einer Sache verstand, die kein Intendant oder irgendein Regisseur ihm abgezwungen hätte.

[3. Juni] Der ganze Tag lag wie ein Alp auf mir. Alles traf zusammen, mich ungelenk, faul und missmutig zu machen. Vormittag, wie gewöhnlich, den Kindern Unterricht gegeben. Da Wagner zur Orchesterprobe gegangen war, blieb ich frei bis 3 Uhr, um welche Zeit Schwimmprobe angesetzt war. Die Geschwister Lilli und Marie Lehmann und Fräulein Lammert waren angekommen. Sie sahen die Maschinen und die darinnen schwimmenden Turner. «Nein», sagte Lilli, «das kann mir kein Mensch zumuten, das tue ich unter keinen Umständen, ich bin erst vor kurzem vom Krankenbette aufgestanden, dazu mein fortwährender Schwindel.» Die andern beiden waren still. «Fräulein Marie», sagte ich, «Courage, versuchen Sie es einmal, und ich wette, die Angst geht vorüber, und das Vergnügen, zu schwimmen, bekommt die Oberhand.» Die Leiter wird angelegt, Brandt und ich helfen ihr hinein. Unter Ach und Oh, Schreien und Quieken schnallen wir sie fest, und die Fahrt beginnt ganz langsam. Sie fängt an, das ängstliche Gesicht zu verlieren, lacht und meint, es ginge ganz schön. Nun entschliesst sich auch Lilli, und siehe da, sie wird in wenigen Sekunden die Couragierteste. Fräulein Lammert folgt nun auch nach, und alle drei schwimmen unter fröhlichem Lachen. Wagner erscheint, die ganze Szene wird glatt durchgemacht. Dazu singen die drei Damen ihre Partien entzückend. Sie bewegen sich sehr gut ... Nachdem die Damen die Maschinen verlassen, wurde ihnen von Wagner unter Freudentränen gedankt, und er knutschte und küsste sie weidlich ab – und ich war gesund geworden.

[6. Juni] Die Eindrücke werden immer gewaltiger. Gestern hatten wir die Arrangierprobe der 2. und 3. Szene. Die Verwandlung aus der Tiefe des Rheins – ein Meisterstück. Jede Beschreibung spottet der Wirklichkeit, und doch hatte Wagner zu mäkeln, und es wurde vieles geändert. Meine Turner, 30 an der Zahl, hatte ich mir zur Vorsorge noch einmal um 12½ Uhr bestellt, denn auch sie sollen heute zum ersten Mal in die Szene treten. Ich machte ihnen noch einmal das Charakteristische der Situation klar, teilte sie ein. 12 Mann treibt Alberich mit Geisselhieben vor sich her, die andern 18 folgen, alle beladen mit dem Hort. Geschult bezüglich Körpergewandtheit waren sie, und in einer halben Stunde war die Szene zu meiner Zufriedenheit fertig. Abends führte ich sie nun an, und alles staunte. Ein Hurra der Anwesenden erscholl, Wagner nahm mich mit beiden Händen am Kopf und wollte mich nicht loslassen. Der zweite Berg ist erstiegen!

[8. Juni] Um 11 Uhr waren die Sänger und Sängerinnen der 2. Szene von «Rheingold» zu Wagner beschieden, um Stellungen, Gesten usw. festzustellen. Es geht ihm hier wie mit Unger, sie werden nicht mutig, denn heute will er es so und morgen wieder anders. Es ist geradezu unmöglich, die Szene in ihren Wechselungen festzustellen. Er unterbricht fortwährend und verlangt höchst komische Sachen, welche die Darsteller (die doch nicht das erste Mal auf der Bühne stehen) geradezu verwirren ...

6–8½ Uhr Szenenprobe 2. und 3. Szene «Rheingold» mit Orchester und Dekoration, aber immer noch ohne Requisiten. Wieder dieselben Unterbrechungen, dasselbe Einspringen und Ändern der Szene. Es ist wahrlich zum Verzweifeln ... Die Verwandlungen zwischen den Szenen mit Hilfe von Dämpfen gehen gut, aber die Verwandlungen und das Verschwinden des Alberich durch Dämpfe und Versenkungen lassen noch zu wünschen übrig. Unser guter Hill hat viel zu leiden. Die Musiker beklagen sich, dass die Dämpfe durch die Verbindungswand des Podiums in den hinteren Orchesterraum schlagen und dass deshalb die Harfen nicht Stimmung halten können. Auch beklagen sie sich über Zugluft, es sei kaum auszuhalten. Wagner lässt nachsehen, geht selbst mit, kommt wieder und ruft ins Orchester: «Ich habe die Oper komponiert, und nun soll ich auch noch die Fenster zumachen.»

[17. Juni] Sonnabend morgen empfing mich der Meister mit dick geschwollenem Gesicht und sehr angegriffen durch die schlaflosen Nächte. «Bester Freund, ich will und muss heute auf die Probe. Sie werden sich an meine Seite setzen und, da ich nicht laut sprechen kann, mein Dolmetscher sein.» Wir setzten uns zusammen, nahmen den Klavierauszug der «Walküre» zur Hand. Er zeichnete mir Auftritte, Stellungen und Abgänge genau auf die Note auf ... Der Meister kommt, die Probe beginnt, und wie ich's mir gedacht, so kam es. Wagner vergass alle Schmerzen, sprang die hohen Felsstücke auf und ab, arrangierte nach Möglichkeit und warf alles über den Haufen ... Höchst interessant war es, als die Scheffski bei den Worten: «Wehre den Kuss des verworfenen Weibes nicht» sich nicht inbrünstig genug dem Siegmund an den Hals warf. Wagner machte es ihr vor, mit einem Schlage hing der kleine Wagner an des grossen Niemanns Halse, dass dieser beinahe schwankte; die Fußspitzen Wagners berührten kaum noch den Boden in diesem Momente. Er sang dazu die betreffende Stelle, riss Siegmund herum und sagte: «Hier wechselt ihr beide zugleich auch die Plätze.» Wagner liess los, und als er an mir vorbei kam, sagte er: «Das machen die Frauenzimmer nicht gern, sie denken, sie kriegen dann keinen Mann.» Im selben Augenblick hat Hunding einzusetzen: «Wehwalt, Wehwalt, steh mir zum Streit.» – «Herrgott, reisst der Kerl das Maul auf», sagte Wagner. Es war geradezu ängstlich mit anzusehen, mit welcher Lebhaftigkeit Wagner nun oben auf Bergeshöhen den Kampf leitete. Niemann wendete sich ab: «Gerechter Himmel, wenn er nur herunterginge; wenn er fällt, ist ja alles aus.» Aber er fiel nicht, er sprang mit seiner dicken Backe, welche noch durch Watte und ein dickes Tuch verbunden

Kaiser Wilhelm zu Wagner: «So, lieber Meister, da haben Sie meinen schönsten Orden, und ich bedaure nur, dass Sie in Frankreich nicht mitgetan haben. Da hätt' mich der Krieg weniger Blut gekostet. Die Franzosen wären auch so gelaufen.» – Karikatur von Graetz im Wiener «Floh» zu den Bayreuther Festspielen 1876.

war, wie eine Gemse ins Tal. Wagner ist und bleibt eine der sonderbarsten Erscheinungen. Den jungen Musikern, welche sich mit ihren Klavierauszügen hinter den Kulissen niedergelassen hatten, sagte er im Vorbeigehen: «Müsst ihr denn die alten Scharteken in der Hand haben, könnt ihr's denn noch nicht auswendig?» Als Betz (Wotan) ihn fragte, um zu wissen, wie er Stellung zu nehmen habe: «Wo tritt Fricka auf?», sagte Wagner: «Links, der Teufel kommt immer von links.»

König Ludwig zu Wagner: «Meister, tauschen wir. Mir ist so wohl hier. Lass mich in Bayreuth die Musik machen und gehe du nach München, regieren.» – Karikatur von Graetz im Wiener «Floh» 1876.

[2. Juli] Der «Philadelphia-Marsch» war um 11 Uhr zur Aufführung angesetzt. Ich begrüsste Wagner beim Aussteigen, indem ich ihm zuflüsterte: «Heute ist Glucks Geburtstag.» Er stutzte, drückte mir die Hand und sagte: «Sie wissen auch alles.» Wagner trat ins Orchester, er wurde aufs herzlichste begrüsst. Hans Richter hielt im Nebensaale Probe mit den Blechbläsern und verspätete sich. Wagner wartet, frägt nach der Ursache, wird ärgerlich, wirft den Taktstock hin und verlässt das Orchester mit den Worten: «Ich

Wagner: «Die Herren sind wohl bekehrte Musiker?» Deputation: «Ach nein, wir sind Stocktaube, die hier gottlob Heilung gefunden.» – Karikatur von Graetz im Wiener «Floh» 1876.

habe nicht Lust, mit abgematteten Musikern Probe zu halten.» Er eilt zu uns aufs Theater, wo sich ein grosser Teil von uns versammelt hatte, um ihn von hier aus dirigieren zu sehen. Er ist furchtbar aufgeregt, spricht von Nichtachtung, lässt sogar das ganz unberechtigte Wort Intrige fallen und setzt sich – die Bläser mit Hans Richter waren unterdessen erschienen – zu seiner Frau ins Logenhaus. Peinliche Stille, in der Richter zu ihm sagt: «Ich muss probieren, Meister, ich werde sonst nicht fertig.» Keine Antwort. Feustel und Wilhelmj bringen ihn allmählich zur Raison, er tritt aufs neue ins Orchester und wird mit einem Tusch empfangen. Er wird still und sagt: «Meine Herren, wir werden schnell fertig sein; treffen Sie eine falsche Note, so schadet das weiter nichts, es ist die reine Gartenmusik.» Der Taktstock bewegt sich in höchster Grazie; die linke Hand hat er meistens in der Hosentasche und hebt sie nur, wenn er *piano* haben will, beim *forte* arbeitet er mit allen vieren.

[7. Juli] Der Paroxismus Wagners dauert fort, und wehe dem Künstler oder der Künstlerin, die auf der Szene steht. Heute, in der Klavierprobe 2. Akt «Götterdämmerung», hatte er es mit der Materna zu tun, einer Sängerin von Gottes Gnaden, die von allen aufs tiefste fühlt, was sie singt, demnach auch dramatisch gestaltet, so dass man wohl zufrieden sein kann. In dem Moment, wo die Materna, in das vollste Feuer geraten, singt, dass es uns alle kalt überläuft, springt Wagner ein, zieht sie nach einer andern Stelle, nicht etwa sanft, unterbricht den Gesang. Es wird wiederholt. Frau Materna kann unmöglich noch einmal in die tief empfundene Stimmung hineinkommen, denn sie ist wie mit kaltem Wasser überschüttet, sie macht Fehler. Hans Richter schreit herauf, das müsse vor der Klavierprobe fest gelernt sein. – Die Riesenfrau war vollkommen fertig von dieser Probe und weinte auf dem Nachhauseweg. Wir konnten sie kaum trösten.

[14. Juli] Das Vorderteil des Drachens ist noch nicht [aus England] angekommen. Nach dem Hinterteil zu urteilen, das man bei solchen Biestern Schwanz nennt, muss es ungeheuerlich sein. Dieser Schwanz ist so beweglich wie bei einer Raupe und mit fusslangen Borsten besetzt. Die Riesenschlange, in die sich Alberich (im «Rheingold») auf Verlangen des Loge verwandelt, ist auch in England gefertigt. Sie ist ein Meisterstück der Phantasie und Maschinerie. Sie sperrt den Rachen auf, verdreht die Augen greulich, und der Leib ist mit hellglänzenden Schuppen besetzt. Die Beleuchtung ist zu dunkel in dem Moment, wo das Tier erscheint. Ich werde Brandt den Rat geben, das Tier elektrisch zu beleuchten, damit es mehr zur Geltung kommt. Die vorüberziehenden Walküren lassen in ihrer Erscheinung viel zu wünschen übrig.

[9. August] Letzte Probe «Götterdämmerung». Mit Hängen und Würgen, wie man zu sagen pflegt, und für mich unter Schweiss und Angst, ging die Probe von 5 bis 11¼ Uhr zu Ende. – Die Schlußszene ging erbärmlich und wird womöglich Fiasko machen, wenn Brandt nicht alle Minen springen lässt und ihm nicht günstige Zufälle helfen. Ich habe grosse Sorge, dass alles Schöne, was vorhergegangen ist, durch den Schluss zugrunde geht. Ich fuhr mit Wagner, Frau Cosima und den Kindern nach Hause, war nicht aufgelegt, noch zu sprechen, meiner Sorge Worte zu geben.

Vergessen habe ich, eine «Siegfried»-Probe zu erwähnen, in welcher der Kampf mit dem Drachen (Fafner) probiert worden ist. Es war wieder ein Stück vom Vorderteil angekommen, ich konnte nicht recht draus klug werden, aber soviel sehe ich, «die zierliche Fresse» fehlt noch immer. Der Raum, auf welchem das Tier erscheint und mit Siegfried noch agieren soll, ist viel zu klein! Der Kampf, den Wagner angeordnet und der von Unger herzlich ungeschickt gemacht wird – kein Zweifel, lächerlich! –, ist für kleine Kinder nicht gut genug. Besser, der Drache bleibt ganz weg! Und dieser Drache kostet 500 Pfd. Sterling.

[12. August] Heute kommt unser alter Wilhelm! Fackelzug. Um 4½ Uhr versammeln sich alle vom Wagner-Theater bei Feustel, um Spalier vom Bahnhof ab zu bilden. Ich freue mich, den «Alten» wiederzusehen; auf der Ermitage wird er wohnen, der Trubel wird heute abend gross sein.

[14. August] Gestern, Sonntag morgen, belebten sich die Strassen, der Kaiser fuhr zur Kirche.

Abends erste Vorstellung von «Rheingold». Von den Verwandlungen missglückte vieles, und ich kann wohl sagen, auf keiner Probe sind diese Fehler vorgekommen. Zum Schluss wurde Wagner eine halbe Stunde lang gerufen – kam aber nicht. Er sass ausser sich in seinem Zimmer, schimpfte auf alle Darsteller, ausser auf Hill und mich, welche bei ihm waren; er war nicht zu beruhigen. Auf dem Nachhausewege traf ich Lesimple, der mir nicht genug beteuern konnte, wie schön und mächtig die Eindrücke waren, die das Publikum empfangen hatte.

[15. August, Dienstag] Ein heisser Tag –! Der Kaiser mit Gefolge, der Grossherzog von Weimar, der Herzog und der Erbprinz von Anhalt besuchten gestern vormittag das Theater. Der alte Kaiser legte Balsam auf Brandts Missgeschick wegen der im «Rheingold» bei den Verwandlungen vorgekommenen Fehler, die Brandt so aufgeregt hatten, dass er ausser sich war, seine Kommandos so laut schrie, dass man sie im Zuschauerraum gehört hatte. Er war nun ganz glücklich, er sagte: «Der Kaiser hat mich in seiner bekannten Liebenswürdigkeit wieder aufgerichtet.»

Die gestrige Aufführung der «Walküre» ging ziemlich gut, Niemann nicht recht bei Stimme. Die Ensemblesätze der Walküren wurden stürmisch applaudiert.

[18. August 1876] Gestern Aufführung der «Götterdämmerung». Viel Schweiss und Angst! Schlußszene unter aller Kritik! Was musste ich hören! Wie wurde die Regie heruntergerissen! Brandts Leistungen wurden vielfach angegriffen. Ich musste schweigen, manches war leider nur zu wahr. Und trotz alledem, in der Hauptsache ist eine grosse Tat vollbracht. Wagner wurde gerufen und sprach: «Sie haben jetzt gesehen, was wir können, wollen Sie jetzt! und wenn Sie wollen – dann werden wir eine Kunst haben.»

Der Kritiker Hanslick

Aus einer Besprechung von Eduard Hanslick über die «Meistersinger», Wien 1870

Das Publikum kam den «Meistersingern» mit jener gespannten Erwartung entgegen, auf die jede Wagnerische Novität zählen darf und zu zählen ein Recht hat. Weiss doch Freund und Feind, dass eine neue Oper von Wagner jedenfalls etwas Ungewöhnliches bedeutet, etwas Apartes, das nicht verfehlen wird, an- und aufregend zu wirken, Phantasie und Verstand mit allen Mitteln zu beschäftigen. Eine merkwürdige Schöpfung sind in der Tat diese «Meistersinger», ein Werk von unsäglicher Konsequenz der Methode, grösstem Ernst und Fleiss, neu in der ganzen Gestaltung, reich an geistvollen, ja blendenden Zügen, oft ermüdend und verletzend, immer eigentümlich. Dem Werke sind ebensowenig seine Schönheiten abzusprechen als seine schwachen und abstossenden Seiten: es enthält Szenen, die unter den glücklichsten musikalischen Inspirationen Wagners obenan stehen, und rund umher wieder trostlos lange Strecken langweiliger oder widerwärtiger Musik. Als theatralische Vorstellung sind die «Meistersinger» eine Sehenswürdigkeit. Bilder von blendender Farbenpracht und Neuheit, Gruppen voll Leben und Charakteristik entfalten sich vor den Augen des Zuschauers, der kaum zum Nachdenken kommt, wie viel oder wie wenig von diesem Effekt der eigentlich musikalischen Schöpfung zuzuschreiben sei ...

Wagner ist seinem musikalischen Reformprinzip, wie es schon den grössten Teil des «Lohengrin» und den «Tristan» vollständig durchdringt, in den «Meistersingern» treugeblieben, ja er hat es noch strenger in allen Details durchgeführt. Diese von keiner Anfechtung beirrte Konsequenz gibt dem Werke den überall imponierenden Charakterzug der Sicherheit und Überzeugung. Wagner weiss vollkommen, was er will ... Die Konsequenz, mit welcher Wagner bei seinem eigentümlichen Prinzipe verharrt, müssen wir achten; zu dem Prinzipe selbst haben uns auch die «Meistersinger» nicht bekehrt. Es ist das bewusste Auflösen aller festen Form in ein gestaltloses, sinnlich berauschendes Klingen, das Ersetzen selbständiger, gegliederter Melodien durch ein unförmlich vages Melodisieren. Man kann dafür Wagners schiefes Wort «unendliche Melodie» getrost als technischen Ausdruck gebrauchen, da bereits jedermann weiss, was er sich darunter vorzustellen hat. Ein kleines Motiv beginnt, es wird, ehe es zur eigentlichen Melodie, zum Thema sich gestaltet, gleichsam umgebogen, geknickt, durch fortwährendes Modulieren und unharmonisches Rücken höher oder tiefer gestellt, durch Rosalien fortgesetzt, dann angestückelt und wieder verkürzt, bald von diesem, bald von jenem Instrument wiederholt oder nachgebildet. Mit ängstlicher Vermeidung jeder abschliessenden Kadenz fliesst diese knochenlose Ton-Molluske, sich immer wieder aus sich selbst erneuernd, ins Unabsehbare fort.

Aus «Wagners Rheingold und sein Bayreuther Theater»

Ja, Wagner hat Glück in allen Dingen. Zuerst wütet er gegen alle Monarchen: ein grossmütiger König kommt ihm mit schwärmerischer Liebe entgegen und bereitet ihm eine sorgenfreie, ja glänzende Existenz. Dann schreibt er ein Pasquill gegen die Juden: das «Judentum» in und ausserhalb der Musik huldigt ihm nur um so eifriger durch Journalkritiken und Ankauf von Bayreuther Promessen. Er beweist in einer

Broschüre «Über das Dirigieren», dass alle unsere Hofkapellmeister und Musikdirektoren reine Handwerker sind, denen er «nicht ein einziges Tempo» seiner Opern anvertrauen könne: und siehe da, unsere Hofkapellmeister und Dirigenten gründen Wagner-Vereine und werben Truppen für die Schlacht von Bayreuth. Opernsänger und Direktoren, deren Leistungen Wagner in seinen Schriften auf das grausamste hingerichtet, sie folgen, wo er nur hinkommt, seinen Spuren und sind von seinem Gruss beglückt. Er brandmarkt unsere Konservatorien (in dem «Bericht» an König Ludwig) als die verwahrlosesten, zweckwidrigsten Institute: die Schüler des Wiener Konservatoriums bilden Spalier vor Richard Wagner und sammeln in der Schule für eine «Ehrengabe» an den Meister. Nehmen wir noch den mauernerschütternden Jubel, die zahllosen Lorbeerkränze und all die sonstigen Huldigungen hinzu, welche Wagner in Wien und anderwärts empfing – Huldigungen, wie sie Mozart und Beethoven, Goethe und Schiller zusammengenommen niemals erlebt haben –, so wird man zugestehen, dass zum wirklichen Dalai-Lama-Kultus nur noch ein Schritt fehlt.

Ohne Frage ist Wagner einer der merkwürdigsten Menschen. Seine erstaunliche Arbeitskraft und Arbeitslust erregt unsere bewundernde Achtung. Wie er, von den verschiedensten Unternehmungen unterbrochen, immer wieder auf die vor zwanzig Jahren begonnenen «Nibelungen» zurückkommt, dazwischen Flugschriften, Bücher, Opern schreibt, heute in Bayreuth den Bau anordnet, morgen in Berlin oder Wien ein Konzert dafür dirigiert: das alles gewährt ein Bild von seltener Energie und Tätigkeit. Weniger sympathisch berührt uns der geräuschvolle Pomp und der kolossale Apparat, welcher für diese «Nibelungen»-Aufführung in Bewegung gesetzt wird. Ein musikalisches Kunstwerk, für das der Bau eines eigenen Theaters mit den abenteuerlichsten Zurüstungen notwendig ist, hat offenbar seinen Schwerpunkt nicht mehr in der Musik... Wagner baut also ein neues, ein Wagner-Theater, um fortan seine Gaben nur in ganz unberührten Gefässen zu servieren. Zugleich gedenkt er mit seiner Bayreuther Produktion jenes goldene Zeitalter Griechenlands zu erneuern, wo das Theater nicht eine tägliche Unterhaltung bildete, sondern ein selten wiederkehrendes grosses Volksfest, eine höchste, religiös-künstlerische Erhebung der Nation. Ob das klassische Griechentum, von welchem unsere Zeit durch eine unausfüllbare Kluft getrennt ist, sich durch das Bayreuther Theater erneuern wird, mag die Zukunft lehren; *ein* Unterschied wird jetzt schon manchem aufgefallen sein. Die griechischen Bühnenspiele waren im strengsten Sinne Volksfeste, deren Besuch jedermann unentgeltlich freistand; um hingegen die «Nibelungen» in Bayreuth zu sehen, muss man einen «Patronatsschein» um dreihundert Taler lösen. Es können also nur sehr wohlhabende Musikfreunde sich auf ordentlichem Wege diesen aristokratischen Theatergenuss verschaffen.

Aus dem «Bayreuther Bericht» vom August 1876

Betrachtet man das [«Nibelungen»-]Gedicht im grossen und ganzen, ohne sich bei zahlreichen, teils ermüdenden, teils abstossenden Einzelheiten aufzuhalten, so muss man den sehr geschickten Aufbau der Handlung rühmen. Ein Zug von Grösse und Strenge, ein starker Hauch entfesselter Naturgewalt zieht durch das Ganze; die Höhepunkte der dramatischen Wirkung sind mit sicherer, erfahrener Hand vorbereitet und in die glühendste Beleuchtung gestellt ...

In der alten, vornibelungischen «Oper» folgt die Komposition den allgemeinen Gesetzen der musikalischen Logik, bildet eine Reihe durch sich selbst verständlicher, abgeschlossener Organismen. Die Meister haben hundertfach gezeigt, dass die von Wagner verpönte «absolute Melodie» zugleich eminent dramatisch sein und in mehrstimmigen Sätzen, namentlich in den Finales, die fortschreitende Handlung energisch zusammenfassen und abschliessen kann ... Diesen

Schatz, um den der Dichter den Musiker beneiden muss, hat Wagner als überflüssig zum Fenster hinausgeworfen. Es mögen im «Nibelungenring» zwei, drei oder sechs Personen auf der Bühne nebeneinanderstehen, niemals singen (von verschwindend kleinen Ausnahmen abgesehen) zwei zugleich; immer nur, wie bei einer Gerichtsverhandlung, einer nach dem andern. Welche Qual es ist, diesen gesungenen Gänsemarsch den ganzen Abend zu verfolgen, weiss nur, wer es selber erlebt hat ... Es ist schwer zu begreifen, wie ein so theaterkundiger dramatischer Komponist plötzlich allen Sinn für Massverhältnisse verlieren kann und nicht empfindet, dass Gespräche, wie die des Wotan mit Fricka, mit Brünhilde, mit Mime, etc., die Geduld des Hörers aufs äusserste foltern, ihn durch ihre unersättliche Redseligkeit nachgerade gänzlich abstumpfen müssen ...

Die bildnerische Kraft von Wagners Phantasie, die erstaunliche Meisterschaft seiner Orchestertechnik und zahlreiche musikalische Schönheiten walten in den «Nibelungen» mit einer magischen Gewalt, der wir uns willig und dankbar gefangen geben. Die Einzelschönheiten, welche sich gleichsam hinter dem Rücken des Systems einschleichen, hindern nicht, dass dieses System, die Tyrannei des Wortes, des melodielosen Dialogs und der tristen Einstimmigkeit den Todeskeim in das Ganze legt. Mit dämonischem Zauber umfängt uns die fremdartige Farbenpracht, der berückende Duft des Orchesters im «Nibelungenring». Aber wie Tannhäuser im Venusberge nach den liebgewohnten Glockenklängen der Erde, so sehnen wir uns bald aus tiefstem Herzen nach dem melodischen Segen unserer alten Musik. «Hör' ich sie nie, hör' ich sie niemals wieder?»

Aus dem Chor der Kritiker

Es ist ein beliebtes Gesellschaftsspiel, die drastischsten Fehlurteile zu zitieren, um deren Verfasser oder die Kritik im allgemeinen zu diskreditieren. Das Buch von Wilhelm Tappert, «Richard Wagner im Spiegel der Kritik. Wörterbuch der Unhöflichkeit», dem wir die meisten der nachstehenden Beispiele entnehmen, ist eine Fundgrube für solche Zitate. Der Gerechtigkeit halber muss man freilich beifügen, dass die betreffenden Kritiker in der Regel nicht nur solche extreme Äusserungen getan haben und dass die Gegenseite auch den Wagnerianern manches zeitbedingte, längst überholte Fehlurteil nachweisen könnte. Siehe auch den eigenen Abschnitt mit Urteilen des meistgenannten Kritikers von Wagner, Eduard Hanslick.

***Moritz Hauptmann,** Thomaskantor in Leipzig, schrieb 1846 nach der Aufführung der «Tannhäuser»-Ouvertüre an Louis Spohr:*

Von Wagner ist in einem Konzerte die «Tannhäuser»-Ouvertüre gegeben worden. Sie ist ganz grässlich, unbegreiflich, ungeschickt, lang und langweilig für einen so gescheiten Menschen. Ich möchte gern mal eine seiner Opern hören. Von dem, was mir bis jetzt bekannt davon geworden, kann ich mit dem besten Willen keine gute Meinung davon fassen. Er ist kein junger unerfahrener Mensch mehr, und wer da noch so ein Ding machen und stechen lassen kann wie diese Ouvertüre, dessen Künstlerberuf scheint mir sehr wenig entschieden. Ich habe von Haus aus kein rechtes Vertrauen zu einem Komponisten, der sich seine Texte selbst dichtet.

Hauptmann in einem Brief an Otto Jahn:

Wie es bei Wagner in den Akkorden herumfaselt, ebenso auch im Metrischen; könnte man nur solche Absurditäten auf eine andere sichtbare und handgreifliche Weise darstellen, das Kunstnichts müsste auch den Borniertesten offenbar werden bei diesem Gebaren.

*

***Karl Gutzkow** 1869 in der «Gartenlaube» über «Das Judentum in der Musik»:*

Nimmt man noch das besondere Talent der Juden hinzu, schon auf drei Schritt weit jeden Schwindel zu erkennen, und jene jüdische Vorsicht, sich immer erst die Faiseurs von oben bis unten anzusehen, die einen neuen Humbug in die Mode bringen wollen, in unserem Falle die Jünglinge mit den langen Zukunftshaaren, so erscheint es geradezu bei Wagner wie Blindheit, dass er das Motiv der ihn verfolgenden Gegnerschaft nicht dort sucht, wo es allein zu finden ist: in dem treuen Sinn der Juden für alles Anerkannte und Bewährte.

Gutzkow in der «Neuen Freien Presse», Juli 1873:

Wie ist der Cagliostro der Tagesmusik so emporgekommen? Gewiss teilweise durch sein Talent. Am meisten aber durch die Konsequenz, mit der er selbst, ipse ipsissimus, seine Werke für Meisterwerke erklärte. Man rief Zetermordio über den Dünkel, der so sich in die Brust werfen konnte, man warf mit Steinen auf den, der so sich selbst vergötterte; aber der musikalische Heliogabal blieb dabei, sich den grössten Namen aller Jahrhunderte beizugesellen. Die Methode hatte Erfolg. Man lachte anfangs, wütete, und – jetzt gibt man die Hauptsache zu.

Aus dem
Leipziger «Puck» 1876.

***Ferdinand Hiller** 1870 über Wagners Schrift «Über das Dirigieren»:*

Wagner hat ein neues Pamphlet herausgegeben, strotzend von Unrichtigkeiten und Ungerechtigkeiten. Dumme Jungens, welchen jeder imponiert, der mit einigem Geiste viel «Impertinenz» verbindet, werden es anstaunen.

Hiller 1877 über den «Ring des Nibelungen»:

Mich erfüllt es mit bitterem Unmut, dass die urgermanische Götter- und Heldenwelt in einer Weise zur Darstellung gelangen soll, die mir an Roheit und Geschmacklosigkeit alles zu überbieten scheint, was gewagt wurde, seitdem unser Theater in der Kulturwelt sich seinen Platz erobert.

*

***Oskar Blumenthal** im «Berliner Tageblatt»:*

Die Wagner-Religion hat in Deutschland nicht bloss ihre Anbeter, sondern auch ihre Proselytenmacher. Bereits ist ein ganzes Spinnennetz von Wagner-Vereinen über ganz Deutschland verbreitet, in welchen das neue Musikevangelium gepredigt wird.

Der dirigierende Meister sitzt im Hause Wahnfried in einem Kreis von studierenden Künstlern und Künstlerinnen, die ohne Unterlass vor dem stabreimenden Musikgötzen das Weihrauchbecken schwingen und jedes

Lobwort, das seinen unsterblichen Lippen entströmt, mit Feuereifer an die befreundeten Journalisten mitteilen.

*

***Ludwig Speidel** über den «Lohengrin» in Wien, 4. Oktober 1870:*

Das Wagnerische Orchester, das mit unendlicher Geduld eine kleine Anzahl von Themen wieder und wieder verarbeitet, kann uns wohl wie ein kolossaler Wiederkäuer vorkommen.

Speidel über den «Ring des Nibelungen», Bayreuther Festspiele 1877:

Man betrachte den stümperhaften Aufbau des Ganzen, den niederträchtigen Geist, der es durchwaltet, die Verblasenheit der Gestalten und noch zuletzt diese verlotterte Sprache – und frage sich, ob an [ein] geistig und technisch so liederliches Machwerk der Name «Dichtung» zu verschwenden sei?

[1879] Und im Orchester wiederum das ewige Rumoren und Ruminieren der Leitmotive. Wie bequem ist die Methode, jeder wieder erscheinenden Person, jeder ähnlichen Lage, jeder wiederkehrenden Gedankenverbindung ein und dasselbe klingelnde Leitmotiv, gleichsam eine Hundemarke, anzuhängen.

Speidel 1878 über eine «Rienzi»-Aufführung in Wien:

Wagner ging ohne Scham und Gewissen mit der Opernmusik seiner Zeit durch dick und dünn, nur von dem einen Wunsche beseelt, sich selbst geltend, Lärm und Effekt zu machen. Es ist eine grauenhafte Charakterlosigkeit in dieser Musik, ein kosmopolitisches Herumpumpen, das ins Aschgraue geht. Wagner ist nacheinander Franzose, Italiener, italienischer Franzose, französischer Italiener und selbst – Deutscher. Auch der spätere Wagner steckt schon in dieser Oper; man sieht schon in dem unreinen Element der Musik die Kaulquappen herumschwimmen, die sich später zu Riesenfröschen entwickelt haben, gegen welche die Kritik bisher vergebens ihre Stecken gekehrt.

*

***Daniel Spitzer** über die «Walküre» in Wien, März 1877:*

So haben denn die olympischen Festkrämpfe endlich stattgefunden. Alles war wahnsinnig: der Text, die Musik, die Wagnerianer und die Eintrittspreise. Im Drama herrschen nur die brutalen Instinkte und die Launen eines abgewirtschafteten Gottes.

Spitzer über die «Götterdämmerung» in Wien, Februar 1879:

Es wimmelt in der «Götterdämmerung» von Fragezeichen, und dieses fortwährende Fra-

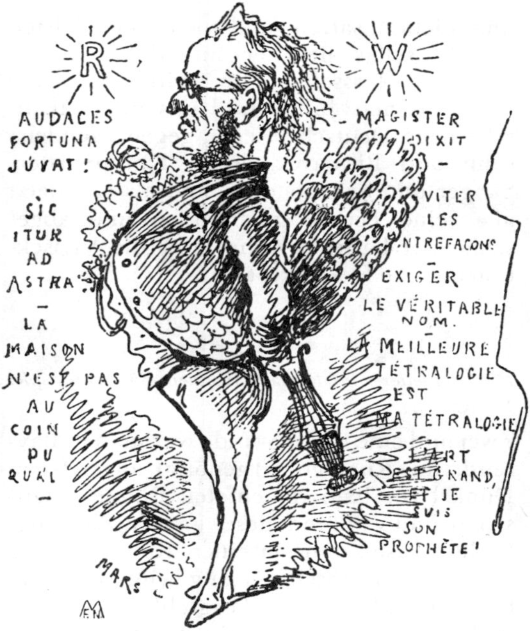

Wagner als Pfau. Karikatur von Mars. In der Bilderfolge «Von Paris nach Bayreuth» im «Journal amusant» 1876.

gen und Beantworten einer Frage ist auch einer der kleinen jüdischen Züge des Rabbi von Bayreuth oder, wie man in der deutschen Übersetzung sagt, des Meisters.

Wagner schaltete wie ein Sultan im Reiche der Tonkunst, er hatte seine Favoriten und Lieblingsaffen, und viele der edelsten Musikpaschas liess er mit der seidenen Schnur erdrosseln ... Er stritt gegen die musikalischen Juden und das unmusikalische neue Deutsche Reich, gegen Mendelssohn und Bismarck, gegen Komponisten, Sänger und Schriftsteller, und als er zuletzt alle seine Feinde geschunden und abgeschlachtet hatte, bekämpfte er die Vivisektion und die Fleischkost.

*

***H.M.Schletterer** in «Richard Wagners Bühnenfestspiel 1876»:*

Zwei und eine halbe Stunde war man in Bayreuth [im «Rheingold»] genötigt, aus tiefstem Dunkel zur halberleuchteten Bühne hinzusehen, und während dieser ganzen Zeit wogte die Musik, ohne je einen Ruhepunkt zu finden, einen Abschluss zu gewinnen, in steter Motivenhetze, von Trugschluss zu Trugschluss taumelnd, unausgesetzt weiter. –

Das Drama der Zukunft ist für die Gegenwart ein Drama der Langeweile geworden. Endlosere, ermüdendere, gleichgültigere, Bekanntes immer wiederkäuendere Schwätzer hat die Bühne nie gesehen als im «Ring des Nibelungen» ... Das Werk aber, das uns Wagner als Kunstwerk der Zukunft hinstellt, ist trotz einzelner grossartiger und bedeutender Züge ein alles Gesetz und Herkommen missachtendes, formloses, absurdes, schablonenhaft gearbeitetes, in seinem trostlosen und gesangswidrigen Sprechgesange unschönes Zwitterding zwischen Oper und Drama, das nur eine negative Bedeutung für die Gegenwart haben und für die Kunstgeschichte behalten kann.

*

Der Brahms-Biograph ***Max Kalbeck*** *1882 in dem «Bericht aus Bayreuth» an die «Wiener Allgemeine Zeitung»:*

Ein blendendes Genie für das Theatralische mit seinem Komplex von dekorativen, szenischen und anderen äusseren Mitteln, ein grosses musikalisches Talent ohne eigentliche Originalität der Erfindung, aber voll Leidenschaft, Glut und Wahrheit im beschreibenden Ausdruck bis zur realistischen Übertreibung, eine bescheidene, vom Theatralischen und Musikalischen wesentlich bedingte und hervorgerufene poetische Begabung und endlich eine von philosophischen, ästhetischen, politischen und kritischen Elementen erregte und verworrene, dabei schlagfertige und gewandte publizistische Kraft – wo käme ein zweiter her, der so viele und so heterogene Fähigkeiten in derselben Mischung besässe und es obendrein verstünde, sie in derselben Weise geltend zu machen? Nur Wagner kann von Wagner lernen, und von ihm hat er auch sehr viel gelernt. Was er jedoch niemals von sich lernen wird, ist die Selbsterkenntnis und die aus ihr hervorgehende Selbstbescheidung.

*

***Pierre Scudo** in der «Revue des deux mondes», Paris:*

[1860] Wagner und Berlioz gehören zur selben Familie: es sind zwei feindliche Brüder, zwei *enfants terribles* des alten Beethoven, der recht erstaunt wäre, was für zwei weisse Raben da unter seiner Brut zum Vorschein kamen.

[1861] In einem Wort, «Tannhäuser» ist ein *conte bleu,* schlecht für die Bühne eingerichtet, ohne Handlung, ohne Charaktere und ohne Interesse, ein banales und kindisches Thema.

*

***Albert Wolff** im «Figaro», Paris:*

[Bayreuth, 1876] Die Werke, die ich gesehen, sind verabscheuenswürdig im ganzen; man kann sie auf keiner Bühne der Welt aufführen, weil sie eben bühnenwidrig sind ... Das Unternehmen von Bayreuth ist zum Tode verurteilt ... Das grosse Talent Richard Wagners achte ich ebenso, wie ich den Mann verwünsche ... In dem entsetzlich langweiligen Werke, das ich angehört habe, gibt es

«Der alte Orpheus setzte Felsbrocken in Bewegung, der neue lockte Metallstücke an. Und noch dazu nach einer unendlichen Melodie.» Münchener «Punsch» 1865.

einige so schöne Bruchteile... Deutschland hat wirklich eine so grossartige Literatur, dass ich nicht begreife, wie es nicht in Lachen ausbrechen muss über die Werke eines so mittelmässigen Versemachers. Wagners Poesie ist eine unverdauliche Lektüre. Sie verhält sich zu der bewunderungswürdigen Einfachheit des Nibelungenliedes wie ein Tombakring aus einer Trödlerbude zu einer ziselierten Arbeit des Benvenuto Cellini.

[1879] Gegen Mozart gehalten, ist Wagner ein ungezogener kleiner Mann von Talent.

[1882] Der Mensch ist in jeder Beziehung verachtenswürdig, ich weiss wohl, aber der Künstler gebietet Respekt, das ist gewiss.

*

«The Times», London, nach Wagners Vorführung der «Tannhäuser»-Ouvertüre am 1. Mai 1854:

Die zum ersten Male einer englischen Zuhörerschaft vorgeführte, beinahe unmögliche Ouvertüre des Herrn Richard Wagner ... ist eine schwache Parodie nicht Hector Berlioz', sondern seiner schlechtesten Nachahmer. Viel Lärm um nichts, eine solche pomphafte und leere Alltäglichkeit haben wir selten gehört.

*

Otto Ludwig, 1877 von O. Gumprecht in einem Vortrag in Berlin über «Zukunftsmusik» zitiert:

Das Drama der Zukunft ist eine Ausgeburt des Dilettantismus, der mehrere Künste, aber keine gründlich zu treiben gelernt hat. Richard Wagner hat die Geschicklichkeit nicht errungen, musikalische Gedanken musikalisch zu verarbeiten; um diesen Mangel nicht eingestehen zu müssen, leugnet er die Berechtigung der Symphonie. Aber auch die Oper braucht jene Kunst, wenn sie ein wahres Drama, das heisst Entwicklung ist. Das Kunstwerk der Zukunft ist nichts als ein ungeheurer Zopf der Gegenwart.

*

François-Joseph Fétis *1862 in der «Biographie universelle»:*

Es würde schwer sein, eine erschöpfende Vorstellung von den Mühen, der Geduld, der inneren Überzeugungskraft zu geben, welche Liszt besass und anwandte, um eine möglichst befriedigende Aufführung jenes Chaos von kombinierten Klangwirkungen zu erreichen, welche Wagners «Lohengrin» darbietet.

*

Jacques Offenbach *1880 nach der «Neuen Berliner Musikzeitung»:*

Als ein wunderbares Beispiel von *generatio spontanea* ist Richard Wagner in das Zivilstandsregister des Parnasses mit den Worten eingetragen: «Vater und Mutter sind unbekannt», und er wird auch keine Nachkommen haben. Er ist ein Nordlicht, welches man für die Sonne genommen hat.

*

Peter Iljitsch Tschaikowski in einem Brief an Frau von Merk:

[Wien, 26. November 1877] Ich habe die «Walküre» gesehen; die Aufführung war ausgezeichnet. Das Orchester hat sich selbst übertroffen; die besten Sänger und Sängerinnen haben alles getan, was in ihren Kräften stand – und dennoch war es langweilig. Welch ein Don Quixote ist doch dieser Wagner! Er bietet alle seine Kräfte auf in der Jagd nach dem Unmöglichen, während ihm ein ausserordentliches Talent zur Verfügung steht, kraft dessen er – wenn er sich ihm, das

«Apotheose: Der Meister schreitet über die Regenbogenbrücke aus ‹Rheingold› in jene Walhalla hinüber, wo er ungestraft Gottvater spielen kann» (rechts das Festspielhaus, links das Irrenhaus). Aus der «Bombe» 1876.

heisst seinen natürlichen Eigenschaften, unterordnen wollte – ein ganzes Meer musikalischer Schönheit aus sich hervorzaubern könnte. Nach meiner Meinung ist Wagner im Grunde Symphoniker.

*

Leo Tolstoi *1898 in der «Revue de Paris»:*

Das poetische Hauptwerk Wagners ist der «Nibelungenring». Ich habe die vier Textbücher aufmerksam gelesen und mir einen kurzen Auszug gemacht. Die Dichtung ist das Muster der plumpsten Pseudo-Poesie, sie streift geradezu ans Lächerliche.

*

William Morris *in einem Brief vom 12. November 1873 an seinen Freund Forman:*

Vielen Dank für Deinen Brief und die Wagner-Übersetzung. Ich hatte noch keine Zeit, sie zu lesen, und offen gestanden interessiert es mich auch nicht im geringsten, was Wagner tut, denn seine Theorien über musikalische Dinge scheinen mir als Künstler und Nichtmusiker ganz abscheulich; ausserdem grenzt es für mich an ein Sakrileg, einen so gewaltigen und weltweiten Stoff [der nordischen Sage] dem Gaslicht einer Oper preiszugeben, dieser rokokohaftesten, unwürdigsten aller Kunstformen – die Idee eines strohblonden germanischen Tenors, mit seinem Singsang über die unaussprechlichen Schwüre Sigurds, die sich auch mit den einfachsten Worten nicht hinreichend typisch ausdrücken lassen! Entschuldige meine Heftigkeit, aber ich wünschte mir Wagner mit Stumpf und Stiel ausgerottet zu sehen, so gerissen er auch sein mag – was er zweifellos auch ist. Aber er ist anti-künstlerisch, Du kannst mir's glauben!

Judith Gautier

Aus den Briefen Wagners an Judith Gautier, in den von Willi Schuh herausgegebenen deutschen Übertragungen (Zürich 1936)

[Bayreuth, 4. September 1876] Liebe. Ich bin traurig. Heute abend ist wieder Gesellschaft, aber ich gehe nicht hinunter. Ich lese wieder ein paar Erinnerungsblätter aus meinem Leben, die ich einst Cosima diktiert habe. Sie opfert sich für ihren Vater, der an grosse Gesellschaften gewohnt ist. Leider! Hätte ich Sie heute morgen zum letzten Male umarmt? Nein, ich werde Sie wiedersehen. Ich will es, weil ich Sie ja liebe. Leben Sie wohl! Seien Sie gut zu mir!

[Zwischen 25. und 29. September 1876] Teure Seele! Süsse Freundin! Immer noch liebe ich Sie! Immer bleiben Sie mir das, was Sie sind, der einzige Lichtstrahl in jenen Tagen, die für manche so erfreulich und für mich so unbefriedigend waren. Aber Sie waren für mich voll eines so süssen, einlullenden und berauschenden Feuers! O wie gerne wollte ich Sie nochmals küssen, Teure, Süsse! ... Es tut mir leid, wie Sie leben. Aber alles muss einem leid tun. Vor allem ich mir selber, wenn ich Ihren Rat befolgen und Sie vergessen wollte.

[1. Oktober 1877] Teure Freundin! Cosima trägt mir für Sie ein paar Besorgungen auf ... Der Geburtstag von Daniela, unserer ältesten Tochter, fällt auf den achten dieses Monats. Cosima sagt mir, ihre Tochter wäre hoch entzückt, wenn sie unter meinen Geschenken ein hübsches Parfümsachet vorfände, aber Geld soll ich dafür nicht ausgeben. Allein, in schreiendem Ungehorsam schicke ich Ihnen mittels Postanweisung 62 Franken und bitte Sie, ein sehr hübsches Sachet zu besorgen, sorgfältig garniert, aus Seide usw. Dazu wählen Sie einen Duft nach Ihrem Geschmack, aber so recht nach Ihrem Geschmack, und vielleicht legen Sie ein halbes Dutzend Papiersachets bei, damit ich sie zwischen meine eigene Morgenwäsche stekken kann, so verschaffe ich mir eine innige Beziehung zu Ihnen, sobald ich mich ans Klavier setze, um die Musik zu «Parsifal» zu komponieren ...

Ja, die Musik zu «Parsifal» kommt aufs Tapet. Ich konnte nicht mehr existieren, ohne mich in ein solches Unternehmen zu stürzen. Helfen Sie mir!

[9. November 1877] Wegen unseres Korrespondenz-Parfüms denken Sie ernstlich nach. Vielleicht «Exquisite» von Rimmel, wenn Ihnen das recht ist. Mir wäre auch reine «Rose» lieb, aber stark... Sie sehen mich in leichtsinnig beschwingter Laune. Ach, ich mache Musik, ich pfeife aufs ganze Leben, auf alle Welt. Ich fühle mich geliebt, und ich liebe. Endlich mache ich die Musik zum «Parsifal», Cosima fertigt für Sie eine französische Übersetzung an. Nebst andern Musterproben schick' ich Ihnen auch eine von meiner Musik.

[17. November 1877] Teure Seele! Nicht mehr schreien und protestieren! An das Erlebnis Ihrer Umarmungen denke ich als an den berückendsten Rausch, an den höchsten Stolz meines Daseins. Es ist ein letztes Geschenk der Götter, die mich nicht unter dem falschen Gram des falschen Ruhms der «Nibelungen»-Aufführungen wollten erliegen lassen. Aber wozu von elendem Zeug reden! Ich schreie nicht, aber in meinen besten Momenten bewahre ich mir eine so süsse, wohltuende Sehnsucht, jene Sehnsucht, Sie noch zu umarmen und Ihre göttliche Liebe nie zu verlieren. Sie sind mein, nicht wahr?

[22. November 1877] Da habe ich etwas vergessen, was mich *zwingt,* Ihnen nochmals zu schreiben, o meine liebe Judith! «Die Pantoffeln *ohne* Absätze!»

Aber nein! Noch etwas. Für meine Chaiselongue möchte ich eine wunderschöne, ganz unerhörte Decke, die ich «Judith» nennen werde. Hören Sie! Trachten Sie, mir so einen Seidenstoff zu finden, den man «Lampas» nennt oder – wie nur? Grund gelber Satin – so blass als möglich – bestreut mit Gewinden von Blüten – Rosen: das Muster nicht zu gross, denn es ist ja nicht für Vorhänge; man braucht dergleichen eher bei kleinen Möbelstücken. Gibt es kein Gelb, dann ein sehr lichtes *Blau.* Sogar eventuell mit weissem Grund, was leichter aufzutreiben ist. Sechs Meter brauche ich davon!

All dies für die guten Vormittage mit «Parsifal».

Dieser Name ist arabisch. Die alten Troubadours haben ihn nicht mehr verstanden. «Parsi-fal» bedeutet «parsi», denken Sie an die das Feuer anbetenden Parsen, «rein»; «fal» bedeutet «törig». In einem hohen Sinne ist dies ein Mann ohne Gelehrsamkeit, aber genial («fellow» auf englisch scheint zu dieser orientalischen Wurzel in Beziehung zu stehen). Sie werden erkennen (vielmehr erst erfahren, Verzeihung!), warum dieser naive Mann solch einen arabischen Namen trug!

[27. November 1877] Aber der «Parsifal»! Oh! Schreiben Sie Cosima Ihre unverhohlene Meinung. Haben Sie ja keine Angst, sie zu kränken. Sehen Sie denn nicht, dass sie wörtlich übersetzt hat? O wenn Sie wüssten, wie unmöglich es ist, den Sinn dieser Dichtung in Ihrer so konventionellen Muttersprache wiederzugeben. Cosima hat (deshalb diese Steifheit) nur sterbensdürre Worte hingesetzt! Und das bei naiven Dingen, die sogar dem Sinne nach Franzosen unbekannt sind...

Die letzte Melodie? Fassen Sie sie als Albumblatt auf. Aber Sie werden schon sehen, im zweiten Akt, Klingsors Zaubermädchen, Blüten eines verhexten Gartens (tropisch), mit dem Frühling spriessen sie auf und leben bis zum Herbst, um als junge Mädchen ganz naiv und anmutig die Gralshelden zu umgarnen. Sie liebkosen Parsifal, streicheln ihm die Wangen, das Kinn, wie spielende Kinder. Vielleicht werden sie nach dieser Melodie singen: Komm, komm! Junger Held, schöner Knabe usw. Sie werden schon sehn, und es wird Ihnen gefallen.

Wenn aber nicht! Werden Sie mich auch dann und trotzdem lieben? Ich hoffe es. O ja! Und wenn Sie es nicht wollen, so küsse ich Sie trotzdem!

[4. Dezember 1877] «Ein fürchtbar schönes Weib.» Ja, ein Weib von einer Schönheit, «warum nicht von zwei Schönheiten?», die furchtbar ist. Allein «furchtbar» wirkt hier komisch! «Unheimliche Schönheit?» Das habe ich abgelehnt. Wieso unheimlich? Aber für das deutsche «furchtbar schön» wollen wir etwa «terrifiant» sagen. Geht nicht: man sagt «terrifié», aber nicht «terrifiant». Ach! Das ist Logik! Vielleicht ein wenig zuviel der Logik für eine Sprache, die Naturprodukt ist, ganz irrational, indes eine Akademie höchst rational ist, logisch und alles, was nur sein mag, aber sie schafft nicht, sie arrangiert und bestimmt Konventionelles. Und was zwei Jahrhunderte lang geherrscht und den Ruhm der neuzeitlichen Franzosen bedeutet hat, wird niemals abgeschafft, es sei denn durch Barbaren. (Nun, ich rede nicht von Hugo!)

[11. oder 12. Dezember 1877] Was die Parfümerien betrifft, hauen Sie über die Stränge, ich bitte Sie, Badeessenzen usw. in reichem Schwalle, dutzendweis'. Denn wir leben in einer von allen Grazien verlassenen Wüstenei …

[18. Dezember 1877] O teure Seele! Innig geliebte Seele! Alles ist so tragisch, alles, was *real* ist! Aber Sie werden mich immer lieben, und ich könnte nicht anders, selbst beim stärksten Willen. Tausend Küsse. R.

[14. Januar 1878] Von allen Parfüms ziehe ich das kleine Holzflacon vor, als das edelste. Ich werde es bedachtsam gebrauchen. Aber ich bitte Sie, mir einen oder zwei dieser entzückenden Zerstäuber zu senden, denn ich fürchte – wegen meiner Ungeschicklichkeit – sie bald zu ruinieren. Judith, seien Sie guten Muts! Mir geht es besser denn je. Man hält mir alles fern, was meine Seele beirren könnte, und ich bekümmere mich bloss um meine Musik. Bald wird die Komposition des ersten Aktes beendet sein. Und bald bekommen Sie einen kleinen Auszug zu sehen.

Versteifen Sie sich nicht auf die «Lampas»-Geschichte ... Im übrigen sehe ich, dass Sie mich ein wenig lieb haben, weil Sie sich um diese Nichtigkeiten kümmern. Ah!

Der «Ring» in Berlin

Angelo Neumann erzählt in seinem Erinnerungsbuch, wie Wagner zu den von ihm 1881 in Berlin veranstalteten Aufführungen kam:

Am 30. April frühmorgens traf Richard Wagner mit Frau Cosima in Berlin zu den Proben ein und stieg im Hotel Royal ab. Als ich zu Wagner ins Hotel kam, empfing er mich mit einem Vorwurf: «Sie haben uns schön enttäuscht! Ich habe doch sicher darauf gerechnet, dass Sie heute nacht in Leipzig zu uns ins Coupé einsteigen, um mit uns nach Berlin zu fahren.» – «Aber, Meister», sagte ich, «ich musste doch um so viel früher hier sein, um die Vorproben abzuhalten ... Jetzt übergebe ich Ihnen den Kommandostab.»

Nachdem wir noch einige Einzelheiten erörtert hatten, sagte der Meister zu meiner Überraschung ganz plötzlich: «Sagen Sie, Neumann, ich habe da im Hereinfahren an den Säulen Scaria angezeigt gelesen: was wollen Sie denn mit dem Hausknecht?» – Ich erwiderte: «Scaria singt im ersten und dritten Zyklus den Wotan, im zweiten und vierten Zyklus singt ihn Schelper.» – «Ach, warum nicht gar», erwiderte Wagner, «wie kommen Sie dazu, Scaria hier singen lassen zu wollen?» – «Aber, Meister, ich habe es Ihnen ja telegraphiert. Wie kommen Sie nur dazu, über Scaria so zu urteilen?» – «Nee, nee, nee, lieber Freund, daraus wird nichts, geben Sie dem Manne sein Honorar und schicken Sie ihn weg.» – «Das ist ganz unmöglich, Meister, das kann und darf ich nicht. Scaria erklären, Richard Wagner wolle nicht, dass er auftrete, hiesse ihn künstlerisch vollständig ruinieren. Ausserdem würden wir uns um den besten und grossartigsten Wotan bringen.» – «Sagen Sie, Mensch, wie sind Sie nur darauf gekommen, den zu engagieren?» – «Weil ich ihn in dieser Rolle gehört habe.» – «Wo?» – «In Wien.» – «Und er hat Ihnen gefallen?» – «Er hat mich begeistert und wird auch Sie entzücken.» – «Nein, nein, nein, nein! Also entweder schicken Sie Scaria weg, oder ich reise ab!» –

Als ich sah, dass ich Wagner von seiner vorgefassten Meinung nicht abbringen konnte, machte ich folgenden Vorschlag: «Meister, Scaria abzulehnen und wegzuschicken, bevor er gesungen, ist unmöglich. Ihre Abreise von Berlin vor den Aufführungen wäre für das Unternehmen ein Todesstoss. Wir haben jetzt vormittag eine Probe der ‹Walküre›. Sie und Ihre Gattin fahren jetzt mit mir hinaus, gehen vorläufig gar nicht auf die Szene, setzen sich in eine Loge und hören Scaria an. Missfällt er Ihnen dann derart, wie Sie voraussehen – abreisen können Sie auch noch nach der Probe.»

Darauf sagte Frau Cosima: «Hör mal, mir scheint, Neumann hat recht, darauf können wir eingehen. Wir hören uns Scaria an, und du kannst dir deine Entschliessung dann immer noch vorbehalten.»

Und so geschah es auch. In einer Proszeniumsloge im ersten Rang links sass der Meister mit seiner Frau, Gräfin Schleinitz und Daniela von Bülow; mich bat er, in der Loge nebenan zu seiner Seite Platz zu nehmen. Ich hatte die Anordnung getroffen, dass die Probe mit dem zweiten Akt der «Walküre» beginnen solle. Als nun Scaria nach seiner grossen Szene im zweiten Akt abging, sprang Wagner von seinem Sitze auf, stürmte die Treppen hinunter auf die Bühne, so dass ich ihm kaum folgen konnte, indem er fortwährend rief: «Wo ist Scaria? Wo ist Scaria? Das ist ja grossartig! Mensch, wo haben Sie das her?» Auf der Bühne angelangt, umarmte und küsste er den Künstler und mich, indem er zu mir fortwährend sagte: «Das haben Sie gut gemacht!»

Nunmehr griff Wagner selbst in den Gang der Probe ein. Er zeigte Sieglinde, wie sie in Siegmunds Schoss den Kopf zu legen und zu entschlummern habe, er hielt darauf, dass Brünhilde bei der Todesverkündigung den rechten Arm an den Hals des Pferdes lege und Schild und Speer mit der linken fasse. Der Kampf zwischen Hunding und Siegmund war nicht nach seinem Sinne geraten. Kaum hatten die beiden Gegner die ersten Schwertstreiche gewechselt, da geschah etwas, was uns für einen Augenblick starr vor Schrecken machte. Mit der Behendigkeit eines Akrobaten schwang sich der achtundsechzigjährige Wagner auf die Logenbrüstung und lief, auf dem schmalen, luftigen Rampenvorsprung geschickt balancierend, voll Ungeduld bis zur ersten Proszeniumsloge vor, um sich von da auf die Bühne zu schwingen. Dort nahm er Siegmunds Schwert und führte mit Hunding hoch oben am Joch den Kampf aus. Dann liess er sich bei dem gegebenen Stichworte hart an der Grenze des Abgrundes niederfallen; der Kopf kam etwas erhöht zu liegen, der linke Arm nach der Seite des Publikums schlaff herabhängend: dies alles mit einer Geschicklichkeit, um die ihn jeder Fünfundzwanzigjährige hätte beneiden können …

Und nun hätte ich die grossen Berliner Nibelungentage zu schildern, Tage, von denen man sich heute kaum mehr eine angemessene Vorstellung machen kann. Schon die Auffahrt zum Theater bot ein seltenes Schauspiel. Unter den Linden, vom kaiserlichen und kronprinzlichen Palais angefangen, bildete das Publikum ein dichtes Spalier, aus den Fenstern schauten Tausende von Augen auf das Gewühl, in welchem berittene Schutzleute unter persönlicher Überwachung des Polizeipräsidenten von Madai die Ordnung aufrecht erhielten. Die Mitglieder des Hofes wurden in ihren Karossen herzlich begrüsst, und der Jubel erreichte seinen Höhepunkt, als Wagner an der Seite seiner Frau mit der Gräfin Schleinitz in seinem Wagen sichtbar wurde. Überaus glänzend war dann der Anblick des bis zum Dachfirst gefüllten Theatersaales. Der Hof und ganz Berlin schien sich ein Stelldichein gegeben zu haben. Kaum hatte Wagner seine Loge betreten, als das Publikum ihn stürmisch begrüsste.

Die Aufnahme des Werkes war glänzend, Wagner selbst applaudierte den Künstlern mit hochbefriedigter Miene. Das Publikum ruhte aber nicht eher, bis der Meister selbst auf der Bühne erschien. Im schwarzen Gehrock, darüber einen grauen Sommerüberzieher und einen Zylinderhut in der Hand, stand er zwischen Fricka, Wotan und Loge. Das Orchester blies einen Tusch, aus allen Rängen erbrausten Hochrufe und wehten Tücher. Da trat der Meister vor, und mit bewegter, aber fester Stimme richtete er aus dem Stegreif folgende Worte an das Publikum:

«Wenn das, was Sie mir hier ausdrücken, ein Dank sein soll, so nehme ich ihn nicht für mich an, sondern für die Künstler, die von fern und nah sich zusammengefunden haben, um mein Werk zu verkörpern. Sie haben sich in die Auffassung und in den besondern Stil dieses Werkes so hineingefunden, dass auch ich ihnen nur meinen Dank ausdrükken kann. Und das geschieht in dem Wunsche, dass das Werk, das heute so glücklich begonnen, einen gleich glücklichen Fortgang nehmen möge. Wenn das Werk gewirkt hat, so geschah es ohne Pracht – so geschah es allein durch die Macht der Kunst.»

Uraufführung von «Parsifal»

Unter den Musikkritikern des In- und Auslandes, die sich zur Uraufführung des «Parsifal» in Bayreuth einfanden, nahm der Zürcher Musikdirektor Gustav Weber etwa eine Mittelstellung ein zwischen den vorbehaltslosen Bewunderern und den erklärten Anti-Wagnerianern. Er berichtete in der «Schweizerischen Musikzeitung» unter anderem:

Die Physiognomie der Feststadt hatte sich seit 1876 wenig geändert, doch war das herbeigeströmte Publikum etwas gemütlicher; man stolperte nicht jeden Augenblick über eine Durchlaucht, befand sich in weniger kosmopolitischer Gesellschaft, und der Personenkult trat weniger unangenehm vor Augen. Das Bedürfnis, geistige Überlegenheit, wahre Grösse anzuerkennen, nicht erst durch einen Grabstein den bedeutenden Mann zu ehren, hat etwas Edles an sich, doch kann es sich in einer würdigeren Form als zu Zeiten in Bayreuth äussern. Freilich ist Wagner selbst an der übermässigen Beweihräucherung mit schuld, er liess es an Wort und Schrift nicht fehlen, um sich als «Meister» par excellence aufzuspielen. Die höchst gehässigen und hämischen Angriffe auf Schumann und Brahms in den «Bayreuther Blättern» sind nur damit zu entschuldigen, dass ein grosser Mann auch grosse Schwächen haben darf... Bei wenigen ist jedoch das Selbstbewusstsein so berechtigt wie bei ihm, denn er ist als Künstler einzig in seiner Art, der unablässig strebte und, ohne sich durch das Entgegenstemmen einer trägen Masse irremachen zu lassen, sein Leben lang einem Ideal nachging, dem er erst als Greis nahekommen sollte ...

Bei den «Nibelungen», so grossartig das Ganze angelegt ist, muss man gar zuviel in Kauf nehmen; die Dialoge sind oft von erschreckender Länge und Öde, und der Stoff mit seinem Göttergesindel und den Urmenschen liegt trotz aller gegenteiligen Deklamationen unserem Fühlen und Denken fern. Der ganze «Parsifal» dagegen ist von Poesie durchhaucht, ein abgeschlossenes, tiefsinniges Kunstwerk, das mit der ersten Note uns in eine gehobene Stimmung versetzt, welche bleibt, bis der Vorhang sich zum letzten Mal schliesst. Auch in dieses Drama ist zwar unnötig viel hineingeheimnisst, und manch philosophischen und philologischen Brokken, der in einer Anmerkung ebenfalls am Platze wäre, müssen wir geduldig entgegennehmen ...

Viele haben an der Verpflanzung einiger poetischer Szenen des Neuen Testamentes auf das Theater Anstoss genommen ... Wir können Wagner darum nicht tadeln; die Szenen sind poetisch schön, und für deren Zuständigkeit ist wohl einzig entscheidend, ob der Gegenstand mit Ernst und Würde behandelt sei oder aber niederer Effekt-Spekulation dienen muss. Weihe, Ernst und Würde wird niemand im «Parsifal» vermissen; in diesem Drama scheinen die Mysterien des Mittelalters in veredelter Gestalt wieder aufleben zu wollen. Die handelnden Personen sind nicht von gewöhnlichem Fleisch und Blut, eher Personifikationen; doch macht das Stück gleichwohl nicht den Eindruck einer kalten Allegorie, es ist eine sinnvolle, poesiereiche Legende, die mehr mit dem Herz als mit dem Verstande erfasst sein will. Eine solche kann aber auf der Bühne ohne Musik, die uns der nackten Wirklichkeit zum vornherein entrückt, nicht bestehen ...

Wagners frühere Opern unterscheiden sich im Stile wesentlich voneinander, bis zum «Tristan» und den «Nibelungen» ist eine stete Entwicklung zu bemerken. Bis zum «Lohengrin» hält er sich im wesentlichen an die von seinen Vorgängern Gluck, Weber und Meyerbeer verwendeten musikalischen Ausdrucksformen. Dann aber vertieft sich seine Harmonik, die Stimmführung wird freier, immer mehr der Polyphonie sich zuneigend, und die besonders durch Beethoven ausgebildete Kunst der thematischen Arbeit, die symphonische Gestaltung der Orchesterpartie wird zum Prinzip erhoben. Zwischen den «Nibelungen» und «Parsifal» ist kein Stilunterschied zu bemerken, beide Partituren zeigen die gleiche Kunstweise, hier wie dort dieselbe Eigentümlichkeit der harmonischen Wendungen, dieselbe deklamatorische Behandlung der Singstimmen, dieselbe Methode, durch sogenannte Leitmotive Personen und Vorgänge zu charakterisieren. Man würde fehlgehen, wollte man hieraus auf einen Rückschritt, auf Abnahme der Gestaltungskraft schliessen... Und wahrlich, das Werk lässt keinen Gedanken an Altersschwäche aufkommen, im zweiten Akt mit dem reizenden Chor der Blumenmädchen, dem glühenden Liebesverlangen der Kundry glaubt man eher an die frische Sinnlichkeit eines Jünglings...

Untersuchen wir den harmonischen Bau, fällt uns besonders die häufige Verwendung und die ungewöhnliche Verbindung von Nebenseptimen, Akkorden auf, unter welchen derjenige auf der zweiten Stufe in Moll (d – f – as – c) eine hervorragende Rolle spielt. Auch alterierte Akkorde machen sich durch ihr häufiges Erscheinen bemerkbar, wie denn überhaupt die Chromatik wesentlich als Ausdrucksmittel mitwirkt. Einzelne Sequenzen hat Wagner gewiss absichtlich eingeführt, des kirchlichen Charakters wegen, mehrere auffällige Progressionen aber benehmen Wagner das Recht, Schumann solche vorwerfen zu lassen, wie er es getan. Die Instrumentation ist zwar reich und farbenprächtig, aber so diskret und klar wie in wenigen neuern Werken. Überladung, grelle Farben, Lärm, lauter Ausdrücke, welche unwissende Dilettanten Wagner gegenüber so gerne im Munde und in der Feder führen, sind einer solchen Partitur gegenüber übel angebracht ...

Alles, Inszenierung und Darstellung, war dazu angetan, das Wagnerische Drama zur höchsten Wirkung zu bringen; alles Schablonenhafte von unsern Bühnen wurde sorgfältig vermieden, ein freies, künstlerisches Spiel trat an dessen Stelle, und die verschiedenen Musen wirkten so zielbewusst und einträchtig zusammen, dass, weit davon entfernt, den Eindruck eines Theaterstückes zu machen, das Drama als ein Göttergeschenk, als Vision erschien ...

Die einen erklären den «Parsifal» als Wagners Schwanengesang, die andern lassen den Dichter an einem «Buddha» arbeiten. Ich gehöre nicht zu den Eingeweihten, glaube aber, dass bei einem Manne wie Wagner sich der Schaffensdrang nicht zurückhalten lässt und dass grosse Entwürfe seine Seele bewegen werden, bis der Tod mit kalter Hand die Tafel auslöscht.

Nietzsche über Wagner

Friedrich Nietzsche in seinen Briefen an Erwin Rohde

[8. Oktober 1868] Kürzlich las ich auch (und zwar primum) die Jahnschen Aufsätze über Musik, auch die über Wagner. Es gehört etwas Enthusiasmus dazu, um einem solchen Menschen gerecht zu werden: während Jahn einen instinktiven Widerwillen hat und nur mit halbverklebten Ohren hört. Ich gebe ihm trotzdem vielfach Recht, insbesondere darin, dass er Wagner für den Repräsentanten eines modernen, alle Kunstinteressen in sich aufsaugenden und verdauenden Dilettantismus hält: aber gerade von diesem Standpunkte aus kann man nicht genug staunen, wie bedeutend jede einzelne Kunstanlage in diesem Menschen ist, welche unverwüstliche Energie hier mit vielseitigen künstlerischen Talenten gepaart ist: während die «Bildung», je bunter und umfassender sie zu sein pflegt, gewöhnlich mit mattem Blicke, schwachen Beinen und entnervten Lenden auftritt.

[Leipzig, 9. November 1868] Wir kommen in dem sehr behaglichen Salon Brockhaus an: es ist niemand weiter vorhanden als die engste Familie, Richard und wir beide. Ich werde Richard vorgestellt und rede zu ihm einige Worte der Verehrung: er erkundigt sich sehr genau, wie ich mit seiner Musik vertraut geworden sei, schimpft entsetzlich auf alle Aufführungen seiner Opern, mit Ausnahme der berühmten Münchener, und macht sich über die Kapellmeister lustig, welche ihrem Orchester im gemütlichen Tone zurufen: «Meine Herren, jetzt wird's leidenschaftlich!» – «Meine Gutsten, noch ein bisschen leidenschaftlicher!» W. imitiert sehr gern den Leipziger Dialekt.

[9. Dezember 1868] Wagner, wie ich ihn jetzt kenne, aus seiner Musik, seinen Dichtungen, seiner Ästhetik, zum nicht geringsten Teil aus jenem glücklichen Zusammensein mit ihm, ist die leibhaftigste Illustration dessen, was Schopenhauer ein Genie nennt: ja die Ähnlichkeit all der einzelnen Züge ist in die Augen springend. Ach, ich wollte, ich könnte Dir in behaglicher Abendstunde die vielen kleinen Einzelheiten erzählen, die ich über ihn, meistens durch seine Schwester, weiss; ich wollte, wir könnten die Dichtungen miteinander lesen (die Romundt so hoch schätzt, dass er R.W. für den bei weitem ersten Dichter der Generation hält, und über die auch Schopenhauer, wie Wagner mir erzählte, sehr gut gedacht hat), wir könnten zusammen den kühnen, ja schwindelnden Gang seiner umstürzenden und aufbauenden Ästhetik gehen, wir könnten endlich uns von dem Gefühlsschwunge seiner Musik wegreissen lassen, von diesem Schopenhauerischen Tonmeere, dessen geheimsten Wellenschlag ich mitempfinde, so dass mein Anhören Wagnerischer Musik eine jubelnde Intuition, ja ein staunendes Sichselbstfinden ist.

[3. September 1869] Übrigens habe ich auch mein Italien, wie Du; nur dass ich mich dahin immer nur die Sonnabende und Sonntage retten kann. Es heisst Tribschen und ist mir bereits ganz heimisch. In letzter Zeit bin ich, kurz hintereinander, viermal dort gewesen, und dazu fliegt fast jede Woche auch ein Brief dieselbe Bahn. Liebster Freund, was ich dort lerne und schaue, höre und verstehe, ist unbeschreiblich. Schopenhauer und Goethe, Aeschylus und Pindar leben noch, glaub' es mir.

Nietzsche an Freiherrn von Seydlitz

[Salzburg, 4. Januar 1878] Gestern kam, von Wagner gesandt, der «Parsifal» in mein Haus. Eindruck des ersten Lesens: mehr Liszt als Wagner, Geist der Gegenreformation; mir, der ich zu sehr an das Griechische, menschlich Allgemeine gewöhnt bin, ist alles zu christlich, zeitlich beschränkt; lauter phantastische Psychologie; kein Fleisch und viel zuviel Blut (namentlich beim Abendmahl geht es mir zu vollblütig her); dann mag ich hysterische Frauenzimmer nicht; vieles, was für das innere Auge erträglich ist, wird bei der Aufführung kaum auszuhalten sein: denken Sie sich unsere Schauspieler betend, zitternd und mit verzückten Hälsen. Auch das Innere der Gralsburg *kann* auf der Bühne nicht wirkungsvoll sein, ebensowenig der verwundete Schwan. Alle diese schönen Erfindungen gehören ins Epos und, wie gesagt, fürs innere Auge. Die Sprache klingt wie eine Übersetzung aus einer fremden Zunge. Aber die Situationen und ihre Aufeinanderfolge – ist das nicht von der höchsten Poesie? Ist es nicht eine letzte Herausforderung der Musik?

Nietzsche an Malvida von Meysenbug

[Naumburg, 14. Januar 1880] Hören Sie Gutes von Wagners? Es sind drei Jahre, dass ich nichts von ihnen erfahre: *die* haben mich auch verlassen, und ich wusste es längst, dass Wagner von dem Augenblick an, wo er die Kluft unserer Bestrebungen merken würde, auch nicht mehr zu mir halten werde. Man hat mir erzählt, dass er gegen mich schriebe. Möge er damit fortfahren: es muss die Wahrheit auf jede Art ans Licht kommen! Ich denke in einer dauernden Dankbarkeit an ihn, denn ihm verdanke ich einige der kräftigsten Anregungen zur geistigen Selbständigkeit. Frau Wagner, Sie wissen es, ist die sympathischste Frau, der ich im Leben begegnet bin.

Nietzsche an Peter Gast

[20. August 1880] Ich für meinen Teil leide abscheulich, wenn ich Sympathie entbehre; und durch nichts kann es mir zum Beispiel ausgeglichen werden, dass ich in den letzten Jahren der Sympathie Wagners verlustig gegangen bin. Wie oft träume ich von ihm, und immer im Stile unseres damaligen vertraulichen Zusammenseins! Es ist nie zwischen uns ein böses Wort gesprochen worden, auch in meinen Träumen nicht, aber sehr viele ermutigende und heitere, und mit niemandem habe ich vielleicht so viel zusammen gelacht. Das ist nun vorbei – und was nützt es, in manchen Stücken *gegen* ihn *recht* zu haben! Als ob damit diese verlorene Sympathie aus dem Gedächtnis gewischt werden könnte!

Nietzsche an seine Schwester

[Genua, 3. Februar 1882] Nur wenige Zeilen, meine geliebte Schwester, um Dir für Deine guten Worte über Wagner und Bayreuth zu danken. Gewiss, es sind die schönsten Tage meines Lebens gewesen, die ich mit ihm in Tribschen und durch ihn in Bayreuth (1872, *nicht* 1876) verlebt habe. Aber die allmächtige Gewalt unsrer Aufgaben trieb uns auseinander, und jetzt können wir nicht mehr zueinander, wir sind uns zu fremd geworden.

Ich bin damals, als ich Wagner fand, unbeschreiblich glücklich gewesen! Ich hatte so lange nach dem Menschen gesucht, der höher war als ich und der mich wirklich übersah. In Wagner glaubte ich ihn gefunden zu haben. Es war ein Irrtum. Jetzt darf ich mich nicht einmal mehr mit ihm vergleichen – ich gehöre einem andern Rang an.

Im übrigen habe ich meine Wagner-Schwärmerei teuer bezahlen müssen. Hat mir diese nervenzerrüttende Musik nicht meine Gesundheit verdorben? Und die Enttäuschung und der Abschied von Wagner – war das nicht lebensgefährlich? Habe ich nicht fast sechs Jahre gebraucht, um mich von diesem Schmerz zu erholen? Nein, Bayreuth ist für mich unmöglich! Es war nur ein Scherz, was ich neulich schrieb. Aber Du musst jedenfalls nach Bayreuth gehn. Es ist mir von grossem Wert.

Nietzsche an Peter Gast

[19. Februar 1883, nach Wagners Tod:] Es war hart, sechs Jahre lang Gegner dessen sein zu müssen, den man am meisten verehrt hat, und ich bin nicht grob genug *dazu* gebaut. Zuletzt war es der altgewordene Wagner, gegen den ich mich wehren musste; was den eigentlichen Wagner betrifft, so will ich schon noch zu einem guten Teile sein *Erbe* werden.

Nietzsche an Erwin Rohde

[23. Februar 1886] Man wird alt, man wird sehnsüchtig, schon jetzt habe ich, wie jener König Saul, Musik *nötig* – der Himmel hat mir zum Glück auch eine Art David geschenkt. Ein Mensch, der mir gleich geartet ist, profondement triste, kann es auf die Dauer nicht mit Wagnerischer Musik aushalten. Wir haben Süden, Sonne «um jeden Preis», helle, harmlose, unschuldige Mozartische Glücklichkeit und Zärtlichkeit in Tönen nötig.

Aus «Der Fall Wagner. Ein Musikanten-Problem». Turiner Brief vom Mai 1888

Il faut méditerraniser la musique: ich habe Gründe zu dieser Formel. Die Rückkehr zur Natur, Gesundheit, Heiterkeit, Jugend, Tugend! – Und doch war ich einer der korruptesten Wagnerianer ... Ich war imstande, Wagner ernst zu nehmen ... Ah, dieser alte Zauberer! Was hat er uns allen vorgemacht! Das erste, was seine Kunst uns anbietet, ist ein Vergrösserungsglas: man sieht hinein, man traut seinen Augen nicht, – alles wird gross, selbst Wagner wird gross ... Was für eine kluge Klapperschlange! Das ganze Leben hat sie uns von «Hingebung», von «Treue», von «Reinheit» vorgeklappert, mit einem Lobe auf die Keuschheit zog sie sich aus der verderbten Welt zurück! – Und wir haben's ihr geglaubt ...

– Aber Sie hören mich nicht? Sie ziehen selbst das *Problem* Wagners dem Bizets vor? Auch ich unterschätze es nicht, es hat seinen Zauber. Das Problem der Erlösung ist selbst ein ehrwürdiges Problem. Wagner hat über nichts so tief wie über die Erlösung nachgedacht: seine Oper ist die Oper der Erlösung. Irgendwer will bei ihm immer erlöst sein: bald ein Männlein, bald ein Fräulein – dies ist *sein* Problem. – Und wie reich er sein Leitmotiv variiert! Welche seltenen, welche tiefsinnigen Ausweichungen! Wer lehrte es uns, wenn nicht Wagner, dass die Unschuld mit Vorliebe interessante Sünder erlöst? (der Fall Tannhäuser) Oder dass selbst der Ewige Jude erlöst wird, sesshaft wird, wenn er sich verheiratet? (der Fall im «Fliegenden Holländer») Oder dass alte verdorbene Frauenzimmer es vorziehen, von keuschen Jünglingen erlöst zu werden? (der Fall Kundry) Oder dass schöne Mädchen am liebsten durch einen Ritter erlöst werden? (der Fall Isoldens) Oder dass «der alte Gott», nachdem er sich moralisch in jedem Betracht kompromittiert hat, endlich durch einen Freigeist und Immoralisten erlöst wird? (der Fall im «Ring») Bewundern Sie in Sonderheit diesen letzten Tiefsinn! Verstehen Sie ihn? Ich – hüte mich, ihn zu verstehen ... Dass man noch andre Lehren aus den genannten Werken ziehen kann, möchte ich eher beweisen als bestreiten. Dass man durch ein Wagnerisches Ballett zur Verzweiflung gebracht werden kann – und zur Tugend! (nochmals der Fall Tannhäuser) Dass es von den schlimmsten Folgen sein kann, wenn man nicht zur rechten Zeit zu Bett geht (nochmals der Fall Lohengrin). Dass man nie zu genau wissen soll, mit wem man sich eigentlich verheiratet (zum dritten Mal der Fall Lohengrin). – Tristan und Isolde verherrlichen den vollkommenen Ehegatten, der, in einem gewissen Falle, nur *eine* Frage hat: «Warum

«Die Zukunftsmusik». Aus «Vanity Fair», London 1877.

habt ihr mir das nicht eher gesagt? Nichts einfacher als das!» Antwort:

«Das kann ich dir nicht sagen;
und was du frägst,
das kannst du nie erfahren.»

Der «Lohengrin» enthält eine feierliche In-Acht-Erklärung des Forschens und Fragens. Wagner vertritt damit den christlichen Begriff «Du sollst und musst glauben». Es ist ein Verbrechen am Höchsten, am Heiligsten, wissenschaftlich zu sein… «Der fliegende Holländer» predigt die erhabene Lehre, dass ein Weib auch den Unstätesten festmacht, Wagnerisch geredet, «erlöst». Hier gestatten wir uns eine Frage. Gesetzt nämlich, dies wäre wahr, wäre es damit auch schon wünschenswert? – Was wird aus dem «ewigen Juden», den ein Weib anbetet und *festmacht?* Er hört bloss auf, ewig zu sein; er verheiratet sich, er geht uns nichts mehr an. – Ins Wirkliche übersetzt: die Gefahr der Künstler, der Genies – und das sind ja die «ewigen Juden» – liegt im Weibe: die anbetenden Weiber sind ihr Verderb. Fast keiner hat Charakter genug, um nicht verdorben – «erlöst» zu werden, wenn er sich als Gott behandelt fühlt: – er kondesziert alsbald zum Weibe. – Der Mann ist feige vor allem Ewig-Weiblichen: das wissen die Weiblein. – …

– Ich erzähle noch die Geschichte des «Rings». Sie gehört hierher. Auch sie ist eine

Erlösungsgeschichte: nur dass diesmal Wagner es ist, der erlöst wird. – Wagner hat, sein halbes Leben lang, an die *Revolution* geglaubt, wie nur irgendein Franzose an sie geglaubt hat. Er suchte nach ihr in den Runenschriften des Mythus, er glaubte in *Siegfried* den typischen Revolutionär zu finden. – «Woher stammt alles Unheil in der Welt?» fragte sich Wagner. Von «alten Verträgen»: antwortete er, gleich allen Revolutionsideologen. Auf deutsch: von Sitten, Gesetzen, Moralen, Institutionen, von alledem, worauf die alte Welt, die alte Gesellschaft ruht. «Wie schafft man das Unheil aus der Welt? Wie schafft man die alte Gesellschaft ab?» Nur dadurch, dass man den «Verträgen» (dem Herkommen, der Moral) den Krieg erklärt. Das tut Siegfried. Er beginnt früh damit, sehr früh: seine Entstehung ist bereits eine Kriegserklärung an die Moral – er kommt aus Ehebruch, aus Blutschande zur Welt... Nicht die Sage, sondern Wagner ist der Erfinder dieses radikalen Zugs; an diesem Punkte hat er die Sage *korrigiert*... Siegfried fährt fort, wie er begonnen hat: er folgt nur dem ersten Impulse, er wirft alles Überlieferte, alle Ehrfurcht, alle *Furcht* über den Haufen. Was ihm missfällt, sticht er nieder. Er rennt alten Gottheiten unehrerbietig wider den Leib. Seine Hauptunternehmung aber geht dahin, *das Weib zu emanzipieren*, – «Brünhilde zu erlösen»... Siegfried und

Brünhilde; das Sakrament der freien Liebe; der Anfang des goldenen Zeitalters; die Götterdämmerung der alten Moral – *das Übel ist abgeschafft*... Wagners Schiff lief lange Zeit auf dieser Bahn. Kein Zweifel, Wagner suchte auf ihr sein höchstes Ziel. – Was geschah? Ein Unglück. Das Schiff fuhr auf ein Riff; Wagner sass fest. Das Riff war die Schopenhauerische Philosophie; Wagner sass auf einer konträren Weltansicht fest. Was hatte er in Musik gesetzt? Den Optimismus. Wagner schämte sich. Noch dazu einen Optimismus, für den Schopenhauer ein böses Beiwort geschaffen hatte, – den *ruchlosen* Optimismus. Er schämte sich noch einmal. Er besann sich lange, seine Lage schien verzweifelt... Endlich dämmerte ihm ein Ausweg: das Riff, an dem er scheiterte, wie? wenn er es als *Ziel,* als Hinterabsicht, als eigentlichen Sinn seiner Reise interpretierte? *Hier* zu scheitern – das war auch ein Ziel. Bene navigavi, cum naufragium feci... Und er übersetzte den «Ring» ins Schopenhauerische. Alles läuft schief, alles geht zugrunde, die neue Welt ist so schlimm wie die alte: – das Nichts, die indische Circe winkt... Brünhilde, die nach der ältern Absicht sich mit einem Liede zu Ehren der freien Liebe zu verabschieden hatte, die Welt auf eine sozialistische Utopie vertröstend, mit der «alles gut wird», bekommt jetzt etwas anderes zu tun. Sie muss erst Schopenhauer studieren; sie muss das vierte Buch der «Welt als Wille und Vorstellung» in Verse bringen. *Wagner war erlöst*... Allen Ernstes, dies *war* eine Erlösung. Die Wohltat, die Wagner Schopenhauern verdankt, ist unermesslich. Erst der Philosoph der «décadence» gab dem Künstler der «décadence» sich selbst. – –

Dem Künstler der *décadence* – da steht das Wort. Und damit beginnt mein Ernst. Ich bin ferne davon, harmlos zuzuschauen, wie dieser «décadent» uns die Gesundheit verdirbt – und die Musik dazu! Ist Wagner überhaupt ein Mensch? Ist er nicht eher eine Krankheit? Er macht alles krank, woran er rührt, – er hat die Musik krank gemacht. –...

Und man wehrt sich nicht. Seine Verführungskraft steigt ins Ungeheure, es qualmt um ihn von Weihrauch, das Missverständnis um ihn heisst sich «Evangelium», – er hat durchaus nicht bloss die Armen des Geistes zu sich überredet!

Dass man sich in Deutschland über Wagner betrügt, befremdet mich nicht. Das Gegenteil würde mich befremden. Die Deutschen haben sich einen Wagner zurechtgemacht, den sie verehren können: sie waren noch nie Psychologen, sie sind damit dankbar, dass sie missverstehen. Aber dass man sich auch in Paris über Wagner betrügt! wo man beinahe nichts andres mehr ist als Psycholog. Und in Sankt-Petersburg! wo man Dinge noch errät, die selbst in Paris nicht erraten werden. Wie verwandt muss Wagner der gesamten europäischen «décadence» sein, dass er von ihr nicht als «décadent» empfunden wird! Er gehört zu ihr: er ist ihr Protagonist, ihr grösster Name ...

Wir kennen die Massen, wir kennen das Theater. Das Beste, was darin sitzt, deutsche Jünglinge, gehörnte Siegfriede und andre Wagnerianer, bedarf des Erhabenen, des Tiefen, des Überwältigenden. So viel vermögen wir noch. Und das andere, das auch noch darin sitzt, die Bildungs-Cretins, die kleinen Blasierten, die Ewig-Weiblichen, die Glücklich-Verdauenden, kurz das Volk, – bedarf ebenfalls des Erhabenen, des Tiefen, des Überwältigenden. Das hat alles einerlei Logik. «Wer uns umwirft, der ist stark; wer uns erhebt, der ist göttlich; wer uns ahnen macht, der ist tief.» ...

Bei Wagner steht im Anfang die Halluzination: nicht von Tönen, sondern von Gebärden. Zu ihnen sucht er erst die Ton-Semiotik. Will man ihn bewundern, so sehe man ihn hier an der Arbeit: wie er hier trennt, wie er kleine Einheiten gewinnt, wie er diese belebt, heraustreibt, sichtbar macht. Aber daran erschöpft sich seine Kraft: der Rest taugt nichts ...

– Sie wissen nicht, wer Wagner ist: ein ganz grosser Schauspieler! Gibt es überhaupt eine tiefere, eine *schwerere* Wirkung im Theater? Sehen Sie doch diese Jünglinge

– erstarrt, blass, atemlos! Das sind Wagnerianer: das versteht nichts von Musik, – und trotzdem wird Wagner über sie Herr... Wagners Kunst drückt mit hundert Atmosphären: bücken Sie sich nur, man kann nicht anders ... Der Schauspieler Wagner ist ein Tyrann, sein Pathos wirft jeden Geschmack, jeden Widerstand über den Haufen. – Wer hat diese Überzeugungskraft der Gebärde, wer sieht so bestimmt, so zuallererst die Gebärde! Dies Atem-Anhalten des Wagnerischen Pathos, dies Nicht-mehr-loslassen-Wollen eines extremen Gefühls, diese Schrecken einflössende *Länge* in Zuständen, wo der Augenblick schon erwürgen will! – –

War Wagner überhaupt ein Musiker? Jedenfalls war er etwas anderes mehr: nämlich ein unvergleichlicher *histrio,* der grösste Mime, das erstaunlichste Theatergenie, das die Deutschen gehabt haben, unser Szeniker par excellence. Er gehört woanders hin als in die Geschichte der Musik: mit deren grossen Echten soll man ihn nicht verwechseln. Wagner *und* Beethoven – das ist eine Blasphemie – und zuletzt ein Unrecht selbst gegen Wagner ... Er war auch als Musiker nur *das,* was er überhaupt war: er *wurde* Musiker, weil der Tyrann in ihm, sein Schauspielergenie, ihn dazu zwang.

Wagner war nicht Musiker von Instinkt. Dies bewies er damit, dass er alle Gesetzlichkeit und, bestimmter geredet, allen Stil in der

Musik preisgab, um aus ihr zu machen, was er nötig hatte, eine Theater-Rhetorik, ein Mittel des Ausdrucks, der Gebärden-Verstärkung, der Suggestion, des Psychologisch-Pittoresken. Wagner dürfte uns hier als Erfinder und Neuerer ersten Ranges gelten – er hat das Sprachvermögen der Musik ins Unermessliche vermehrt –: er ist der Victor Hugo der Musik als Sprache ...

– «Aber der *Gehalt* der Wagnerischen Texte! ihr mythischer Gehalt, ihr ewiger Gehalt!» – Frage: wie prüft man diesen Gehalt, diesen ewigen Gehalt? – Der Chemiker antwortet: man übersetzt Wagner ins Reale, ins Moderne, – seien wir noch grausamer! ins Bürgerliche! Was wird dabei aus Wagner? – Unter uns, ich habe es versucht. Nichts unterhaltender, nichts für Spaziergänge mehr zu empfehlen, als sich Wagnern in *verjüngten* Proportionen zu erzählen: zum Beispiel Parsifal als Kandidaten der Theologie, mit Gymnasialbildung (– letztere als unentbehrlich zur *reinen Torheit*). Welche Überraschungen man dabei erlebt! Würden Sie es glauben, dass die Wagnerischen Heroinen samt und sonders, sobald man nur erst den heroischen Balg abgestreift hat, zum Verwechseln Madame Bovary ähnlich sehen ...

Anbei noch ein Wort über die Schriften Wagners: sie sind, unter anderem, eine Schule der *Klugheit*. Das System von Prozeduren, das Wagner handhabt, ist auf hundert andre Fälle anzuwenden, – wer Ohren hat, der höre. Vielleicht habe ich einen Anspruch auf öffentliche Erkenntlichkeit, wenn ich den drei wertvollsten Prozeduren einen präzisen Ausdruck gebe.

Alles, was Wagner *nicht* kann, ist verwerflich.

Wagner könnte noch vieles: aber er will es nicht, aus Rigorosität im Prinzip.

Alles, was Wagner *kann,* wird ihm niemand nachmachen, hat ihm keiner vorgemacht, *soll* ihm keiner nachmachen ... Wagner ist göttlich.

Diese drei Sätze sind die Quintessenz von Wagners Literatur. Der Rest ist – «Literatur» ...

Ich habe erklärt, wohin Wagner gehört – nicht in die Geschichte der Musik. Was bedeutet er trotzdem in deren Geschichte? *Die Heraufkunft des Schauspielers in der Musik:* ein kapitales Ereignis, das zu denken, das vielleicht auch zu fürchten gibt ...

Es herrscht ein anderer Geist am Theater, seit Wagners Geist daselbst herrscht: man verlangt das Schwerste, man tadelt hart, man lobt selten, – das Gute, das Ausgezeichnete gilt als Regel. Geschmack tut nicht mehr not; nicht einmal Stimme. Man singt Wagner nur mit ruinierter Simme: das wirkt «dramatisch». Selbst Begabung ist ausgeschlossen.

Das *espressivo* um jeden Preis, wie es das Wagnerische Ideal, das Décadence-Ideal verlangt, verträgt sich schlecht mit Begabung. Dazu gehört bloss *Tugend* – will sagen Dressur, Automatismus, «Selbstverleugnung». Weder Geschmack noch Stimme, noch Begabung: die Bühne Wagners hat nur eins nötig – *Germanen!* ... Definition des Germanen: Gehorsam und lange Beine ... Es ist voll tiefer Bedeutung, dass die Heraufkunft Wagners zeitlich mit der Heraufkunft des «Reichs» zusammenfällt: beide Tatsachen beweisen ein und dasselbe – Gehorsam und lange Beine. – Nie ist besser gehorcht, nie besser befohlen worden. Die Wagnerischen Kapellmeister in Sonderheit sind eines Zeitalters würdig, das die Nachwelt einmal mit scheuer Ehrfurcht *das klassische Zeitalter des Kriegs* nennen wird. Wagner verstand zu kommandieren; er war auch damit der grosse Lehrer. Er kommandierte als der unerbittliche Wille zu sich, als die lebenslängliche Zucht an sich: Wagner, der vielleicht das grösste Beispiel der Selbstvergewaltigung abgibt, das die Geschichte der Künste hat.

Mit der Familie in Italien

Siegfried Wagner, der beim Tod seines Vaters nicht ganz vierzehn Jahre alt war, schreibt in seinen 1923 erschienenen «Erinnerungen»:

Wohl dem, der eine glückliche Jugend hatte. Kein Frost, kein Sturm des späteren Lebens kann die Wärme verscheuchen, welche die Sonnenstrahlen einer frohen Kindheit in die menschliche Seele gesenkt haben. Solch eine Jugend war mir und meinen Schwestern zuteil, und dafür wissen wir unsern Eltern ewigen Dank. Zu heiteren, wahren Menschen uns zu erziehen, war ihr Grundsatz. Mürrische Gesichter durften sich nicht sehen lassen. Wenn meine Schwestern mit schriftlichen Arbeiten sich zu plagen hatten, draussen aber die Sonne herauslockte, wurde ich schnell zu den Eltern geschickt: «Papa», rief ich, «ich bin ganz allein, habe niemanden zum Spielen! Können die Schwestern nicht in den Garten kommen?» Gleich darauf tobten wir zu fünfen im Garten. Meiner Mutter, die ganz nach den Gesetzen des Ancien régime erzogen war, wurden manchmal auf diese Weise die Erziehungsprinzipien von meinem Vater durchkreuzt; doch ihre geniale Natur fand sich schliesslich auch in diese Erschütterungen ihrer Pläne. Selbst nachmittägliche Gänge zum Konditor – der grösste Genuss waren uns solche in Venedig zu dem berühmten Lavena –, selbst diese liess sie geschehen, wenn sie merkte, dass es meinem Vater Freude machte, uns mit Lekkereien zu traktieren. Mit Lernen wurden wir auf diese Weise nicht übermässig geplagt. Unser schöner Wahnfriedgarten war unsere eigentliche Schule, unsere Kameraden Hunde, Hühner, Kanarienvögel, wohl auch Salamander und Frösche, die sich, in den Kleiderschränken versteckt, wohlfühlen sollten, wenn sie auch in ihrem feuchten Elemente sich sicherlich glücklicher gefühlt hätten... Sehr früh lernten wir Sprachen. Englische Gouvernanten sorgten für die Kenntnis ihres Idioms; meine Mutter hatte Mühe, uns mit dem Französischen zu befreunden, denn das Künstliche dieser Sprache hat eher etwas für Kinder Abstossendes. Am leichtesten fiel uns Italienisch, das uns bei den wiederholten Fahrten nach Italien am lebendigsten ins Gehör fiel. Mit meinen Hauslehrern hatte ich nicht viel Glück. Eine Ausnahme bildete natürlich Heinrich von Stein, der später auch über die Grenzen von Deutschland hinaus bekannt gewordene, leider viel zu früh verstorbene Freund unseres Hauses. Durch Malvida von Meysenbug meinen Eltern empfohlen, kam er nach Beendigung seiner Universitätsstudien in unser Haus und folgte uns nach Neapel, um dort in der Villa d'Angri meine Erziehung zu übernehmen. Mein Vater wünschte, dass ich möglichst bald mit dem Griechischen vertraut würde; bevor ich mich also mit dem nüchternen Latein zu beschäftigen hatte, wurde ich mit der herrlichen Sprache Homers bekannt und im Laufe der Jahre so vertraut, dass sie mir wie eine lebende lieb wurde …

Von entscheidendem Einflusse auf meine ganze Entwicklung waren unsere wiederholten Reisen nach Italien. Des ewig grauen Himmels in Deutschland satt – ich erinnere mich, wie mein Vater die geballten Fäuste gegen die Wolken erhob und ausrief: «Diese verdammten Kartoffelsäcke!» –, zog er mit Kind und Kegel, von König Ludwig II. gütigst unterstützt, über die Alpen, um seine Sorgen und Mühen wenigstens vorübergehend zu vergessen und um Sonne, bildende Kunst und heiteres Volksleben zu geniessen. Ausser der königlichen Hilfe war es noch das eben eingetroffene, für damalige Zeiten sehr üppige Honorar für den «Festmarsch», das die Reise ermöglichte. Nach den künstlerisch wohl glänzend, aber finanziell traurig beendeten ersten Festspielen 1876 führte uns die Reise über Verona, Venedig, Bologna nach Rom und Neapel …

Mein Vater war während dieser Reise in bester Laune. Nur in Rom wollte es zu keiner guten Stimmung kommen. Er wurde von taktlosen Menschen viel belästigt, der Anblick der zahllosen Priester reizte ihn; dazu mochten wohl auch schlechte Nachrichten über das Defizit der Festspiele aus Bayreuth eingetroffen sein. Ein Lichtblick war uns das erste Zusammentreffen mit dem Grafen Gobineau ...

In Sorrent trafen meine Eltern mit Malvida von Meysenbug und mit Nietzsche zusammen. Malvida hatte einige Jahre vorher den Versuch gemacht, sich in Bayreuth niederzulassen; da sie aber das Klima nicht vertrug, zog sie nach dem Süden. Diese räumliche Trennung vermochte aber die freundschaftlichen Beziehungen zu meinen Eltern nicht zu lockern ... Das Zusammentreffen Malvidas und Nietzsches mit meinen Eltern in Sorrent war, soweit das ein Kind von sieben Jahren beurteilen kann, nicht ganz geglückt. Und daran war wohl Nietzsche schuld. Mein Vater schien verstimmt zu sein, wozu vielleicht die Anwesenheit von zwei ihm unsympathischen Freunden des Philosophen die Veranlassung war.

Nach Deutschland heimgekehrt, fanden meine Eltern eigentlich nur Ärger und Sorgen vor: das Defizit der Festspiele 1876 zu decken, fand sich niemand im grossen Deutschen Reiche! Volle sechs Jahre musste das Festspielhaus geschlossen bleiben! War es meinem Vater zu verdenken, wenn er sich aus dieser Ärgernis heraus wieder nach dem Süden sehnte? Wie oft wurden an besonders grauen und regnerischen Tagen der Gsell, Fels und Baedeker herbeigeholt und Reisepläne geschmiedet! Italien, Griechenland und Ägypten waren die Ziele. Zu den beiden letzteren kam es nie, doch drei Reisen nach Italien sollten noch zustande kommen.

Der Freigebigkeit Ludwigs II. war es zu verdanken, dass mein Vater die schon erwähnte herrliche Villa d'Angri am Posilippo in Neapel mieten konnte. Nie werde ich die jubelnde Stimmung vergessen, die uns erfasste, als wir, dem nordischen Grau entrückt, am ersten sonndurchstrahlten Morgen aus den Räumen der Villa auf die Terrassen traten und den unbeschreiblich schönen Anblick des Golfes von Neapel genossen! Als wären alle Nachtalben in ihre Höhlen verbannt, triumphierte dort Schönheit, Freude am Leben, Unbesorgtheit! Während dieses ganzen, bis zum August währenden Aufenthaltes war mein Vater in heiterster Laune. Für uns Kinder war diese Zeit das reinste Paradies. Mit unglaublicher Energie schuf meine Mutter unter phantastischen, echt neapolitanischen Verhältnissen einen wohlgeordneten Hausstand ...

In diese Frühjahrszeit 1881 fällt die Bekanntschaft mit dem russischen Maler Paul von Joukowsky, der durch seine hohe Kultur, vornehme Formen und spontangeniale Einfälle Herz und Geist meiner Eltern für sich einnahm. Nebst Heinrich von Stein und Malvida war er der meistgeladene Gast ... Von sonstigen Freunden Wahnfrieds möchte ich noch den Fürsten Rudolf Liechtenstein erwähnen; auch Arnold Böcklin kam, dessen farbenglühende Kunst auf meinen Vater starke Wirkung tat. – Der unglückliche Joseph Rubinstein, mit der Anfertigung des «Parsifal»-Klavierauszuges beschäftigt, gehörte weniger zu den anziehenden Erscheinungen des Freundeskreises. Er zeigte meiner Mutter und uns Kindern deutlich, dass er nur unsres Vaters willen anwesend und die Familie eigentlich eine unnötige lästige Beigabe sei ...

Bis zum August weilten wir in der Villa d'Angri. Touren nach Pompeji, Sorrent, Pozzuoli und auf den Vesuv brachten Abwechslung in das gleichmässig ruhig verlaufende Leben. Mein Vater arbeitete am «Parsifal», aus dem er einige Bruchstücke einer kleinen Hörerschar vorführte. Meine Schwestern bekamen den Chor aus der höchsten Höhe: «Der Glaube lebt, die Taube schwebt» einstudiert und errangen sich damit das Lob des Meisters. Von Neapel führte uns die Reise nach Siena. Auch dort hatte meine Mutter wieder mit glücklichem Griff eine Villa gemietet und eingerichtet, Villa Torre Fiorentina, und alles so vorbereitet, dass sich gleich die grösste Behaglichkeit einstellte. Es folgten Wochen voll Glück und Frieden ...

Damals in Siena erinnere ich mich, einiges von Beethoven und Chopin [von seinem Grossvater Liszt gespielt] gehört zu haben.

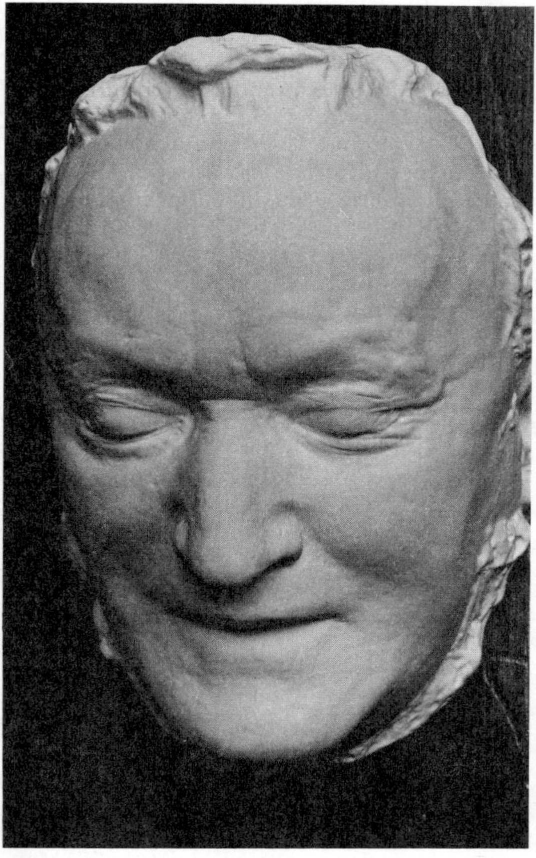

Wagners Totenmaske

In Venedig bei seiner letzten Begegnung mit meinem Vater spielte er Beethovens A-dur-Symphonie. Eines auf uns Kinder unbeschreiblich heiter wirkenden Intermezzos bei dieser Vorführung möchte ich doch hier gedenken. Während Liszt nämlich, umgeben von meiner Mutter, der Fürstin Hatzfeld und einigen Freunden, im Salon spielte, hörten wir Kinder im Nebenzimmer zu. Plötzlich, bei dem Scherzo, sehen wir unsern Vater eintreten und unbemerkt von Liszt und den Zuhörern in der geschicktesten und anmutigsten Weise tanzen. Man hätte meinen können, einen Jüngling von zwanzig Jahren vor sich zu sehen. Wir hatten Mühe, unsre Freude an diesem Tanze nicht durch lautes Lachen kundzutun!

Die Verehrung Liszts für meinen Vater war so tief, sein Verständnis für das so oft verkannte Wesen so gross, dass selbst Scherze wie diese nicht übelgenommen wurden: nach einer kirchlichen Komposition, die mein Grossvater vorspielte – ob es etwas aus dem «Christus» war, kann ich mich nicht mehr entsinnen –, rief mein Vater: «Dein lieber Gott macht aber viel Spektakel!» ...

Auf die harmonischen Wochen in Siena folgte ein Aufenthalt in Venedig. Vor der Rückkehr nach Bayreuth wurde uns Kindern in München noch die Freude gewährt, Werke unseres Vaters im Hoftheater zu hören, ja, sogar einer Separataufführung für den König durften wir einmal beiwohnen. Wir sassen mit unsrer Mutter unterhalb der Königsloge und blickten ab und zu verstohlen mit ehrfurchtsvoller Neugier zum König und meinem Vater hinauf. Es wurde «Lohengrin» gegeben. Wir waren begeistert und fanden alles herrlich. Unser Erstaunen war daher nicht gering, als wir am Ende der Vorstellung unsern Vater tiefverstimmt antrafen. Die Begegnung mit dem Dirigenten, es war Hermann Levi, war peinlich; nur die Geschicklichkeit meiner Mutter vermochte das drohende Ungewitter abzulenken ...

Den Faden wieder anknüpfend, will ich jetzt noch von den zwei letzten Reisen nach dem Süden berichten, die wir mit unserem Vater machen durften. 1881 auf 1882 war Sizilien sein Ziel: zuerst Palermo, dann Acireale, mit kurzen Ausflügen nach Taormina, Messina und Catania. Zum ersten Mal wurde das Weihnachtsfest fern von Wahnfried verbracht. Meine Mutter, die stets das Genie zeigte, das Unmögliche möglich zu machen, hatte selbst dort unten eine Fichte aufgetrieben und als Weihnachtsbaum geputzt. Der Besuch Joukowskys war eine willkommene Bereicherung der Festtage, und die überaus herzliche Gastfreundschaft der Palermitaner Gesellschaft, voran des lieben alten Grafen Tasca, befreite uns von dem Gefühle des Heimwehs ...

Die letzte Italienfahrt 1882 bis 1883 galt

Venedig. Nicht endenwollende Regengüsse hatten die ganze Etsch- und Brentagegend überschwemmt. Die Brücke in Verona, über die wir zum Bahnhof fuhren, stürzte wenige Stunden danach ein. Wir gelangten nur mit knapper Not nach der Lagunenstadt. Auch dort wollte es zu keinem schönen Wetter mehr kommen, so dass trotz der herrlichen Wohnung im Palazzo Vendramin während dieser ganzen Zeit die richtige italienische Sonnenfreudigkeit nicht einsetzte. Ein grosser Komet erregte bei abergläubischen Gemütern – auch ich bin nicht ohne Aberglauben – Furcht vor drohenden Ereignissen, kurz, es lastete ein Druck auf diesem Aufenthalte. Die Erregungen des Festspieljahres 1882 hatten die Gesundheit meines Vaters stark mitgenommen. Ob «Parsifal» im Jahre 1883 wiederholt werden könne, war eine schwere Frage. Die Hoffnung, dass auch das deutsche Volk sich in reger Weise an der erstmaligen Aufführung dieses letzten seiner Werke beteiligen würde, war vernichtet. Nur die drei ersten Abende waren gefüllt, bei den übrigen konnte man grosse Lücken wahrnehmen! Also auch diese letzte Enttäuschung blieb meinem Vater nicht erspart!

Trotzdem siegte auch in diesen letzten Monaten seines Lebens immer wieder die Heiterkeit. Ich habe schon oben berichtet von seinem Tanze zu Beethovens Siebenter Symphonie; das geschah einen Monat vor seinem Scheiden. Entzückend war er mit vornehmen Damen, zum Beispiel mit der liebreizenden Fürstin Hatzfeld, mit ihrer Tochter, der treuen Mitkämpferin Gräfin Schleinitz, mit Gräfin Dönhoff, der jetzigen Fürstin Bülow, und andern. Er hatte bei solchen Gelegenheiten etwas – ich möchte sagen fast französisch Chevaleresk-Anmutiges in seinem Gebaren. Sehr drollig nahm es sich dann aus, wenn die baumlange Gräfin Hildegard Usedom ihm die Hand küsste. Sie tat es gern, weil sie wusste, dass sie dann zum Lohn einen Kuss auf die Lippen bekam. Wie gut mein Vater mit dem einfachen Volke war, ist bekannt. Die Dienstboten vergötterten ihn! Seine Heftigkeit wurde von ihnen nie missverstanden, weil er eine Minute darauf jegliche Gekränktheit durch einen Witz zu beseitigen wusste... Gern war er darauf bedacht, uns eine Freude zu machen. Die grösste waren die schon früher erwähnten und von meiner Mutter nicht gern gesehenen Gänge zu dem grossen Konditor Lavena. Im Theater sahen wir die Baruffe Chigiotte und Paesiellos «Barbier von Sevilla», selbst zu den Karnevalsfestlichkeiten auf dem Markusplatz wurden wir mitgenommen.

Das schönste Ereignis aber war die Aufführung seiner Jugendsymphonie zum Geburtstag meiner Mutter. Es war das dritte Mal, dass ich ihn als Dirigenten sehen durfte. Einige Jahre vorher war es bei der gleichen Gelegenheit die A-dur-Symphonie von Beethoven und Sätze aus der F-dur, die er mit dem Meininger Orchester in Wahnfried leitete. Seine Art zu dirigieren, von der zu lernen seine Schüler, wie Hans von Bülow, Klindworth, Richter und später indirekt Mottl, Muck und Nikisch, mit Glück bestrebt waren, zeichnete sich durch plastische Einfachheit und grosse Klarheit aus. Mein Vater wirkte hauptsächlich durch das Auge, was er ja selbst wiederholt als das Wichtigste der Willensübertragung bezeichnete. Seine Leidenschaftlichkeit war also nach aussen hin mehr gebändigt; sie zeigte sich für diejenigen, die ihn nach der Arbeit in der Nähe sahen, durch das äusserst starke Transpirieren...

Die Proben zu seiner Jugendsymphonie wusste mein Vater durch kleine Witze dem italienischen Orchester sehr fröhlich und angenehm zu machen. Dabei setzte er alles durch, was er an Vortragsfeinheiten zu erreichen wünschte. Sein mangelndes Italienisch trug auch zu komischen Missverständnissen bei.

Von den letzten Tagen im Leben meines Vaters ist mir ein Erlebnis mit meiner Mutter deutlich in der Erinnerung geblieben. Obwohl sie eine Meisterin des Klavierspiels war – ihr Musiklehrer Seghers hatte von den beiden Schwestern gesagt: «Blandine sera une excellente musicienne, Cosima une grande artiste» –, hatte ich sie nie spielen hören; ihre Tätigkeit im Dienste meines Vaters war so umfangreich, dass sie das Klavier ganz vernachlässigen musste. Am 13. Februar war es, ich sass im Salon und übte am Klavier. Da trat meine Mutter ein. Sie ging auf den Flügel zu und begann zu spielen. Auf meine Frage, was sie spiele, antwortete sie mir mit einem ganz entrückten Blicke: «Schuberts ‹Lob der Tränen›.» Einige Minuten später brachte die Kammerjungfer die Nachricht, dass es schlecht um meinen Vater stünde. Nie vergessen werde ich, wie meine Mutter zur Tür hinausstürzte. Eine Gewalt leidenschaftlichsten Schmerzes drückte sich darin aus; dabei stiess sie sich so stark an dem halbgeöffneten Türflügel, dass dieser fast zerbrach. Wenn ich sie in späteren Jahren bei den Proben zu den Festspielen Rollen wie Kundry, Isolde, Sieglinde, Brünhilde darstellen sah, musste ich oft jenes Augenblicks in Venedig gedenken; ihre Darstellung war von antiker Grösse, wie ich sie auf der Bühne nur einmal wiedergesehen habe: bei der Verkörperung des Othello durch den damals schon siebenundsiebzigjährigen Salvini.

Anhang

Nachwort

Auch ein Jahrhundert nach der Eröffnung des Festspielhauses in Bayreuth ist die Diskussion um Richard Wagner nicht verstummt. Das einstige schroffe Entweder-Oder der Bewunderer und Gegner ist zwar einem etwas toleranteren Sowohl-Als-auch gewichen, und über die epochale Bedeutung der «Tristan»-Musik hat sich so etwas wie ein Konsens herausgebildet. Niemand bestreitet mehr die Genialität des Komponisten, aber in die Bewunderung mischt sich nach wie vor auch spontane Abneigung, und mancher, der sich der gewaltigen, fast gewalttätigen Überredungskunst der Töne nicht zu entziehen vermag, behält seine Reserven gegenüber dem Dichter, dem Denker oder dem Menschen.

Für eine Sammlung von zeitgenössischen Berichten über das Phänomen Wagner bietet sich vor allem das enorme Material seiner eigenen Äusserungen an: Wagners grössere und kleinere Schriften, in denen er sich zu allen möglichen Fragen der Musik, des Theaters, der Politik und der Gesellschaft äusserte, füllen Bände, das Erinnerungswerk «Mein Leben», das er Cosima diktierte, hat allein den mehr als doppelten Umfang des vorliegenden Buches, und Zahl und Umfang der publizierten Briefe wachsen immer noch weiter an. Den Selbstzeugnissen des rastlosen Geistes, die natürlich immer wieder die Grundlage einer Beurteilung bilden müssen, steht eine kaum minder umfangreiche Literatur von Erinnerungen und Urteilen der Zeitgenossen gegenüber, die von schrankenloser, keinerlei Einwand duldender Verherrlichung bis zur bitterbösen, vor keiner Verunglimpfung zurückweichenden Ablehnung reichen.

In unserer Auswahl versuchten wir, dies so sehr mit allen Strömungen des neunzehnten Jahrhunderts verbundene Phänomen in seiner ganzen Vielfalt aufzuzeigen, wobei die Spontaneität der Äusserungen mit all ihren Widersprüchen und Ungenauigkeiten doch jederzeit die Ausstrahlung der mächtigen Persönlichkeit dokumentiert. Wir haben im Interesse der Konzentration und Lesbarkeit – die einem vor allem Wagner selbst mit seinen Wortkaskaden nicht immer leicht macht – bedenkenlos gekürzt, ohne die Auslassungen immer kenntlich zu machen; auch sahen wir von den oft sich aufdrängenden Anmerkungen und Kommentaren ab, um den Leser nicht ständig zu unterbrechen. Vieles geht aus dem Zusammenhang und aus der Gegenüberstellung der verschiedenen Äusserungen hervor, und im übrigen müssen wir auf die Fachliteratur verweisen. Denn das vorliegende Lesebuch ist kein wissenschaftliches Quellenwerk, und es kann auch keine Biographie ersetzen. Als Voraussetzung oder zur Ergänzung der Lektüre möchten wir eine zusammenfassende Darstellung wie etwa das schöne Wagner-Buch von Curt von Westernhagen (Verlag Atlantis 1968) empfehlen.

Frau Winifred Wagner danke ich für ihr gütiges Einverständnis mit der Wiedergabe der Texte von Cosima Wagner und Siegfried Wagner, dem Verlag Schott in Mainz für die Benutzung des Buches von Ludwig Strecker und Herrn Dr. Willi Schuh für die Verwendung seiner Ausgabe der Briefe von Judith Gautier. *M. H.*

Vorliegendes Essaybuch ist kein wissenschaftliches Quellenwerk, und es kann auch keine Biographie ersetzen. Als Voraussetzung oder zur Ergänzung der Lektüre möchten wir eine zusammenfassende Darstellung wie etwa das [illegible] Wagner-Buch von Curt von Westernhagen (Verlag Atlantis, 1956) empfehlen.

Frau Winifred Wagner danke ich für ihr gütiges Einverständnis mit der Wiedergabe der Texte von Cosima Wagner und Siegfried Wagner, dem Verlag Schott in Mainz für die Benützung des Buches von [illegible] Strecker und Herrn Dr. Willi Schuh für die Verwendung seiner Ausgabe der Briefe von Judith Gautier. [illegible]

Personenregister

Literaturnachweis

Richard Wagner: Gesammelte Schriften und Dichtungen
- Mein Leben. Verlag Bruckmann, München 1911. Erste authentische Ausgabe. Verlag Paul List, München 1963
- Briefe in Originalausgaben. Leipzig 1912
- Sämtliche Briefe, herausgegeben von Gertrud Strobel und Werner Wolf. Band I (1830–1842) und Band II (1842–1849). Leipzig 1967 und 1970
- Briefwechsel zwischen Wagner und Liszt. 3. erweiterte Auflage, herausgegeben von Erich Klotz. Leipzig 1910
- Briefe an Judith Gautier, herausgegeben von Willi Schuh. Verlag Rentsch, Zürich 1936. Neuausgabe des französischen Originals durch Léon Guichard. Paris 1964
- Briefe. Die Sammlung Burrell, herausgegeben von John N. Burk. Verlag S. Fischer 1953

Du Moulin-Eckart, Richard Graf: Cosima Wagner, ein Lebensbild. 2 Bände. München 1929 und 1931

Fehr, Max: Richard Wagners Schweizer Zeit. 2 Bände. Aarau 1934 und 1959

Förster-Nietzsche, Elisabeth: Wagner und Nietzsche zur Zeit ihrer Freundschaft. München 1915

Fricke, Richard: Bayreuth vor dreissig Jahren. Erinnerungen an Wahnfried und aus dem Festspielhaus. Dresden 1910

Glasenapp, Carl Friedrich: Das Leben Richard Wagners. 6 Bände. Leipzig 1908–1912

Gutzkow, Karl: Rückblicke auf mein Leben. 1875

Hanslick, Eduard: Die moderne Oper. Gesammelte Kritiken 1885–1901
Kapp, Julius: Richard Wagner und die Frauen. 15. Auflage. Berlin 1929
Kietz, Gustav Adolf: Richard Wagner in den Jahren 1842–1949 und 1873–1875. Erinnerungen. Dresden 1907
Meysenbug, Malvida von: Memoiren einer Idealistin. Berlin 1917
Michotte, Edmond: La visite de R. Wagner à Rossini. Paris 1906
Neumann, Angelo: Erinnerungen an Richard Wagner. 3. Auflage. Leipzig 1907
Schuré, Edouard: Erinnerungen an Richard Wagner. Aus dem Französischen. Leipzig 1900
Strecker, Ludwig: Richard Wagner als Verlagsgefährte. Verlag Schott, Mainz 1951
Strobel, Otto: König Ludwig II. und Richard Wagner. 4 Bände. Karlsruhe 1936
Tappert, Wilhelm: Richard Wagner im Spiegel der Kritik. Wörterbuch der Unhöflichkeit. 3. Auflage des «Wagnerlexikons». Leipzig 1915
Weissheimer, Wendelin: Erlebnisse mit Richard Wagner, Franz Liszt und vielen andern Zeitgenossen. 2. Auflage. Stuttgart 1898
Westernhagen, Curt von: Richard Wagner. Sein Werk – Sein Wesen – Seine Welt. Verlag Atlantis 1956
Westernhagen, Curt von: Wagner. Verlag Atlantis 1968
Wille, Eliza: Erinnerungen an Richard Wagner. 1894

Ausser der hier in einer Auswahl angegebenen Wagner-Literatur wurden die Werke und Briefausgaben der zitierten Persönlichkeiten benutzt.

Inhalt